U1010013

文津演讲录

WEN JIN YAN JIANG LU

之六

◎任继愈 主编

北京图書館出版社

图书在版编目（CIP）数据

文津演讲录.6/国家图书馆古籍馆编.—北京：北京图书馆出版社，2007.7

ISBN 978-7-5013-3504-6

Ⅰ.文...　Ⅱ.国...　Ⅲ.社会科学-文集　Ⅳ.C53

中国版本图书馆 CIP 数据核字（2007）第 107313 号

书　名　文津演讲录(之六)

著　者　国家图书馆古籍馆编

出　版 发　行　北京图书馆出版社(100034　北京市西城区文津街 7 号)
010-66139745，　66175620，　66126153
66174391(传真),66126156(门市部)

E-mail　cbs@nlc.gov.cn(投稿)　btsfxb@nlc.gov.cn(邮购)

Website　www.nlcpress.com

经　销　新华书店

印　刷　河北三河弘翰印务有限公司

开　本　880×1230(毫米)　1/32

印　张　8.625

版　次　2007 年 7 月第一版第一次印刷

印　数　1—5000 册

书　号　ISBN 978-7-5013-3504-6/G·714

定　价　20.00 元

不聞不若聞之，聞之不若見之，見之不若知之，知之不若行之。學至於行之而止矣。

錄《荀子·儒效》语与

文津讲壇诸君共勉

楼宇烈

二〇〇六年八月一日

学贵心悟

丙戌季夏

方之天

文津

[illegible]

文津清谭

追求

蒙培元

二〇〇六年六月

振兴中华

金冲及

二〇〇五年三月十二日

锲而不舍
金石可镂
张建会
2001.5.19.

前 言

国图古籍馆，曾经被众多的读者亲切地称为“老北图”，在20世纪50年代，就因成功地举办学术讲座而为社会各界人士所称道，老舍等一代文化巨匠都曾作为这里的主讲人传道授业、答疑解惑。2001年新年伊始，国家图书馆分馆（现古籍馆）为继承“老北图”的优良传统，为适应知识经济时代对图书馆扩展文化功能，全方位、多角度传播文化信息的客观要求，举办了以传播中华传统文化为主旨的名人系列讲座。昔日曾亲身聆听老一辈学界泰斗教诲的莘莘学子，如今也作为各学界的骄子走上这神圣而庄重的讲坛。

一年来，我们举办了文史、政经、音乐、美术等系列讲座共百余场，听众近万人次。从他们渴望的目光里，我们感到了肩上的重任；从他们满意的笑容中，我们感到了由衷的欣慰。许多专家学者和读者通过讲座，成了图书馆的朋友，他们对我们的工作提供了可贵的指导和无私的帮助，而更多的人则经此渠道记住了国家图书馆，记住了国家图书馆古籍馆。这是对我们工作的最大的褒奖。

为了感谢各界朋友的支持，我们选出部分讲座内容，汇集成册，系列出版，给主讲人和听讲者一个留念，给不巧未曾听讲者一份补偿，也给我们的工作一个小小的总结。

所选讲稿，主讲人多为年近古稀的学界名流、文坛泰斗。他们用毕生心血，焚膏继晷，皓首穷经，故而成绩斐然，蜚声士林。当然，这里所选的部分，并不能代表更不能涵括讲座的全部内容，而且我们自己所做的努力，在全面提高中华民族的文化水平这一宏伟大业面前，也显得微不足道。但我们坚信，只要我们锲而不舍、矢志不渝，在中国文化事业的发展史上，将会留下我们的探索足迹。

编　者

目录

方立天

中国佛教哲学的现代意义

方立天,1933 年生。浙江省永康市人。1961 年毕业于北京大学哲学系,后任中国人民大学哲学系教授。现任中国人民大学哲学系、宗教学系教授,博士生导师,中国人民大学佛教与宗教学理论研究所所长。

方立天教授先后任中国宗教学会副会长、顾问,中国哲学史学会副会长、常务副会长,《中国哲学史》杂志主编,全国高校古籍整理研究工作委员会委员,教育部人文社会科学研究专家咨询委员会委员等职。

方立天教授长期从事中国哲学、中国佛教与中国文化的教学与研究工作,主要专著有《魏晋南北朝佛教论丛》、《佛教哲学》、《中国佛教与传统文化》、《中国古代哲学问题发展史》(上下卷)和《中国佛教哲学要义》(上下卷)等。

中国佛教哲学在当代社会，在世界现代化进程中，还有没有价值？如果有，又有什么样的现代价值？这是研究中国佛教哲学应当回答的问题。传统只有经过价值重建才富有鲜活的生命力，我们又需要通过怎样的现代转换工作，以建构中国佛教哲学的现代价值，在中央提出“以人为本”作为指导思想的当今中国，进而发挥其现代作用？这是研究中国佛教哲学现代价值应该说明的问题。

佛教，作为对人类的终极关怀提供的解脱之道，是一个庞大复杂的信仰体系、哲学体系，也是价值体系。佛教逐渐成为亿万人民的精神信仰，已延续2500多年，在中国也有2000多年的漫长历史，这表明佛教的持久活力与恒久价值。但是，我们也应当看到，佛教在未来社会如何重建价值，发挥作用，既是一个艰巨而重大的理论问题，又是一个严肃而迫切的实践问题。

佛教的命运决定于对社会的关怀，佛教的现代价值决定于对21世纪人类社会的作用。自从人猿相揖别以来，人类社会取得了空前的进步。当代人类在不断取得进步的同时，又拥有毁灭地球、毁灭自然的手段。人类社会的进步应归功于人类自身，人类社会的问题也出自人类自身，威胁人类社会生存和发展的敌人也是人类自身。同时我们还应当看到，现代化涉及物质生活、制度和思想观念诸多层面，当前人类社会存在的信仰危机、道德堕落、良心丧失等负面现象，表明人文精神的严重失落，这为具有宇宙整体理念、追求生命超越的宗教人文精神的佛教哲学，提供了调整人的心灵，进而调整人与人的关系、人与自然的关系的空前的历史契机。

我们认为，要对中国佛教哲学进行重估、重建，阐发其现代价值，就需要深入分析当代人类社会的基本特点，以及未来社会的基本走向；需要深入厘清中国佛教哲学资源，揭示其对当前和未来的社会具有真实意义的基本理念和基本原则；需要把佛教哲学基本原理与社会实际结合起来，进而对当代人类社会的基本矛盾的解决方向、方法提供有意义的参照意见。

一、21 世纪人类社会的基本特点与基本矛盾

自从 18 世纪 60 年代英国“工业革命”以来，以机械化、电气化为特点，以工业化为标志的现代化，在世界各国的发展极不平衡，有的国家已完成或基本完成工业化，实现从农业社会向工业社会的转变，有的则取得了进展，也有少数国家仍处于传统农业社会。20 世纪 70 年代以来，世界发展又发生重大转折，知识经济崛起，工业经济衰落。一些发达国家进入后工业化的发展轨道，工业部门向知识产业转移，工业社会向知识社会转变。知识社会与过去以资本和资源为财富来源的情况不同，知识成为了核心生产要素，比资本、土地等其他传统生产要素具有更高的附加值。知识经济时代的来临，标志着以知识化取代工业化的新现代化，将日益主导未来人类社会的发展。

自 20 世纪六七十年代以来，中国现代化的进程取得了举世瞩目的伟大成就。沿海一些发达地区已经完成工业化，并开始了知识化的进程，西部地区的开发正在如火如荼地展开，工业化和知识化的协调发展，必将加快中国现代化的

步伐。

知识经济与工业经济在生产、流通和分配等环节上都有重大的差别，知识经济的特点是信息化、网络化和全球化。工业经济和知识经济的发展，尤其是知识经济及其全球化等特点，给人自身、人与人、民族与民族、国家与国家，以及人与自然的关系，都带来了广泛而深刻的影响，推动了人类社会矛盾的新发展。

由于现代化的巨大成就，人们生活的物质条件不断完善，生活方式不断更新。当今世界，物质财富和人们的物欲同步快速增长，有人在追求外在物质财富时往往忽略自身的内在价值和精神生活，甚至在富裕、舒适的生活中丧失了人性和价值。物质生活提升，精神生活下降；科学知识增多，道德素养欠缺。这种丰富的物质生活与匮乏的精神生活的反差现象将普遍而长期地存在。精神的空虚，心灵的贫困，是一种人文精神危机，一种价值危机。它成为了当今人类进步的重大障碍，也成为了人类社会诸多问题的根源之一。人们的欲望、需要是受一定的价值观念支配的，如果人们的欲望、需要长期停留在物质享受的层面上，就会形成恶性消费，同时又带来恶性开发，从而影响社会的可持续发展；同时也带来精神生活的低迷，国民素质的下降，从而影响人自身的全面发展。

由于工业经济的成就和知识经济的发展，不同国家、不同地区的经济正在走向全球化。经济全球化推动了世界经济的发展，也似乎预示着全人类休戚与共、祸福相依的时代的来临。但是，跨国企业掌控了当前经济全球化，这些企业的迅速扩张，造成了贫富差距的增大。尤其是经济全球化对发展中国家既带来发展机遇，也造成了巨大冲击。发达国家拥有全球生产总值的86%和出口市场份额的82%，而占世界人口绝大多数的发展中国家，仅分别占有14%和18%[①]。富者愈富，贫者愈贫。历史和现实已经反复证明，贫富悬殊的世界是一个不稳定、不安全的世界。贫富不均、强弱不等的格局，一方面使富者、强者易于异化为霸权主义者，一方面贫者、弱者也易于产生不满和仇恨，从而构成社会动荡不安、纷争不已的重要根源。

在缺乏正常的国际社会政治经济文化新秩序制约的情况下，经济全球化还将带来或增加一系列社会紧张。诸如，人们为争取工作岗位而展开的竞争，为争取优秀人才而造成的人才竞争。又如，不同国家在经济全球化深入发展的形势下，竭力争取发展本国经济，从而使国与国之间的竞争加剧。此外，由于历史或现实的原因造成的种族冲突和民族抗争，此起彼伏，层出不穷，有时甚至演变成局部战争。

经济全球化进程的加速和全球信息网络化的形成，必将加速推动东西方文明和价值观的碰撞和交融，也必将使不同宗教的交往和会遇日益频繁。宗教与宗教之间的会遇，一方面有助于彼此的对话、交流、沟通、了解、尊重、关怀，一方面某些极端基本教义派的宗教狂热，唯我神圣，唯我独尊，排斥“异端”，排除异己，挑起教派冲突、宗教纷争，甚至诉诸暴力，以求一逞。宗教常常与现实的国际斗争和冲突相交织，是国际关系和世界政治中的一个重要因素。如何转换极端基本教义派的理念，化解宗教冲突，也是摆在世界宗教徒面前的一项重大课题。

现代科学技术空前进步，人类在科学的宏观方面已推进到180亿光年之遥的宇宙，在科学的微观方面已日益揭示出基因的秘密。科学技术是一把“双刃剑”，它可以用来为人类造福；如果人们的人文精神被扭曲，不能理智地利用科学技术，它也可以毁灭人类。人类在征服自然、改造自然方面取得的成就越来越巨大；与此同时，自然界也在增大报复人类的力度，生态失衡、环境污染、气温升高、人口爆炸、能源危机、食品短缺等诸多难题，也正在日益困扰人类。这是21世纪人类社会的又一重大矛盾。人类将地球和大自然作为征服对象，付出了巨大的代价。人类，也不得不努力进一步寻找和开发新的科学技术来缓解因开发自然所带来的负面作用，并大力提倡人文理念，增强保护自然环境的意识，以维护人类与自然的协调关系。

二、中国佛教哲学的基本理念

结合21世纪发展趋势来审视，我们认为中国佛教哲学适应人类社会需要的理念是比较多的，其中最为重要的是以下几个基本理念。

（一）缘起

佛教有一个专门的颂，称为“法身偈”，常刻在佛像、佛塔的内部或基座上，内容是：“若法因缘生，法亦因缘灭；是生灭因缘，佛大沙门说。”[②]“佛大沙门”是对佛陀的尊称。这是宣扬宇宙万法依因缘而生灭，包括物质方面的外境与精神方面的心识，都由“缘”即原因或条件的和合而生起，缘集则法生，缘去则法灭。这是缘起论的基本思想。缘起是佛教最基本的观念，最根本的教理，显示佛教对宇宙与人生、存在与生命的根本看法。缘起思想是佛教的具体教说和重要理念，如因果、空有、中道、平等、慈悲、解脱等的哲学基础。换句话说，佛教的各种具体教说和重要理念都是缘起思想的展开。缘起论有别于无因论、偶然论、神造论和宿命论，是对宇宙万物的生成演变和世界的本来面目的比较合理的论说。缘起论是佛教独特的世界观，是佛教区别于其他宗教、哲学的最大特色和根本特征。

佛教缘起思想自身包含着两个重要的理念,这就是"关系"和"过程",缘起思想是一种关系论、过程论的世界观。

《杂阿含经》卷十云:"此有故彼有,此生故彼生。此无故彼无,此灭故彼灭。"[③]"此"和"彼"是在互动关系中构成的不可分割的整体,也就是说,任何一个事物都是在众多条件的规定下,在一定关系的结合中,才能确定其存在。事物不能自我形成和孤立独存;事物在关系中确定,在关系中存在,事物是关系的体现。《杂阿含经》卷十二说:"譬如三芦,立于空地,辗转相依,而得竖立。若去其一,二亦不立;若去其二,一亦不立。"(《大正藏》第2卷第81页中)这是说,由相依互存而得缘起,缘起就是因缘条件的相依互存,就是不同条件组成的相依互存的关系。这种缘起事物是关系的思想,包含了事物是和合共生的理论、互相联系和同一整体的理念。中国佛教进一步发展了缘起论,如天台宗的"性具"说、"十界互具"说,华严宗的"性起"说、"事事无碍"说、"一即一切,一切即一"说,都强调一事物与其他事物之间是互相涵摄而无碍的,事物之间是共同为缘的缘起关系。从理论思维层面而言,这是对宇宙共同体原理的朴素而天才的猜测。

缘起是一种关系,也是一个过程。事物既然由原因或条件的组合而起,是缘集则成,缘去则灭,也就是说,缘起是一个过程。佛教认为,由于宇宙万物是缘起,因此都有生、住、异、灭四相,是一个不断变异的过程。人也同样,处在生、老、病、死和生死流转的过程之中。应当承认,这种过程理念包含了运动、变化、发展的思想,应视为辩证思维的表现。

(二)因果

缘起讲因缘和合而生起"果",缘起法所说的也就是因缘与果的关系。能生结果者为原因,由原因而生者为结果。就时间言，因在前，果在后，是因果异时；就空间言，是因果同时。因果是在前后相续的演变中，彼此关涉的和合中存在。有原因必有结果，有结果必有原因。一切事象都依因果法则而生灭变化。这种因果律是佛教用来说明世界一切事物相互关系的基本理论。

基于缘起法则，佛教进一步阐发了因果报应的思想，以解说各类众生的身心活动与结果的关系。这种思想，在伦理方面就展示为善有善报、恶有恶报，即善因乐果、恶因苦果之说。这一学说为广大信徒的去恶从善的道德修持提供了坚实和有效的思想基础。

佛教认为，众生的身心活动不仅会给自身的生命带来果报，而且还会为生命生存的空间、环境带来果报，由此又把果报分为“正报”和“依报”两类。所谓正报是指依过去的业因而招感的众生的身心，即具体的生命存在，是直接的果报主体，正体。所谓依报是指依过去的宿业而招感的众生生命存在所依止的外物、环境，包括衣物、房宅、国土山河，以至于整个环境世界。简言之，正报指众生，众生世间；依报指众生所依托的处所，即国土世间。与依报相关，佛教还认为，时代背景、生活环境、国土山河等是多数众生所共同招感的果报，称为“共报”。佛教的这些果报思想，表现了对主体世界与客体世界、主观世界与客观世界相互联系的缘起关系的洞察、体认，表现了对种种众生共同活动的结果的关注，表现了对自然环境、生活环境、生态环境的关怀。

天台宗还从修持实践的角度，提出“因果不二”[④]说，宣扬在因位的人与在果位的佛，在本质上无差别，鼓励凡夫修持成佛。又提出了“依正不二”（详见《十不二门》，《大正藏》第46卷第703—704页）说，认为就佛来说，佛身是正报，佛土是依报，佛身与佛土不二，正报与依报不二，两者共摄“一念一千”,而归于一心。这是从境界论的层面,阐发理想人格、神格与理想境界的一致性。

（三）中道

这是超越有无（空）、一异、苦乐、爱憎等二边之极端、偏执,而不偏于任何一方的中正之道。中道是佛教的根本立场和基本特色。释迦牟尼反对婆罗门教的神我说,在理论上提出“此有彼有,此生彼生”,“此无彼无,此灭彼灭”的缘起法则,由此而强调“离于二边,说于中道”[5]。也就是依缘起说不有不无,不一不异,不常不断,不来不去。在实践上,释迦牟尼提出“八正道”,既反对快乐主义,也反对苦行主义,提倡不苦不乐的中道行,即人的思维、言语、行为、意志、生活等,都应当合理适度,持中不偏。

空与有是佛教对宇宙人生的两种基本看法,佛教教法可以说不出空、有二义,有释迦牟尼后,佛教内部逐渐演化为空有两宗。在小乘佛教,俱舍一系是有宗,成实一系为空宗。大乘佛教也分为两大系统,中观学派即空宗,瑜伽行派是有宗。空有两宗都认同缘起性空的基本理论立场,只是随着这一基本理论的展开,相对而言,空宗比较强调诸法性空的一面,有宗则比较强调诸法作为缘起现象的有的一面。

关于空的论定,是基于缘起说。由于万法是缘起的,是在关系中确定的,因此是“无我”性,即没有自性,没有实体性,也就是本性、本质是空的。这是空的本义。与此相连,万法既然是在关系中确立的,也必然是一个互动的变化过程,具有“无常”性,生灭无常,也是空。由此也可以说,由缘起而性空,缘起即性空,缘起与性空是同义语。空是否定构成万法的恒久的实体存在,否定万法的实体性。这是对万法无自性、无实体状态的表述,空不是纯然虚无。空是空却、排除对实体的执著,空本身不是实体。中观学派讲空,还含有否定一切成见、定见的意思。在中观学派看来，一切分别、见解都是相对的，是不可能符合绝对的最高真理的。就道理来说，空是一种理，是最高的绝对的真理，体悟、把握空理，具有空智，就进入空境，即理想的寂灭境界。

空可分为人空与法空两种。人空又名我空，是主体的人无自性；法空，是客体的法无自性。关于诸法有无实体问题，即对缘起与实有、事物与自性、现象与本质的联系与区别的看法，是一个非常复杂的问题。虽然从整体来说，佛教各派都认同缘起性空说，但是部派佛教的说一切有部就主张法体恒有，在一定意义上承认事物存在的各种要素的实在性。大乘瑜伽行派提出诸法的遍计所执、依他起和圆成实三性论，认为在依他起性的诸法之外，另有圆成实性的真如实体。中国佛教天台宗、华严宗认为依他起性的诸法之相与其所依的实体是统一的，诸法即实相，排除在诸法之外另有实体之说。天台宗、三论宗又有小乘佛教主“析空”与大乘佛教主“体空”之说[6]。析空是指分析事物的构成要素，最后从中找不到该物自己，该物并无实体存在，只是假名，是空。体空是不对事物进行析散，而是认定当体性空。中国佛教学者肯定体空说优胜于析空说。

与从缘起法的本质一面论定空不同，从缘起法的现象一面论定则是有。诸法都是依因仗缘而生，表现为千差万别、纷纭繁杂的现象。这些现象是呈现在人们的面前，且在时空中各有其独特形象和持续性质，并产生特定的作用和影响，这是有。有与空（无）对扬，表示现象、存在之意。佛教对于有，还作假有、实有、妙有的区分。假有是指虚假不实的有，是虚假地施舍种种名相以指述具体事物。通常所讲现象世界，都属于假有。实有是真实的有，但如说一切有部主“三世实有”，瑜伽行派则持诸法实性常存，两者的实有意义也并不相同。至于妙有,有的佛教学者以实有真如本体为妙有,有的佛教学者则以破除执著空后所见的不空为妙有。

从上述可知,就缘起法的现象一面看是存在,是有,就缘起法的本质一面看是非存在,是空(无)。有与空是对一事物的两面看法。一切现象的有,当体即是空;空是现象有的空,离有以外没有空。智𫖮说:"一色一香,无非中道。"(《摩诃止观》卷一上,《大正藏》第46卷第1页下)"一色一香"即一草一花。一切平凡事物,都体现着最高真理的中道。智𫖮又说:"中以不二为义,道以能通为名。"⑦中道是远离对立状态,远离有(常)空(断)二边,契合有空不二的最高真理。中道是不偏不倚的正见,有见(常见)与空见(断见)是偏狭的边见。中道是要排除有空二执的谬误见解。如有见会陷于灵魂不灭说,空见则会堕于诸法皆无的虚无主义,以致破坏佛法,危害更大。中道说要求看到现象与本质两方面,确立两端不离不二的思维框架,这是提倡两点论,不走极端,重视观察事物的全面性,防止片面性,包含了辩证思维的合理因素。

(四)平等

佛教是宣扬和提倡平等的宗教,其平等的涵义概括起来有四个层次:

(1)人与人之间的平等。《增一阿含经》卷三十七云:"我法中有四种姓,于我法中作沙门,不录前名,更作余字,犹如彼海,四大江河皆投于海而同一味,更无余名。"⑧认为古印度社会的婆罗门、刹帝利、吠舍和首陀罗"四种姓"应是平等的,反对以种姓、等级论人的贵贱高下,强调以道德的高低、智慧的深浅论人的成就大小,主张提升道德、智慧的修持素质以进入人生理想境界。佛教的四种姓平等的主张,体现了人权平等的思想,是古印度反对种姓歧视和阶级压迫的特殊的人权运动,是与现代社会的人权平等的要求相一致的。

(2)众生平等。众生,指有生命的存在。佛教通常以十界中佛以外的从菩萨到地狱的九界,尤其是从天到地狱的六道为众生。佛教认为不同众生虽有其差别性,但众生的生存、生命的本质是平等的,还特别强调一切众生悉有佛性。《涅槃经》称:“一切众生悉有佛性。一阐提人谤方等经,作五逆罪,犯四重禁,必当得成菩提之道。须陀洹人、斯陀含人、阿那含人、阿罗汉人、辟支佛等,必当得成阿耨多罗三藐三菩提。”[9]从理论上肯定一切众生皆有佛性,即在成佛的原因、根据、可能性上是平等的。佛教讲众生虽以人类为重点,但众生平等的思想则是对人类中心主义的警告和排斥。

(3)众生与佛的平等。佛教宣传生佛不二、生佛一如的思想,认为众生与佛在本质上都具足真如佛性,迷妄的众生并不灭其真如佛性,觉悟的佛也并不增加其真如佛性。就同样具有成佛的可能、基础这一意义来说,众生与佛是平等不二的。这与有的宗教视人神为二,称人是神所造或从神流出的说法是迥异其趣的。

(4)众生与无情的平等。“无情”,即无情感意识,不具精神性的东西。如中国佛教天台宗就宣扬“无情有性”说,认为草木花卉、山川大地都有真如佛性,大自然的花香树绿、风动水流,都是佛性的体现。在同样具有佛性这一点来说,无情之物与众生并无本质区别,彼此是平等无二的。应当说,这是对自然界生物和无生物的尊严的确认,是对自然界万物的敬重、悲切和摄护。

佛教的平等观是基于缘起的学说,是建立在因果平等上的。众生与佛同具真如佛性,是在成佛的原因方面平等;众生与佛都能成就佛果,进入最高理想涅槃境界,是在结果方面的平等。众生与佛因果平等,无有差别。佛教的这一因果平等思想是就可能性而非现实性,就可然性而非已然性而言，是为其解脱论提供理论根据的。

佛教的平等观体现了生命观、自然观与理想价值观的统一。佛教强调宇宙间一切生命的平等，关爱生命，珍惜生命，尊重生命；又主张无情有性说，敬畏自然，珍爱自然，摄护自然；还宣扬众生与万物以解脱为终极目标，以进入清静、美妙、庄严的佛国净土为最高理想。这都表现了佛教平等观意义的广泛性、普遍性和神圣性。

近现代平等观重视天赋人权的平等、人在法律面前的平等，这与佛教提倡人在解脱方面的平等，实可构成互补的关系。由此看来，晚清间康有为、谭嗣同等人，高举“佛教平等”大旗，推行变法维新运动，也绝不是偶然的。

(五)慈悲

佛教在缘起、平等的理念基础上，认为在宇宙生态大环流中，一切众生皆可能曾经是我们的亲人，山河国土则是我们生命的所依，我们应当怀着平等的心态，报恩的情愫，慈悲的心愿，给予众生以快乐，拔除众生的痛苦。慈悲就是对众生的平等、深切、真诚的关怀和爱护。

佛教宣扬“三缘慈悲”的思想，把慈悲的对象定为三种，进而归结为三类慈悲。

“悲有三种：一、众生缘悲，缘苦众生，欲为济拔……观诸众生十二因缘生死流转，而起悲心……二、法缘悲，观诸众生俱是五阴因缘法数，无我无人，而起悲心……三、无缘悲，观诸众生五阴法数毕竟空寂，而起悲心……慈亦有三：一、众生缘慈，缘诸众生，欲与其乐。二、法缘慈，缘诸众生但是五阴因缘法数，无我无人，而起慈心。三、无缘慈，观一切法毕竟空寂，而起慈心”[10]。

这是相对地分别以众生、诸法和空理为对象而起的三类慈悲，是建立在缘起性空思想基础上的慈悲分类。

在三类慈悲中，以“无缘慈悲”为最高的类别。《大智度论》卷四十云：“慈悲心有三种：众生缘、法缘、无缘。凡夫人，众生缘；声闻、辟支佛及菩萨，初众生缘，后法缘；诸佛善修行毕竟空，故名为无缘。”[11]佛教提倡的“无缘大慈”、“无缘大悲”，是对对象不起区别的绝对平等的慈悲，是体悟真如平等的空理而生起的慈悲。

慈悲是佛教的特殊理念，它与有些流派提倡的仁爱、博爱相通又不尽相同，慈悲是不受等级、阶级的限制的，也是排除狭隘的偏私性的。佛教的慈悲还富有实践性，重视对人的关怀、对人间的关怀、对社会的关怀，由此而大力从事社会福利、民间公益事业，在历史和现实社会中都发挥了滑润剂的作用，为弱势群体，为下层劳苦大众缓解了困难，减少了痛苦，带来了希望。

（六）解脱

佛教以解脱为众生的终极理想。《金光明经玄义》卷上云：“于诸法无染无住，名为解脱。”[12]解脱是没有染污，没有执著，是得“大自在”，即自由自在的境界，也称涅槃。佛教认为众生有许多烦恼，如三毒“贪”（贪欲）、“瞋”（瞋恚）、“痴”（愚痴），就是三种基本的烦恼，妨碍善根成长，使众生在生死苦域中流转，永无尽期。解脱就是要从烦恼痛苦和生死流转的束缚、困境中脱却开来，获得解放，获得超越，获得自由，进入理想境界。

佛教高度重视解脱之道，如早期佛教以八正道为实现解脱的道路。后来的佛教宣扬以观照真理、体悟真理为解脱之道。佛教还宣扬“一切唯心造”，认为众生的轮回流转或涅槃解脱都决定于心，强调改造人心，完善心灵，提升人性。由此佛教还就伦理道德、知解智慧等方面设计了一系列修持方法。如佛教的五戒、十善等规定，为众生去恶从善的修持提供了指南。又如法相唯识宗的转识成智说，对转变不同识为相应的智慧都作了具体的论述。再如禅宗宣传转迷开悟说，主张从心为外物主宰的迷妄状态，转化为心主宰外物的觉悟状态。这是要求在心上做工夫，以转舍心的迷妄，开启心的觉悟。

中国佛教还强调解脱不是孤立的，解脱不只是个人的事，只有自我觉悟与他人觉悟同时完成，才能获得真正解脱。与此相应，中国佛教追求的理想人格是菩萨、佛，特别是菩萨。菩萨以悲愿与智慧两个方面化度众生，成就广大众生的普遍解脱。中国佛教历史上形成的五台、普陀、峨眉、九华四大名山，昭示了文殊、观音、普贤、地藏四大菩萨的形象与精神，也是佛教普度众生与期盼众生解脱的象征。

三、中国佛教哲学的现代价值

以上论述表明，人与自我、人与人、人与自然的三组基本矛盾在当代人类社会，有的改变了形式，有的则是更加尖锐了。中国佛教哲学的现代价值在于，其重要原理日益得到充分阐发，并经创造性诠释后其作用开始彰显；把佛教哲学思想运用于缓解人类社会的基本矛盾，必将有助于提升人类的精神素质，减少人类的现实痛苦，满足人类的新需要，进而促进人类社会的和平共处和共同发展。

（一）关注人与自我的矛盾，提升人的精神境界

佛教以其人生的解脱之道，对人在宇宙中的地位、人的本质、价值、理想等，都有系统的论述，其中的无我观和解脱观更是对于世人的自我观念的转化、心理的调节、心灵的完美，具有参照、借鉴意义。

佛教根据万法和合而生的缘起论，提出了无我观。无我

的“我”是指常住、整一而有主宰作用的自体(本体),这个永远不变的本体,就是我。佛教否定有实体的我、灵魂的存在,排除有我的观念。无我是佛教的基本观念。无我观的主要内容是无我执、无我见、无我爱、无我慢等。佛教所讲的我执是指执著我为实有,即对于自我的执著。我见是执著有实我的虚妄见解。我爱是对自我的爱执,也即我贪。我慢是指以自我为中心的傲慢心态。由我执必然带来我见、我爱和我慢。佛教认为我执是万恶之源,烦恼之本,主张无我,无我执。无我执要求消除在认识、欲望和心理诸方面的偏执、错误,用现代眼光来诠释,无我观包含着精神生活高于物质生活、人格价值高于生命价值、社会利益高于个人利益等思想。当前,社会上有的人成为生理需求、物质欲望的奴隶,奉行拜金主义、享乐主义、极端个人主义,甚至贪污腐化、盗窃走私、吸毒卖淫……这是人性的扭曲,人格的堕落,人类的悲哀。佛教的无我观有助于缓解对现实境遇的执著,对治物欲横流,淡化享受,淡泊名利,提高精神境界。

佛教解脱观的实质是生命意义的超越,精神境界的提升。这种对超越和提升的追求,使人能以长远的终极的眼光客观而冷静地反思人生的历程、审视自身的缺陷,并不断地努力规范自己,提高境界;也有助于在个人心理上产生安顿、抚慰、调节、支撑、激励等诸多功能,从而缓解甚至消弭人的种种无奈、焦虑、烦躁、悲伤和痛苦。

佛教认为解脱是个人的业报,是善业所得的乐果。一个人若能遵循因果法则,就会确立向上的价值取向,自觉地克服反道德的心理因素,使自己人心向善,除恶为善,从而有助于净化人心,完美人生,扩而大之,也有助于提升社会道德,完善社会秩序。

(二)协调人与人的矛盾,维护世界和平

这里讲的人与人的关系,也就是人与他人、人与社会、人

与民族、人与国家的关系。从世界范围来看,当前人与人的关系中重要问题有二:一是由于民族、宗教、领土、资源、利益冲突等因素引发的局部动乱冲突,此起彼伏,某些地区的人民正在遭受战争的苦难;与此同时,不仅上述传统安全问题没有解决,更有甚者,近年来恐怖主义等各种非传统安全问题又日趋严峻。二是贫富差距更加扩大,世界上还有相当一部分人生活贫困,甚至衣不蔽体,食不果腹,饥寒交迫,难以度日。从理论层面来看,佛教的一些基本理念,对于化解这些问题,也具有一定的现实意义。

上述两个问题中,和平与和平共处是最大问题。众所共知,20 世纪的两次世界大战,人类自戕,残杀生灵数以千万计,如果 21 世纪再重演世界大战,人类将有可能同归于尽。要避免战争,就要消除产生战争的根源,而根源之一即是不懂得人类共依共存、自利利他的缘起之理,不重视沟通、和解,视他人为仇敌,不尊重他人生命。佛教的平等理念强调人人本性的平等、人格的平等、尊严的平等。平等意味着尊重,意味着和平。佛教的人我互相尊重的思想,有助于人类和平共处,追求共同理想,建设人间净土。和平来自对人我平等的深切体认,和平从平等中确立,建立在平等基础上的和平是真正的、巩固的和持久的和平。佛教的慈悲思想体现了对他人的同情、关爱,也是远离战争,呵护和平的。佛教的慈悲济世和“五戒”、“十善”均以“不杀生”为首。杀生被认为是最大的罪过,要堕入地狱。佛教强烈地反对杀生,突出地再现了佛教尊重生命、尊重他人的崇高品格。自从太虚法师大力倡导人间佛教以来,中国佛教一直关注世界和平,渴望世界和平,呼吁世界和平,维护世界和平已成为当代佛教弘法的重要内容之一。佛教在推动和维护世界和平问题上发挥了独特的、不可替代的重要作用。

南北贫富悬殊问题，一部分人的生活贫困问题，不仅直接关系到弱势群体和下层劳苦大众的生存，还将因此而构成动乱的根源，并直接威胁到地区和平与世界和平。佛教的平等慈悲观念对化解这些问题提供了指针。佛教一贯重视慈悲济世，帮助人解除痛苦，给人以快乐。佛教的布施是重要的修持法门，即以慈悲心而施福利于人，施与他们以财物、体力和智慧，为他人造福成智。当前海峡两岸佛教都着力发扬菩萨“不为自身求安乐，但愿众生得离苦”的大慈大悲精神，充分发挥佛教的慈善救济的功能，扶贫济困，施医送药，赞助“希望工程”，教化失足者和罪犯等等，使受救济者既得到物质的援助，也得到精神的提升。

此外，一些人的自私自利、损人利己、贪瞋愚痴、欺瞒诈骗等思想行为，也严重影响了现代人际关系的和谐与诚信。在这方面，佛教的道德规范，如“十善”的不杀生、不偷盗、不妄语、不邪淫、不两舌、不恶口、不绮语、不贪欲、不瞋恚、不邪见，都具有直接的对治意义。应当说，佛教“五戒”中的前四戒，即不杀生、不偷盗、不邪淫和不妄语，似可以作为当代人类正在探讨建立的普世伦理的重要参照。

可以预见，若能高扬佛教的去恶从善、平等慈悲、自利利他的伦理准则，以及相关的具有社会伦理意义的道德规范，使之普及于民众之中，渗透到各类人际关系之中，必将有助于缓解人与人之间的冷漠、对立乃至敌对的关系，有助于建立人与人之间的友爱、和谐与诚信的关系。

（三）调适人与自然之间的矛盾，促进共同发展和可持续发展

现代人类社会面临的最大问题是和平与发展。如果说，维护世界和平需要协调人与人之间的关系，那么，共同发展、可持续发展则不仅要协调人与人之间的关系，而且还要调适

人与自然之间的关系,使人类赖以生存与延续的自然生态环境得到全面良好的保护。大量事实表明,在现代化的进程中,人类有时也会走上一条与自然相抵触的道路,对自然界的过度开发,甚至是野蛮的掠夺,正严重地破坏人与自然的和谐,改变人类生息长养的生存环境,从而也就严重威胁到人类自身的生存。

当前有识之士已经意识到环境问题的严重性、迫切性、尖锐性,但是在认识深度上有待提高,在价值取向上有待调整,而在这些方面,佛教哲学思想也有一定的参照价值。

首先,作为佛教哲学基石的缘起论,强调一切事物都是由众多原因、条件和合而成,任何事物都不是孤立存在的。中国佛教天台宗、华严宗还宣扬宇宙万事万物的互相依存、互相渗透、互相圆融的思想。应当肯定,这些都是精微的思想,对宇宙和人类社会的认识有着独特的意义。比如,人类生存的地球村,由大地、海洋、天空以及各种动物等构成,如果大地退化,海洋毒化,臭氧层日益变薄,动植物种群不断消失,地球母亲的存在也就成问题了,人类也就难以生存了。我们认为,佛教的缘起论和有机整体论的世界观,可以为当代的环境哲学提供理论根据。

其次,佛教的依正果报论,强调众生生命的生活环境,包括山河大地、国土家园,以至于整个环境世界,都是众生行为带来的报应。佛教还宣扬"心净则国土净"的思想,提倡报国土恩。这其间包含的主体与环境不可分离,主体精神活动引起主体与环境的变化的思想,环境的改善有待于众生主体主观世界的净化的观点,以及尊重自然、善待自然的情怀,都是具有启发性的。

再次,佛教基于缘起论而高唱的尊重他者、尊重异类、尊重生命、众生一律平等、众生悉有佛性、众生皆能成佛的众生平等观,从根本上承认他类生命的生存权利,这不仅和那种滥杀异类、任意糟蹋环境、破坏生态平衡的行径不同,也有别于那种以为保护环境是人类对弱者的怜悯、恩赐的观点。佛教的众生平等观,既和"人类中心主义"不同,也有别于"环境中心主义"、"生物中心主义"。基于众生平等的理念,佛教还提倡素食、放生等行为,这既有益于人们的身体健康、精神康泰、清心少欲、澄心静虑,也有利于保护濒临灭绝的物种,维护生态平衡。可见,若将佛教众生平等的理念应用、落实于生态学,无疑将有助于建立完整的生态伦理学说。

最后,佛教的理想论是以众生升入极乐世界为最佳理想境界。极乐世界,被描绘为环境优美、空气清新、草木茂盛、鸟语花香,这体现了佛教对理想生态的设定,蕴含着丰富的生态学内容。自古名山僧建多。佛教徒历来喜好依山傍水建筑寺庙,寺庙与山水融为一体,山明水秀,苍松翠柏,梵殿宝塔,肃穆幽静。即使是建立在喧嚣闹市里的庙宇也是花木葱郁、清静幽雅。可以说,佛教是重视环保、摄护生态的楷模。

总之,当今人类社会的现代化及其引发的基本矛盾的变化,关乎整个人类的命运和世界的发展,值得我们高度重视。如何处理好人与自我、人与人、人与自然的关系,既涉及社会、经济、制度,也涉及科学技术,又涉及人类的心智。佛教有其因袭讹传、穿凿附会的谬误思想,佛教哲学也不能解决人类社会的基本矛盾与诸多具体问题,但是它可以从某些方面提供世俗社会政治、经济、法律所缺乏的解决思路,这就是高度重视人自身的心灵建设,以调整人的价值取向,改变人的心态,转换人的意识,提升人的智慧,从而有助于人类社会诸多矛盾、问题的解决。由此,我们还想再次强调,佛教哲学要充分发挥其社会功能,就需要深入挖掘自身的思想资源并作出应机应时的阐释,需要不断加强对现代社会的关注、关联,需要对社会新出现的重大问题作出及时的应对。我们认为,佛教哲学无疑是具有现代价值的,而佛教哲学价值在现代社会的真正落实和充分展示,关键在于人们的努力,也有待于人们的努力。

注释:

① 参见江泽民:《在联合国千年首脑会议上的讲话》,载《光明日报》2000 年 9 月 7 日。

②《佛说初分说经》卷下,《大正藏》第 14 卷第 768 页中。

③《大正藏》第 2 卷第 67 页上。

④ 详见《十不二门》,《大正藏》第 46 卷第 703 页中、下。

⑤《杂阿含经》卷十二,《大正藏》第 2 卷第 85 页下。

⑥ 参见《大乘玄论》卷一,《大正藏》第 45 卷第 18 页下。

⑦《维摩经玄疏》卷二,《大正藏》第 38 卷第 525 页下。

⑧《大正藏》第 2 卷第 753 页上。

⑨《大正藏》第 12 卷第 574 页下至 575 页上。

⑩《大乘义章》卷十四,《大正藏》第 44 卷第 743 页中。

⑪《大正藏》第 25 卷第 350 页中。

⑫《大正藏》第 39 卷第 3 页上。

任继愈

汉字的再认识

任继愈,1916 年 4 月 15 日生,山东省平原县人。1938 年毕业于北京大学,1941 年毕业于北京大学文科研究所(硕士)。1942—1964 年任教于北京大学哲学系。1964—1985 年任中国科学院(现属中国社会科学院)世界宗教研究所所长,教授。筹建中国第一所宗教研究机构,并与北大合作培养宗教学本科生,为新中国培养了一大批宗教研究人才。1987 年起先后任国家图书馆馆长、名誉馆长,兼北京大学教授、中国社会科学院研究生院博士生导师,中国社科基金宗教组召集人,中国哲学史学会会长等。作为学术界的代表,当选为第四、五、六、七、八届全国人大代表。

主要著作:《汉唐佛教思想论集》、《中国哲学史论》、《任继愈学术论著自选集》、《任继愈学术文化随笔》、《老子全译》等。主编:《中国哲学史》、《中国哲学发展史》、《中国佛教史》、《中国道教史》、《宗教大词典》、《中华大藏经》等。

史书记载，秦汉统一了文字，从此开创出“书同文”的新局面。实际情况不是这样。早在春秋战国时期，由于各诸侯国的频繁交流，中国的“六经”作为中华文化的主干，早已存在。

六经中的《易经》早已在广大华夏地区各诸侯国传播。《易经》的一些基本思想，已被读者所接受。有一次，秦国宰相范雎与蔡泽交班，是由于新旧两位宰相都相信《易经》的“物极必反”的“天道”，两人自愿地顺利地交接班，宰相范雎辞职让给蔡泽接替。蔡泽是燕国人，范雎是中原魏国人，可见《易经》用的文字是秦统一以前各国的通行文字。

和平交流有经济货物互通有无、文化学术交流、讲学、礼节性的聘问，都离不开通用的语言和文字。

《诗经》是各国外交官从事国际交往的必修课。可见《诗经》的文字及韵律，当时在各国已经通行无阻，没有发现文字的障碍。史书记载，南方吴国公子季札到鲁国观光访问，仔细欣赏了北方邹鲁文化礼乐、诗歌。他赞叹道“周礼尽在鲁矣”。吴国地处长江下游（今江苏、安徽一带），季札自幼读过不少传统经典著作。春秋战国时期，孔子、孟子、荀子、墨子周游列国推行他们的政治主张，也有一些靠游说猎取富贵的纵横家，在各国之间穿梭来往。没有听说他们遇到语言文字的障碍。可见春秋时期各国已有了华夏诸国通用的文字，它超越了国界局限。还可能有一种上层社会交往流通的语言，这种语言与经典诵读是一致的。新中国成立以来，考古发现了不少竹简，遍及山东、河南、湖北、湖南、甘肃、陕西等地，竹简的内容有《诗经》、《孙子兵法》、法律文书、《老子》及其他诸子百家的文献，有些字的写法与后世通行的典籍有出入，“谓”写作“胃”，“诸侯”写作“者候”，等等。秦朝统一六国后做了一些统一规范文字的工作，但不是秦朝以前没有各国通行的文字和语言。这种情况有点像新中国公布的简化汉字，简化字是早在社会上流行了，只是书写分歧，不规范，由国家从中选出广泛使用的一批汉字公布推行，以今例古，其理不殊。

汉字是中国各民族各地区共同使用的交流工具。我现在只从文化史、文化现象方面，来谈汉字对中华文化、对中华民族、对几千年的中国政治等多方面的功绩。

世界文明大国，与中国并称为文明古国的，不止中国，还有埃及、巴比伦等好几个国家，它们最早的文字都是象形的方块字。后来，其他各国的象形方块文字没有继续发展，而是走上拼音文字的道路，他们的古文字发展出现断层，无人能识，到了近代才有专家研究进行破译，终于弄清了它们的字意。唯有中国方块字没走拼音的道路，而是在象形字的基础上，吸收了拼音文字的因素，创造了形声系统。所谓形声，一方是形，一方是声，形声结合，开创了中国特色的汉字。

“五四”以来，广大爱国知识分子、仁人志士唤起民众，要改变当时中国人被奴役、被压迫的处境，多方寻找与西方人的差距。中国要自强，要脱贫，要消灭愚昧，要学文化，学科学。当时中国文盲占绝大多数。文盲成堆的民族，怎能富强？有人认为中国文盲多，是吃了汉字的亏。“五四”前后，不少有识之士主张改汉字为拼音文字。只要学了几十个字母，学会拼音，即可以自由阅读。当年的爱国知识青年鲁迅、钱玄同等倡导过废汉字，改拼音，当时形成一股思潮。还有人更为激进，认为汉字写成的书记载了保守思想，讲忠君，只讲服从，不讲个人自由，主张把古书抛到垃圾堆里去。这些人的动机出于救国热忱，他们关怀民族前途的热忱值得尊重，有些过激言行也是可以理解的。

也有些欧美留学回来的教育家，看到西方使用拼音文字，只要能读得出就能写得出。我们的小学生，入学三四年才能写作文，他们的儿童已经能写作文，我们的儿童还在学识字。认为我们比使用拼音文字的国家从小学生就吃两三年的亏。汉字，使我们的教育的效率低于西方用拼音文字的国家。从普及教育，促进中国的现代化着想，他们的用心也是可以理解的。

建国以后，1955 年周恩来总理出席万隆会议时，他感到在国际交流传递信息时，汉字不及拼音文字便捷，显得落后。

建国半个世纪以来，国际交往增多，对世界各国情况了解得多了，我们看到用拼音文字的国家的儿童知识技能和文化素养和我国同龄儿童水平差不多，并不占有优势。使用拼音文字的国家也有文盲。人们逐渐明白一个道理：学习的目的是培养人的全面发展，这是一种系统工程，它要遵循积累熏陶渐进的规律，而识字、会写、会说，并不等于学会、学懂。四五岁的儿童可以会说、会写“人生若梦”，但四五岁的儿童对“人生若梦”，和一个经历世态炎凉的六七十岁的退休老人的理解很不一样。中国古人启蒙入学首先学习《三字经》。《三字经》第一句“人之初，性本善”，小孩子都会背诵，至于“人之初，性本善”是什么意思，并不明白。

可见识字与有文化不是一回事。中国古代哲学家老子在《道德经》第一章中讲“道可道，非常道”，这六个字，今天的小学生都识得，也读得出，但大学教师能懂得其中的意思的未必很多。

我们要强国富民，主要是传播科学知识，提高文化素养，培养出现代化的公民。训练一个人按科学规律办事，懂得一般应用科学知识，从儿童到青年，起码要有九年受教育的机会，少于九年是办不到的。

“科学兴国”是至理名言。受教育权是人权的重要组成部分。新中国建国55年来，国民经济连续20多年保持高速度的发展，取得举世瞩目的成绩，这种发展的势头方兴未艾。旧中国和新中国都一直在使用汉字，旧中国贫弱，新中国站起来了，可见汉字并没有拖中国现代化的后腿，把国家的贫弱的原因加罪于汉字，是不公平的。

过去电讯传递，中文不及西文便捷，近来电脑普及，汉字传输速度已超过拼音文字。汉字表达能力的简明、准确，更是拼音文字所不及。日本的人名、地名，不得不用汉字，因为它比拼音的假名表达准确。据说上世纪50年代初，东北铁路系统曾一度使用汉语拼音，后来发生过事故，遂停止使用。同样内容的文件，用汉字记录比拼音文字更节省篇幅，联合国档案文件汉文本比英法等文本要薄，同声传译，比日文花时间要短。

汉字本身的形声体系体现了象形与拼音文字双方的优点。文字的基础是语言，语言不断更新，增加新内容，变化最快，只靠象形远远不够，世界上多数国家、地区走拼音的路，事出有因。中国却走着自己的路。从汉字产生起，即由象形走向形声，它不用拼音，却具有拼音文字的因素。拼音文字，有字格、时、数、性的变化。汉语没有并不影响它的准确性。外国人学英语，语法规定第三人称单数，字尾加“s”，其实，这不是语法问题，而是西方语言读音的问题，欧洲有的地区，语言中遇到第三人称单数发音有“s”、“ts”的音。这个“s”不是附加上的。中国的汉字也有类似的情况，不过它不是用拼音表达，而是方块字表达的，比如汉语说细小的事物用的字有“细”、“屑”、“碎”、“许”、“琐”、“少”、“小”、“些”、“稍”、“梢”等，这类字的发音都与细小事物有关。古人写诗，写散文，很讲究炼字，用字要响亮。这方面的知识很讲究，且不细谈。

纯拼音文字的生字，如说不出，从未见过，就不知所云。第一次见到的汉字，虽然生疏，也可猜到它的大致属性，如椅、林、树、杨、柳、桃、杏、李等与木有关，江、河、湖、海、洋与水有关，火偏旁，土偏旁，病偏旁，多半与火、土、疾病有关。人们讥笑“秀才只识半边字”，它至少说明其字义有半边可大致猜个差不多，拼音字没有这个优点。

由于有了指示属性的偏旁，对读者有启示作用，可引起联想。人们常用“望文生义”的成语，贬抑、讥笑那些一知半解的缺点。这正可说明汉字的优点，就是望其文而使人联想到与已认识的汉字相关的涵义。拼音字的生字、生词望其文生不出义来，一知半解比不知不解总算略胜一筹。

汉字字形结构的特点，在文学方面起到其他文字无法做到的表现作用。如《文选》的《海赋》全文只有 1300 多字，其中水偏旁的字多达百余个。作者用了大量带有水偏旁的字，使读者联想到大海浩瀚无际；描述想象中的海怪用“仿”“佛”两字时，用“髣”“髴”，而不用简单的写法的“仿”“佛”，使人联想到头发蓬松的海怪出没的怪状，大大增强了艺术感染效果。

普遍使用了电脑以来，人们充分利用汉字的联想的特点，创造了多种快捷的输入法。只要按照编制的程序操作，只敲击一两个键，即可打出整句的话来。

诗与歌本同源，歌颂的节奏必有停顿的间歇，节奏要有反复轮替的间歇。汉字四言诗采取“二二”节奏；五言诗采取

"二三"节奏;七言诗采取"四三"节奏。楹联有九言的,采用"五四"或"四五"节奏,十言的采取"三三四"节奏,十一言的长联采取"四七"节奏,等等,唯有单音字可以做到,听觉、视觉得到赏心悦目的美的享受。

中国的诗歌,如六朝的骈体文、唐宋的律诗及楹联,充分利用汉字一字一音的特点,结合汉语发音音调的高低强弱,在世界文字史上独树一帜。欧洲语言的十四行体号称严格,但与汉字的律诗相比未免粗糙,汉文律诗的整齐划一的造诣令人叹为观止。

汉字书法是中国独特的艺术形式。汉字的字形有疏密,笔画有繁简,笔画少到一划,多到几十划,寓规整于错落之中。世界艺苑中,中国书法、篆刻是独树一帜的奇葩。邻国日本、韩国受中国汉字影响,也有他们的"书道"艺术,由于他们不用汉字为载体元件,各具特色,终无法达到汉字书法出神入化的境界。

汉字是工具,也是一种文化,汉字把中华文化同时传播给读者。

由于国家经济发展,中国给全世界经济发展提供了机遇。在利益驱动下,全世界都在重视汉字。今年7月20日世界首届汉语大会在北京举行。据近年来初步统计,全世界外国人学汉语的超过3000万,有100多个国家2300多所大学开汉语课,东南亚有些国家小学开设汉语课。欧美国家学习汉语的人数每年以40%的速度增长。英国中学编制了汉语教学大纲。法国中学制定双语(法、中两种语文)教学计划。美国犹他州2001年起,全州中学普及汉语教育。德国的基础教育、高等教育、成人教育均设汉语课,有20所大学开汉语课,50所大学设汉语(或中国问题研究)专业,2004年全国大学招生,有6000名新生报考汉语专业。

联合国常任理事国(英、法、中、俄)语言是列为通用语言,出于实际工作需要还有西班牙语、阿拉伯语,上述6种语言实际应用情况是:英语占80%,法语占15%,西班牙语占4%,俄、中、阿共占1%。使用汉字的人达13亿之多,这13亿人口基本上集中在中国本土,海外约5000万,而在联合国通用的比例却不高。如果有一天,把功能优越的汉字贡献给全世界,就像我们的四大发明(印刷术、造纸术、指南针、火药)推向世界一样,使它为更多的人群服务,为更多的人提供方便该有多么好。我们并不主张用汉字取代其他的语文,而是推出汉字这一先进工具供世界选择。

近来,汉语文逢到了前所未有的新形势,国外的有识之士早已预见到汉字被广泛使用的前景。我国的知识分子对此更不应该熟视无睹。我们的媒体使用汉字不规范,不讲究修辞,生硬造字的现象随处可见。有一家银行街头自动取款机上写“自动取款拒”。家具店门上大书“专卖傢俬”。广东东莞公路旁一家店墙上大书“电动打胎,当时可取”,原来是汽车修理店。新闻媒体报道煤矿矿难时经常说“造成重大人员伤亡”,好像一般人员安然无恙,遭难的都是“重大人员”。如此等等,无须详举。

《光明日报》7月1日报道,复旦大学“汉语语言文学大赛”获得第一名的是留学生代表队。土生土长的本国大学生反倒被比下去了。今年广东省高考,其中有一万名学生古汉语翻译为零分,有的把林则徐写成“林侧徐”,有的写成“林则楚”。

有人调查统计,中学生用于英语学习的时间占30%,大学生用于学习英语的时间占30%—80%。用于汉语学习(大学中文系古文献专业除外)的时间几乎没有。如果我们任它继续滑坡,有一天我们本国缺少汉语教学的专家,需要从海外延聘,岂不可笑又可悲!

汉字在中国流传了几千年之久,汉字在多民族的统一大国中得到发展。反过来,它又对多民族统一大国作出贡献。比如用汉字记载的文学、历史、科学,在古代长期处在领先地位,到中国留学的知识分子学了汉字,也学了中华文化,从而扩大了中华文化对周边国家的影响,古倭奴国借鉴汉字创制了日文。朝鲜半岛及越南的古代史直接用汉文记载。今后,只要我国的科学技术不断有新的创造发明,我国的文学、哲学等人文科学不断有新成果在世界处于领先地位,人家就会主动学习汉语,中国学(汉学)必将成为显学。19 世纪俄国涌现了托尔斯泰、屠格涅夫、契诃夫、普希金几位伟大的文学家和诗人,引起西方学者学俄文的兴趣。我们的古典名著《四书》、《五经》、《红楼梦》、《三国演义》等曾引起西方人学习古汉语。21 世纪是我国经济发展最快最好的时期,我们的自然科学、社会科学、文学著作必将随着综合国力的增长而繁荣。我们只要有创新的文化成果不断涌现,必将引发世界更多的人学习汉语的兴趣,"桃李不言,下自成蹊"。汉字前景将与祖国文化前景同样辉煌!

叶　朗

《红楼梦》的美学意蕴

叶朗，美学家，北京大学哲学社会科学教授。1960 年毕业于北京大学哲学系。1993—2001 年任北京大学哲学系主任，1997—2001 年同时兼任北京大学宗教学系和艺术学系主任。现任北京大学哲学系教授、博士生导师，兼任北京大学艺术学院院长、美学与美育研究中心主任、文化产业研究院院长，北京市哲学会会长，国务院学位委员会哲学学科评议组召集人。九届、十届全国政协常委。主要著作有《中国美学史大纲》、《中国小说美系》、《现代美学体系》、《胸中之竹》、《欲罢不能》等。

很高兴今天有机会到这里来和大家谈谈《红楼梦》。我本人是学哲学和美学的，不是专门研究《红楼梦》的。今天就谈谈我自己对《红楼梦》的一点儿体会，肯定很肤浅，有谈的不妥当的地方，请在座的朋友们指正。

我讲的题目是“《红楼梦》的美学意蕴”。大家都知道，自从有了《红楼梦》，就有人研究《红楼梦》，200 多年以来研究的人越来越多，形成了一门专门的学问，叫“红学”。近 20 年来，研究《红楼梦》的论文和专著像雨后春笋一样，多不胜收。那么，一部《红楼梦》说了 200 多年，又有那么多人在说，难道还没有说完吗？我的回答是没有。为什么呢？因为《红楼梦》是说不完的。

文学艺术作品的内容，我们一般称之为意蕴，而不称之为意义。理论作品的内容我们一般称之为意义。意义是确定的，因而是有限的。比如我写一篇社论，那么我这篇社论的意思是确定的，因此，它是有限的。我们经常讲的标语口号也是这样，它的内容是确定的，因而是有限的。而文学艺术作品的内容，就是我们讲的意蕴，它带有某种宽泛性，带有某种不确定性，因而带有某种无限性。我举个例子，过去我们北京大学南门外面有一个标语牌，上面画着一个母亲带着一个小孩过马路，下面写了一句标语，叫做“行人过马路要走人行横道”。它这个意思是确定的，就是让你过马路走人行横道，因而它的意思是有限的。不管是大人小孩张三李四一看就明白了，你不用站在那里看半天，你看半天看什么，它就是这个意思,它是有限的。可是一幅画呢?那就很难说了。你说这幅画是什么意思?它带有某种不确定性。我们经常提到达·芬奇的名画《蒙娜丽莎》,讲她的微笑是谜一般的微笑,她的微笑到底是什么含义呢?每个人的体会不一样,每个人的感受不一样,它带有某种不确定性,因而就带有某种无限性。无限性就是我今天来看可能有一种感受,我明天来看可能又有新的感受。就像我们读诗歌,比如说读陶渊明的诗,我小时候读是一种感受,等我岁数大了,经历了人生的酸甜苦辣,再来读陶渊明的诗,我的体会就不一样,我又有了新的体会,它的意蕴带有某种无限性。从文学艺术作品带给人们的美感来讲,这就是一种差异性。什么叫差异性?就是我的感受和你的感受不一样,就是我小时候的感受和我岁数大了以后的感受不一样,这就是美感的差异性,或者叫美感的丰富性。

清代大哲学家,也是大美学家王夫之曾经说过,文学作品之所以可贵,它的意蕴的这种无限性是一个很重要的原因。王夫之举了一个例子,魏晋南北朝的时候有位司马昱写了一首诗,题目叫《春江曲》,是一首小诗,写家里有人要出门,大家到渡口去为他送行,诗一共是四句:“客行只念路,相争渡京口。谁知堤上人,拭泪空摇手。”“客行只念路”,“客”就是要出门的人,出门的人只想着赶路,“相争渡京口”,就是渡口上的船很多,就像我们现在汽车很挤,堵车,大家争着往前赶;“谁知堤上人”,出门的人就不考虑在堤岸上送他的人;“拭泪空摇手”,送行的人擦着眼泪跟他招手告别,但走的人已经顾不上这些了,所以叫“空摇手”。这四句诗描写的渡口送别的情景,我们也会碰到。现在北京出租车很多了,过去就是靠公共汽车,比如到朋友家去做客,吃完饭了,朋友往车站送我们,车来了,赶快挤上去,找一个地方站下,那个时候车下的朋友跟你摇手,你就顾不上了。这首诗写得不错,就像我们今天用照相机把渡口送别的景象拍下来一样。那么这首诗的含义是什么呢?它有各种各样的解释。王夫之说这首诗对那些在名利场中迷恋忘返的人,对那些追名逐利、功利心特别强,身陷其中不能自拔的人来说,好像是深夜的钟声。就是夜深人静的时候远远传来的一阵钟声,使你突然醒悟到为了追逐名利,自己把人生很多宝贵的、最有价值的东西给忽略了,什么亲情、友情、爱情啊,这些都不重要了,重要的就是升官发财。等你晚年回过头来一看,发现自己这辈子很多最宝贵的东西都被抛弃了,但后悔已经晚了。这首诗就像深夜的钟声使你醒悟。这本是一首写渡口送别情景的诗,可是对名利场中的人来讲,会有这么一个作用。有一次我到台湾去访问,朋友请吃饭,在座的有政界的、教育界的、文化界的,各种人都有。很偶然,我提起了这首诗,在座的朋友就说,哎呀,这首诗对我们台湾人很重要,因为台湾人的功利心太强了。王夫之举的这个例子说明文学艺术作品的内容,就是我们讲的意蕴,带有某种不确定性,带有某种宽泛性,因而就带有某种无限性。

理论作品的意义必须用逻辑、判断和推理的形式把它表达出来,我们写论文当然要符合逻辑,用概念判断推理。而意蕴很不容易用逻辑判断命题的形式来表达。比如说我今天看了一场电影,你问我,今天的电影怎么样啊?我讲了半天,可能也没有把电影的内容讲清楚,你还得自己去看,我用逻辑的形式几句话把它说出来,说不清楚。意义,是逻辑认识的对象;意蕴,是美感的对象。换句话来说,文学艺术作品的内容,你只能在直接欣赏作品的时候去感受和领悟,很难用逻辑、判断、命题的形式把它明确表达出来。如果你一定要用逻辑的语言把它"说"出来,你实际上是在把意蕴转变为意义，把文学艺术作品的内容转变为理论作品的内容，那么，作品的意蕴就会有部分的改变或者全部的改变。一首诗，我用逻辑的语言来向你表达它的意蕴，那诗的意蕴就丧失了，改变了。你必须直接去欣赏它，感受它。所以，宋代的哲学家朱熹总是劝人家，对诗歌你要反复地吟咏，在反复地吟咏中你才能感受到作品的意蕴。你少用外面的一些道理和语言来分析它，一分析就很容易把诗歌内在的血脉卡断，因为你已经把诗歌的意蕴转变为意义了。有人问爱因斯坦，你对巴赫怎么看？爱因斯坦说，热爱他，静静地听他，同时闭上你的嘴巴。就是说巴赫的音乐你只能在听的过程中去领悟，不要用逻辑的东西去分析它。所以，我们强调要直接地去感受文学艺术作品的意蕴，强调直接性。这就是我们为什么要去博物馆、为什么要去音乐厅的原因。大自然的美也要通过直接的感受。现代社会生活一个很大的问题就是直接性越来越少了。我们很少到音乐厅去，我们自己有唱片，可以在家里听，在家里听跟在音乐会听的感受就不一样。我很少到海边去看大海，因为我忙得要死，我哪有时间去感受大海。我们都住在大楼里面，人和人、人和自然都隔绝了，这是一个很大的问题。

但是，这并不是说对文学艺术作品就不能"说"了。所谓说，就是用逻辑、判断和命题把它的意蕴给"说"出来。实际上，我们现在对文学艺术作品的评论和研究，差不多人人都是在用逻辑、判断和命题的形式对作品进行解释和阐释，人人都力图把作品的意蕴说出来。如果说得好的话，对读者会有很大的帮助。大家都知道明末清初有一个大文学批评家叫金圣叹，他是个天才，对文学作品有很深的感悟，他对《水浒传》的评点、对《西厢记》的评点有很多很有价值的东西。可是过去（我是指五六十年代），我们一般搞文学史的人，往往对金圣叹是全盘否定，我认为这是不妥当的。他对《水浒传》的评点有很多精彩的东西，清代后期就有人认识到了金圣叹评点《水浒传》的价值。价值何在呢？那就是"开后人无限眼界、无限文心"，很有启发，关于这一点今天在这里就不多讲了。

因此，阐释是不可避免的，也是有价值的。但是，当我们这样做的时候，我们应该记住两点：第一，你用逻辑、判断、命题的形式表达出来的东西，说得再好，也只能是对文学艺术作品意蕴的一种近似的概括和描述，这种概括和描述同作品的意蕴并不是一个东西。比如我能把我看过的一部电影很生动地讲述给你听，我讲得再好，跟电影本身的意蕴还是两回事。第二，有一些伟大的文学艺术作品，比如像《红楼梦》，它的意蕴极其丰富，极其丰美。就像我们中国古人讲的"横看成岭侧成峰"，你从不同角度看，它就显示不同的面貌。因此对这样一些文学艺术作品的阐释，就可以无限地继续下去。

从脂砚斋以来，有许多人对《红楼梦》做过阐释。《红楼梦》刚开始在社会上流行的时候是手抄本，叫过录本，当时没有印出来。比如谁家里有一部《红楼梦》，当时叫《石头记》，那么我把它借过来，请一个人把它抄一遍，抄下来就是我的了。一开始流传的时候，上面就有一个叫脂砚斋（其实不完全是一个人的评语，有好几个人的评语，但主要是脂砚斋的）的评语。过去在书页的上面或文字的中间有很多的批语，我们叫眉批、行批、夹批，每一回在前面的回首或者回末有个总批。脂砚斋是什么人？红学家有不同的看法和争论，但大概有几点大家还是相同的，就是脂砚斋是曹雪芹家族的人，而且辈分可能比曹雪芹高一点，可能是曹雪芹的叔叔。因此，脂砚斋对曹雪芹的生平、思想和创作很了解。在某种意义上,可以说他也参与了《红楼梦》的创作。比如《红楼梦》中有一段关于秦可卿的描写,脂砚斋自己说,我命曹雪芹把它删掉,曹雪芹就真的把它删掉了。所以秦可卿的故事现在就退到后面去了,前几回没有很明确地来写她是怎么回事,他就暗写了。过去红学家认为脂评很有价值,主要就是它里头透露了很多曹雪芹生平的事情,对研究曹雪芹有帮助。另外,还有一点,我们现在看到的《红楼梦》,前面八十回是曹雪芹写的,后面四十回是别人续的,谁续的?现在有不同的看法。总而言之,不是曹雪芹自己写的。但是,据脂砚斋说,曹雪芹其实也写了一个初稿,而且他还看到过,可惜"迷失了",脂砚斋用了"叹!叹!"这样的词,说是很可惜。脂砚斋在前面的评点中往往会涉及后面,这对我们研究原来曹雪芹设计的结构很有帮助。我认为,除了这些价值,脂砚斋对《红楼梦》的评论,从美学的角度看,也有很多有价值的东西。而过去一般对此予以否定,我认为这是不妥当的。脂砚斋可以说是第一个红学家,第一个评论《红楼梦》的人。从脂砚斋以后有许许多多的人来评论《红楼梦》,包括像王国维、蔡元培、胡适、俞平伯这样一些大学者。

尽管有这么多人对《红楼梦》做了解释,我们今天还可以对《红楼梦》进行解释,就是对《红楼梦》还可以继续说下去。《红楼梦》是说不完的,一种解释只能照亮它的某一个侧面,而不可能穷尽它的全部意蕴。而且我认为,尽管这么多人在研究《红楼梦》,但是《红楼梦》意蕴的某些重要层面好像没有说得很清楚,某些很重要的层面被忽略了,至少被多数人忽略了。我想谈谈我个人的看法,我说过我并不是红学家,只是谈一点儿自己的感受,也不一定很正确,仅供大家参考。

我认为《红楼梦》的意蕴大致可以分析为三个层面。第一个层面过去讲得比较多,就是《红楼梦》以前所未有的广度和深度，真实地反映了清代前期的社会面貌和人情世态。大家看《红楼梦》都知道，它描写了贵族家庭贾府内部和外部的各种很复杂的社会关系，包括经济关系、政治关系、家族关系等等，描绘了各种各样的人物，极其真实，极其深刻，在读者的面前展示了社会生活的广阔图景。这在中国小说史上是空前的。大家知道，中国过去的长篇小说有几种：一种是神魔小说，比如《西游记》；一种是英雄传奇，比如《水浒传》；还有一种是历史演义，比如《三国演义》。到了《金瓶梅》，出现了一个转折。《金瓶梅》在中国小说史上地位非常重要，它通过描写一个家庭——就是西门庆这个暴发户的日常生活，怎么吃饭啦，怎么买东西啦，怎么做生意啦，等等，真实地反映了当时的社会生活。清代有一位小说批评家叫张竹坡，专门批评《金瓶梅》，他把《金瓶梅》称为"市井文字"、"市井小说"，而鲁迅把它称为"人情小说"、"世情小说"，就是描写人情世态。张竹坡在《金瓶梅》的批评里有一句话说得非常好，他说，"作金瓶者，必曾于患难穷愁、人情世故，一一经历过"，就是说他的社会经历很丰富，"入世最深，方能为众角色摹神也"。《金瓶梅》里为什么各种人物写得那么传神，那么真实？因为作家入世最深。这句话讲得很好，讲得非常正确。《红楼梦》的作者曹雪芹正是如此。他继承了《金瓶梅》的路线，又有一个很大的飞跃，把中国古典小说推上了一个登峰造极的境界。这是《红楼梦》的一个重要层面。这个层面，我们国内研究《红楼梦》的学者过去谈得比较多，从 50 年代到 80 年代，讲得非常多，有很多提法，例如有人说《红楼梦》是四大家族的兴衰史，是封建末世形象的历史，是中国封建社会的百科全书等等。《红楼梦》之所以伟大，它的意蕴中有这个层面，我认为是一个很重要的原因，当然并不是全部的原因。前几年，我们国内把《红楼梦》改编为电视连续剧，也改编为电影。大家知道,把文学作品改编为电视剧或电影,也可以看作是对文学作品的一种阐释。就《红楼梦》的这个层面来说,我认为电视连续剧和电影都表现得比较充分,比较好。因为这个层面过去的学者谈得比较多,我就不多谈了。

下面讲《红楼梦》意蕴的第二个层面。第二个层面是《红楼梦》的悲剧性。大家都承认《红楼梦》是一部伟大的悲剧,但是《红楼梦》的悲剧性是什么?红学家有不同的看法。我认为《红楼梦》的悲剧性并不在于贾史王薛四大家族的衰亡,也不简单地在于贾宝玉和林黛玉两人的爱情悲剧,而在于作家曹雪芹提出了一种审美理想,但这种审美理想在当时的社会条件下必然要被毁灭,简单一点也可以说是美的毁灭的悲剧。

什么是曹雪芹的审美理想呢?这要联系到明代的大戏剧家汤显祖,他写过《牡丹亭》。曹雪芹的审美理想就是从汤显祖那里继承下来的。汤显祖美学思想的核心就是一个“情”字,“情”这个概念自古以来很多人都在用,但是汤显祖讲的这个“情”跟古人讲的“情”的内涵有所不同。有什么不同?它包含有突破封建社会传统观念的内容。大家知道,概念具有一种历史性和具体性。同样一个词,同样一个概念,不同时代、不同思想家用起来内涵是不完全一样的,所以我们研究历史要注意这一点。你不要看到这个人讲“情”,那个人讲“情”,就把它们弄到一起,那就容易出问题。汤显祖讲的“情”包含有追求人性解放的内容,他说,我的“情”一方面和“理”相对立,一方面和“法”相对立。他所说的“理”就是封建社会的伦理观念,他所说的“法”就是封建社会的社会秩序、社会习惯。汤显祖认为这个“情”是人人生而有之,也就是说一种人性,人的天性,它有自己存在的价值,而不应该用“理”和“法”,不应该用封建社会那一套伦理观念、社会习惯去限制它，去扼杀它。所以，我认为汤显祖的审美理想可以这么来概括，就是肯定情的价值，追求情的解放。汤显祖把人类社会分为两种类型：一种叫做“有情之天下”，一种叫做“有法之天下”。他追求的是“有情之天下”，“有情之天下”在汤显祖看来就是春天，所以，追求春天就成了贯穿他全部作品的一个主旋律，他的诗歌、戏剧、散文有一个主旋律，就是追求春天。看过戏曲《牡丹亭》的，可能都记得开始时有一个场面。有一天，老师不在，丫鬟就引诱主人公杜丽娘到后面的院子里去玩。在古代，对女孩子管得很死，家长是不允许女孩子出门的，不仅不能到大街上去，连自己家里的后院都不让去。杜丽娘一进后面的院子，看到春天的景色那么美好。她说了一句话：“不到园林，怎知春色如许？”就是不到园林，怎么知道春天那么好，这就是追求春天。但是，现实社会不是“有情之天下”，而是“有法之天下”，现实社会没有春天，所以要“因情成梦”，在梦里面有了春天，在梦里面“有法之天下”成了“有情之天下”。再进一步，“因梦成戏”，我用我的文学作品，用我的戏曲把这个梦写出来，汤显祖的戏曲“临川四梦”，都是写梦的。因情成梦，因梦成戏，所以汤显祖的戏剧作品是他的理想主义的一种表现，表现他的一种审美理想。“因情成梦，因梦成戏”这八个字，可以看做是汤显祖美学思想的一个概括。

曹雪芹深受汤显祖的影响，曹雪芹美学思想的核心也是一个“情”字，他的审美理想也是肯定情的价值，追求情的解放。曹雪芹在《红楼梦》一开头就说，我这本书“大旨谈情”，曹雪芹跟汤显祖一样，认为情是人的自然本性，情就是性。在《红楼梦》中，曹雪芹写了很多情种、情痴，贾宝玉是一个情种，他的情是天分中生成，生下来就有的，是跟人的生命连在一起的。和汤显祖一样，曹雪芹也要寻找有情之天下，要寻找春天，要寻找美的人生。因为现实社会没有春天，他就虚构了、创造了一个有情之天下，就是大观园。这个大观园是一个理想世界，也就是小说开头提到梦中的太虚幻境，关于这一点脂砚斋早就指出过。当代的很多研究者，像俞平伯等也都谈到过。大家看《红楼梦》都记得，这个太虚幻境是一个清净女儿之境，没有男的，都是一些女孩子，大观园同样也是一个女儿国(除了贾宝玉)，是一个有情之天下。大观园一开始的时候是春天的景象，我举两个例子，大家都会记得。比如，第六十二回写史湘云喝醉了酒，去院子里找一块石头睡觉。她是怎样睡觉的呢？拿了块手绢包了一包芍药花的花瓣当枕头，躺在那里，小说里写她脸上身上落满了花，扇子掉在地上，埋在花堆里头，还有很多蜜蜂、蝴蝶围着她飞来飞去。然后，史湘云还说梦话，说得也是很美的酒令，这就是一个春天的世界。再比如，第六十三回写怡红院群芳开夜宴，大观园的少女聚集在怡红院给贾宝玉做寿，大家等外面巡逻的人都走了，都静下来了，把大门一关，就开始喝酒、行酒令、唱小曲，最后都喝醉了，横七竖八地睡了一地。在当时是不能这样子的，这已经违反了理和法的规定。第二天醒过来一看，大家都很吃惊，袭人就说："昨儿都好上来了，晴雯连臊也忘了，我记得他还唱了一个。"大家听了以后都红了脸，笑个不住。那是一个春天的世界，是一个美的世界，是一个诗的世界。那里处处是对春天的赞美，是对情的赞美，总而言之，是对少女人生价值的肯定和赞美。大观园这个有情之天下好像是当时社会的一股清泉，一缕阳光。小说写贾宝玉在梦里游太虚幻境的时候，曾经想到，这个去处有趣，我就是在这里过一生，纵然失去了家也愿意。这句话非常重要，这说明现在这个家并不是他的归宿，太虚幻境才是他的理想世界。搬进大观园，可以说是实现了他的愿望。所以小说就写他心满意足，再无别项可生贪求之心，大观园是他的理想世界。

但是，这个理想世界，这个清净女儿之境，这个有情之天下，它是被周围恶浊的世界，汤显祖所谓的“有法之天下”所包围，它并不是孤立的，它被周围世界包围住，不断地受到打击和摧残。大观园这个春天的世界一开始虽然很好，是春天的景色，但是隐隐约约地就笼罩着一层悲凉之雾，很快就呈现出一种秋风肃杀、百卉凋零的景象。林黛玉有两句诗，“一年三百六十日，风刀霜剑严相逼”，这两句诗不仅是写她个人的遭遇和命运，而且是写所有的有情人以及整个有情之天下的遭遇和命运。因为在当时的社会，情是一种罪恶，美也是一种罪恶。大家都记得，为什么王夫人不喜欢晴雯，对她进行迫害？就是因为她长得比较好看，比较美，王夫人说，她长得跟林妹妹似的，我一看就知道她不是好人。首先是贾宝玉被贾政一顿毒打，差点打死，接着，大观园的少女一个一个走向毁灭，金钏投井，晴雯屈死，司棋撞墙，芳官出家，鸳鸯上吊，尤二姐吞金，尤三姐自刎……一直到林黛玉去世。林黛玉的死跟她们不一样，很独特，她是眼泪哭干了，“泪尽而死”。这是一个宏大的交响曲，可以叫做是“千红一窟，万艳同杯”。贾宝玉到太虚幻境，人家给他喝饮料，什么饮料呢？人家告诉他这叫“千红一窟”，这叫“万艳同杯”，这个“窟”就是谐“哭”，“杯”就是谐“悲”。大家看《红楼梦》，觉得这个交响曲一层一层地往前推进。我过去听俄罗斯一个交响曲，它开始时是很轻的，慢慢逐渐地加重，越来越重，结果是变成排山倒海的一个气势，震撼人心。林黛玉有句诗叫“冷月葬花魂”，可以用来作为这个悲剧的概括，就是有情之天下被吞噬了。脂砚斋有一句话说，《红楼梦》是让天下人共同来哭这个“情”字，他把《红楼梦》的悲剧性和“情”字联系在一起，我认为脂砚斋很深刻，很有眼光。所以我一开始就讲，我认为他的美学思想里头有很多有价值的东西。如果离开“情”讲《红楼梦》的悲剧性，我认为是没有抓到点子上。这就是我讲的《红楼梦》意蕴的第二个层面，悲剧性的层面，有情之天下的毁灭，也就是曹雪芹的审美理想的毁灭。在当时的社会条件下，它必然要被毁灭的。

为了要表现这个悲剧性的主题，曹雪芹创造了一系列有情人的典型，最突出的当然是贾宝玉、林黛玉了，但是不限于他们两位，像尤三姐、司棋都是。中国的小说最后都喜欢有一个榜，比如“封神榜”，最后大家都封神了，封各种人当各种各样的官。《西游记》最后实际上也有一个榜，最后也都是封了神。据脂砚斋说，《红楼梦》最后也有一个榜，叫情榜，就是说对每个人都用情这个标准、这个价值尺度来量一下。我虽然没有看到，但我相信脂砚斋讲的有道理，因为这跟《红楼梦》的主题大致相符合。脂砚斋说，林黛玉的评语是两个字“情情”，贾宝玉的评语是三个字“情不情”。什么意思呢？我的理解是，这两人当然都是有情人的典型，都是情种，但是这两个人的情有所不同。林黛玉的情是比较专注的，就是说我们两个人性情相投，你对我有情，我对你有情，叫“情情”。第一个情字是动词的话，第二个情字就是对象了。而贾宝玉的情是比较普泛的，就是一种博爱，大观园里的少女，不管对贾宝玉有没有情，他都是“一腔体贴”地去对待，甚至对花草树木也是如此。“一腔体贴”是脂砚斋的话。比如，有一个少女趴在地上划字，其实这个少女划的是她的情人的名字，贾宝玉远远地看得发呆，觉得是一幅很美的图画。一会儿下雨了，贾宝玉提醒她，这个姐姐，这么大的雨，你还不躲一躲。他自己被雨淋了，却一点儿没有感觉，所以脂砚斋说贾宝玉是绝代情痴。那么，这两种有情人的典型，哪种人的情更高点儿？有的学者认为，在曹雪芹看来，贾宝玉的情更伟大，是一种大爱，他爱的不是一个人，而是一个异性的群体，对这个群体中的每一个人，他都给予支持，给予同情。有的学者认为，这是一种纯美高贵的情怀，他是平等看人，尽量去帮助她们。《红楼梦》里面一系列情节和细节的描写，都是为了刻画这两位及其他许许多多有情人的典型，最后都是为了表现我们前面所说的悲剧性的主题。

我觉得，电视连续剧《红楼梦》的编导没有很好地把握《红楼梦》的悲剧性这个层面。所以，许多在小说中本来包含有丰富意蕴的情节，电视剧把它们照样搬到了电视屏幕上，但是它们的意蕴被抽掉了，没有意思了。我举一个小例子。《红楼梦》中写贾宝玉有一次在宁国府吃饭，他想到有间房子里头挂了一张美人图，现在大家都在这吃饭，那个美人一定会感到寂寞的，需要我去看望安慰她一番。这个就是“情不情”了。想到这儿，他真的就溜下了饭桌，跑到了那个房间门口，屋里真的有女孩子的声音，小说就写贾宝玉吓了一跳，难道说美人真的活了？他推门一看，原来是他一个跟班的小厮和宁国府的丫头在调情。这两个当然吓得要死，就跪在地上，这时小说写贾宝玉一跺脚说：“还不快跑！”那个女孩子赶快就跑，贾宝玉还远远地喊道：“你放心，我不会告诉人的。”然后，他就问那个小厮，这个女孩子叫什么名字，多大岁数啦。那个小厮说，我不知道她多大岁数。贾宝玉就非常恼火，说“可见她白认识你了”。这段描写是很典型的情节。在贾宝玉看来，你们两人在这儿调情是可以原谅的，但是，你既然跟她那么好，居然连她多大岁数都不知道，这是不能原谅的，这就是情痴的一种性格。但是到了电视连续剧里头，观众就看到贾宝玉跑到门口一脚踢进去，两个人就跑了，也不知道写这一段干什么，最多就是说贵族之家是何等的乌七八糟，只有门前的两个石狮子是干净的。这么来解释，这么来阐释,就把本来包含有很深意蕴的东西搞得很肤浅了。

《红楼梦》的第三个层面是,《红楼梦》处处渗透着作家曹雪芹对整个人生的很深的感悟。我这里强调的是对整个人生一种哲理性的感悟,或者叫感叹,它引导读者去体验整个人生的某种意味,这个就是《红楼梦》的意境。意境是我们中国古典美学里一个非常重要的概念,它反映了中国美学中国艺术的特点。中国古代的艺术家和文学家都追求作品的意境,但究竟什么是意境,大家的理解不完全一样,我觉得很多理解不是很准确。我们一般就是讲这首诗很好,有诗情画意,就叫有意境,这个理解是不准确的。作品,诗或者画,可以是很好的,也可以是很美的,但是不一定有意境。那么,什么是有意境呢?我们的人生不仅是一个物理的世界,而且是一个有生命的世界,是一个有意味的世界,文学艺术作品就是要去发现、要去体验人生的意味。陶渊明的诗"此中有真意,欲辨已忘言",就是讲人生是一个有意味的人生。艺术作品都是要去发现、要去体验人生的意味,但又有不同。一般作品就是表现生活中的某一个场景或某一个事件的意味,比如说表现一场爱情故事的意味。而有一种作品,它不仅是表现生活中某一个具体事件的意味,它是要从某一个侧面去表现整个人生的意味。这样的作品就有一种哲理的味道,带有一种形而上的味道,这才能称之为有意境的作品。所以苏东坡就说,像唐代王维的画就有意境,而"画圣"吴道子的画有意境的就不多。《红楼梦》的意蕴里有这种形而上的层面,这是《红楼梦》意蕴中最高的一个层面,也是一个过去被人们忽略的层面。

《红楼梦》这种对整个人生的感受和体验,我们叫做人生感,它表现为两个方面:一个是对人生或者生命的终极意义的追问,一个是对命运的体验和感叹。当然这两个方面是连在一起的。大家知道，人的个体生命是有限的，而宇宙是无限的。这就产生了一个问题，人的有限的生命存在的意义何在？这是个自古以来哲学家思考的问题，也是自古以来的文学家、艺术家所咏叹的一个主题。孔子站在江边，看着滔滔的江水，他发出了"逝者如斯夫，不舍昼夜"的感叹，人的一生就像江水似的不断地向前奔流，永远也不会停止，这就是一种人生的感叹。庄子也说："人生天地之间，若白驹之过隙，忽然而已。"人生很短促，就像骏马在缝隙之间疾驰，一闪而过。这就是我们经常用的一个成语"白驹过隙"。

读《红楼梦》，我们都会感受到小说中渗透着对人的有限生命和人的命运的最深沉的一种伤感，它就像一声悠长的叹息，使整部小说充满了忧郁的情调。我认为，正是这种叹息、这种忧郁，使《红楼梦》弥漫着浓郁的诗意。这种人生感集中地体现在小说的两位主人公贾宝玉和林黛玉的身上，他们俩是对生命、对命运最敏感的、体验最深刻的人物。他们常常惆怅落泪。他们的落泪，不仅仅是感叹他们爱情生活的不幸，更重要的是对生命、对人生、对存在一种带有形而上意味的体验，一种生命的体验，人生的体验。

读过《红楼梦》的人都知道，贾宝玉有一个神话的背景，他起初是女娲补天时被遗弃的一块石头，这意味着贾宝玉的存在是一个被抛弃的结果，被天抛弃了。天是什么？天是无限，天是永恒，被天抛弃就意味着脱离了无限和永恒，而掉进了一个短暂的有限的人生，这就是小说一开始说的"幻形入世"。这是作者在小说一开始给了贾宝玉一个形而上的起点。小说写一僧一道看到这块石头，说要带它到温柔富贵之乡去走一遭，石头听了大喜，表明它急切地渴望入世。但是一旦入世，贾宝玉又和这个世界格格不入。贾宝玉是他那个贵族家庭的中心，贾母、王夫人都特别地宠爱他，大家也都关心他，捧着他，怕他被碰坏，但是在他的深层意识里头，他感到这个世界是他存在的一个暂时的形态。所以小说写他经常闷闷的，或者突如其来地感到厌倦，感到不自在，这也不好，那也不好。年轻时看《红楼梦》，我觉得贾宝玉很怪，生活得很好，没有人惹他，怎么突然不自在啦？其实，这种情绪正揭示出现在这种存在对他是一种负担，就是他跟他的姐妹们在温情的时候，仍然不能消除他对生命、对命运的一种忧患。他是一个情种，但是他的情总是带着一种忧郁的调子，带着一种对未来的恐惧和忧虑，带着一种何处是归程的忐忑不安。比如他有一些话，"只求你们同看着我，守着我，等我有一日化成了飞灰——飞灰还不好，灰还有形有迹，还有知识——等我化成一股轻烟，风一吹便散了的时候，你们也管不得我，我也顾不得你们了。那时凭我去，我也凭你们爱到哪里去就去了。""活着，咱们一处活着，不活着，咱们一处化灰化烟，如何？""比如我此时若果有造化，该死于此时的，趁着你们都在眼前，我就死了，再能够你们哭我的眼泪流成大河，把我的尸首漂起来，送到鸦雀不到的幽僻去处，随风化了，自此再不托生为人，就是我死的其时了。"诸如此类的话很多，这些话都是关于未来、关于死亡的一些话语。大家知道，贾宝玉很年轻，不到18岁，这么一个少年，对死亡有这么强烈的自觉，这跟他入世时的大喜形成了鲜明的对照。贾宝玉对死亡有一种强烈的恐惧，因为死亡意味着他和他爱的那些姐妹们要分离，意味着有情之天下的毁灭；但另一方面，他对死亡又似乎有一种渴望，因为他想死亡有可能使他摆脱短暂的有限的痛苦的人生而回到无限和永恒。他为自己设计了一个富有诗意的死亡，他所爱的这些女孩子眼泪流成一条大河，把他的尸首漂起来，最后随风化了，这个就是他向往的归宿。贾宝玉曾经写了一个偈，偈就是佛经里的唱词，末尾有两句“无可云证，是立足境”。什么叫“证”呢？就是佛教讲的觉悟、悟道，贾宝玉认为等到你没有可以觉悟的时候，才是你的立足点。他认为自己对佛教的东西已经领会得很深刻了。结果，林黛玉说你这个还不够深刻，我给你加两句话，“无立足境，是方干净”。因为贾宝玉最后还要找一个立足点，林黛玉说，等到你没有了立足点，你才是一个干净的境界。那么，现在贾宝玉想化成青烟，随风吹散，可以说是这种干净的境界了。所以，恐惧和渴望，爱情和死亡在贾宝玉的内心互相碰撞，发出了一种巨大的声音。贾宝玉这个被抛到人世间的石头，这个孤独的情种，他时时刻刻都摆脱不了对人生和命运的一种形而上的思考和体验，所以他内心充满了忧伤，时刻都有一种孤独者的内心体验，就是在最热闹的场合，他的内心也会突然袭来一阵悲凉。比如第二十八回，贾宝玉、薛蟠他们在冯紫英家里喝酒，那是一个胡闹的、乱糟糟的场面，可是就是在这样一个热闹场面，贾宝玉唱的《红豆曲》依然充满了惆怅，充满了忧伤，“滴不尽相思血泪抛红豆，开不完春柳春花满画楼，睡不稳纱窗风雨黄昏后，忘不了新愁与旧愁，咽不下玉粒金莼噎满喉，照不见菱花镜里形容瘦。展不开的眉头，捱不明的更漏。呀！恰便似遮不住的青山隐隐，流不断的绿水悠悠。”就是春天的一株大杏树也会触发贾宝玉对整个人生的一种感叹。第五十八回写贾宝玉病了一段时间，病好了，他想去看看林黛玉，书上写他“从沁芳桥一带堤上走来，只见柳垂金线，桃吐丹霞”，柳树发芽了，桃花开了，“山石之后，一株大杏树，花已全落，叶稠阴翠”。贾宝玉想，能病了几天，竟把杏花辜负了，不觉已到“绿叶成荫子满枝”了。他舍不得离开这棵杏树，因为触发了他一种人生感受，他又联想到邢岫烟已经择了夫婿这件事，虽说男女大事，不可不行，不过未免又少了一个好女儿。贾宝玉的人生观认为女孩子出嫁以前都是很可爱的，但一嫁了人以后就变得不可爱了，他说，大观园里的那些老婆子，一个一个那么讨厌。他想邢岫烟再过两年，便也要“绿叶成荫子满枝”了。这就是一种人生的感叹，一种对时间和生命的忧患，也就是人生无常的一种感叹。这段描写，诗的味道非常浓，作者把杜牧的诗“绿叶成荫子满枝”和苏东坡的词“花褪残红青杏小”加以融化，融进了贾宝玉对人生的一种哲理性的感受之中，创造了一种新的意境。读者读到这里，也会跟贾宝玉一样对人生充满惆怅。

我前面谈到艺术的意境。有意境的作品给人的美感有它的独特性。美感这个词我们用得很广泛。其实不同的美感是不一样的。比如我看到一朵花，我看一个悲剧，都有美感，但美感不一样。有意境的作品给人的美感有什么特点呢？康德曾经讲，有一种美的东西，给人的感受是一种惆怅，就像多年出门的旅客思念自己的家乡那样的心境，若有所失。比如，我出门在外多少年，突然想起自己的家乡或者想起我的儿童时代的那些情景，就是若有所失，一种惆怅。这种惆怅跟刚才讲的悲剧感不是一回事，它包含一种人生感。我们中国古代的诗人都喜欢登高望远，写了很多这样的诗歌。为什么呢？因为一登高望远就引发他的一种人生感和历史感。昆明的大观楼有一副对联，是中国最长的对联。上联开头就是“五百里滇池奔来眼底”，然后下面描述东南西北的景色，下联一开头就是“数千年往事注到心头”，一种历史感、一种人生感油然而生。这种历史感和人生感带给诗人的是一种惆怅。南朝的诗人何逊有两句诗“青山不可上，一上一惆怅”，李白有两句诗“试登高而望远，咸痛骨而伤心”。唐宋的很多词很有意境，我们读的时候，我们的感受也是一种惆怅。比如相传李白的词“何处是归程？长亭更短亭”；李后主有名的词“问君能有几多愁？恰似一江春水向东流”；再比如“流光容易把人抛，红了樱桃，绿了芭蕉”。这种惆怅，也是一种美感，这种美感里面包含一种人生感，可以说是比较高层面的一种美感。读《红楼梦》，我们经常也会有这种感受。

《红楼梦》的另外一位主人公林黛玉同样富有生命的忧患感，她也总是在繁华中感受凄凉。对林黛玉来说，“冷月葬花魂”这句诗昭示着生命的真谛，同时也概括了她对人生的体验，所以，林黛玉的多愁善感是一种人生感。生活中的美不是使她陶醉欢乐，而是使她伤感，使她泣不成声。最集中地表现她的人生感的当然是她的《葬花词》，这首诗的主题是：美、生命、春天都是脆弱的、短暂的、容易消逝的、无所归依的，“一朝春尽红颜老，花落人亡两不知”。

这就是《红楼梦》的人生感和意境，《红楼梦》意蕴的第三个层面，是最高的一个层面。我认为，这是《红楼梦》之所以伟大的重要原因。过去没有一部小说能够像《红楼梦》这么深刻地提出这样的问题。人生终极意义的问题和命运的问题是自古以来哲学家思考的问题，他们都要进行回答。我们今天还是照样要思考这个问题。曹雪芹的思考不能代替我们的思考，曹雪芹的回答不能代替我们的回答，我们有我们的思考，我们有我们的回答，每个时代都不一样。但是曹雪芹能够在这么深的程度上提出这个问题，我认为是非常了不起的，而且，过去是没有过的，这是《红楼梦》之所以伟大的一个很重要的原因。

《红楼梦》意蕴的这三个层面是层层递进的。它的人物和情节构成了一个历史的、生动的、具体的社会生活画面，这是第一层；作家的审美理想突破了这个现实，这是第二层；再进一步，从根本上追问和体验人生的终极意义和价值，这是第三层。《红楼梦》意蕴的第一个和第二个层面都是和特定的历史时代相联系的。第一个层面是对当时社会生活和人情世态的反映,第二个层面是悲剧性。第三个层面也是和特定的历史时代相联系的,但是它又超出一定的历史时代,它写出了不同时代的人所共有的体验和感受,我认为,这是艺术作品中带有永恒性的东西。

《红楼梦》的第三个层面,无论在电视剧或者电影中,基本上都没有得到表现,我想这跟编导者对《红楼梦》的理解和把握可能有关系。但是,我要补充一句,就是电视剧《红楼梦》的许多插曲写得很成功,因为它把《红楼梦》诗词原有的意境表现出来了。比如《葬花词》、《红豆曲》、《枉凝眉》,它们的诗意就在于它们蕴含的人生感,而电视剧《红楼梦》里谱的曲,把它们的人生感和诗意很好地表达出来了,使人听了无限地惆怅。所以,我认为对这位作曲家,很值得表示我们的敬意。

以上就是我对《红楼梦》意蕴的一个很粗糙的解释。我在一开始就讲过,《红楼梦》是说不完的。我相信,我们中国人对《红楼梦》的阐释会一代又一代地继续下去,也正因为这样,《红楼梦》才永远是一部活的作品。

今天我就讲到这儿。下面还有10分钟时间,在座诸位还有什么问题可以和我交流一下。

问:叶教授,有两个问题。第一个是您讲的意蕴和意境有什么相同点和不同点?请您解释一下。第二个是《红楼梦》的结尾,宝玉出家了,不管这是不是曹雪芹的原意,但是不是可以说他已经近似地回到了那种无限的永恒当中去了?

答:《红楼梦》里头的问题太多,这两个问题我还可以说一点儿,有些问题我就说不了。有一次我到中山大学去讲《红楼梦》,一个同学就问我,你对王熙凤和探春的管理哲学有什么看法？这是一个很有意思的问题，因为我们现在管理很重要，能从《红楼梦》里头发掘一点儿管理的东西也很好。但是我缺乏研究。

第一个问题是意蕴和意境。我们中国的美学认为文学艺术作品的本体是意象。什么是意象呢？用我们现在的话来说，就是一个有意蕴的感性世界；用中国古人的话来说，就是情景交融的一个美的世界。王夫之有一个以意象为中心的美学体系，他说诗歌就是意象，意象就是情景交融。王夫之划了两条界限，一是诗和“志”的界限，他说“诗言志”，但“志”不等于诗。也就是说，诗歌要表现我的思想情感，但并不是表现我思想情感的就是诗歌。这个话是对的。我有一个很好的思想，我可以写篇文章，但不见得我能写一首很好的诗歌。我这个人情感很丰富，不等于我就是一个诗人。80年代，我们国内有过讨论——什么是艺术？有一些作家就主张，情感的表现就是艺术。为什么呢？因为“文化大革命”时不让表现自己真实的情感，所以这个时候强调表现真实的情感，当然可以理解。但王夫之认为，情感的表现不等于诗歌。第二条是诗和“史”的界限。这个问题是怎么来的呢？宋代人给杜甫头上加了一顶桂冠，叫“诗史”，就是杜甫的诗歌可以当历史来读。王夫之不同意这种看法，他认为诗歌和历史的性质、功能不一样，我国古代有《诗经》，有《尚书》，《尚书》是历史，《诗经》是诗歌，诗不可以兼史。如果诗歌可以代替历史的话，那么，有了《诗经》就可以不要《尚书》，有了《尚书》就可以不要《诗经》。诗歌和历史是两回事，当然，我们今天认为诗歌从总体上可以反映时代面貌，但诗歌和历史实录还是有一个距离。王夫之分析了意象的很多特点，包括我刚才讲的多义性，就是带有某种宽泛性，带有某种不确定性等等。

所有的艺术都要创造意象,所有的艺术都应该情景交融。如果有的作品表现了作家对整个人生的一种感受,哲理性的感受,这就是我讲的意境。意象和意境是一种包含的关系,意境是意象里的一部分,意境的外延比意象小,它的内涵比意象多。为什么说意境的内涵比意象多?所有的意象都要情景交融,但光是情景交融还不足以构成意境,意境必须要有包含哲理性的人生感、历史感乃至宇宙感。我刚才讲的《红楼梦》对整个人生的那种感叹,这就是它的意境。而意蕴呢,是指文学作品的内容。

第二个问题是贾宝玉的出家。这个是后人续的,也不知道是不是曹雪芹原来的描写。我觉得不能简单地说他是出家,他是跟和尚走了,不一定就是出家,因为你要知道是和尚把他带来的,现在也可能把他带回去,回到他那个自然里头去。如果从这个意义上讲,也可能是一种回归,有人讲《红楼梦》是一种回归的结构,来了以后又回去了。结局写得很模糊,是不是出家也不可能确证。这个回去,我想不能跟出家等同起来,可以理解为一种回归。

问:俞平伯在去世之前,他对自己进行了否定,他说,高鹗续后四十回有功,俞平伯腰斩红楼有罪。请问您对前八十回和后四十回的评价。

答:对这个问题我没有很深入的研究,但是一般的感觉,我可以谈一谈。我同意多数红学家的看法,后面的确实不能证明是曹雪芹写的。高鹗说,我是找到了本子,是有依据的,是收购了很多本子,把它综合起来的,这个我们就不知道了。我想,第一点可以肯定的就是,现在的后四十回,至少到目前来讲,我们不能肯定是曹雪芹自己的东西或者主要是依据他的原稿,这个没有根据。这意味着,如果是曹雪芹自己写,可能不是这个样子。第二点，因为现在没有曹雪芹原来的东西了，那么，高鹗的后续使《红楼梦》成为完整的东西，多少年来就是按一百二十回本流传的。就《红楼梦》的流传来讲，他是有功的。后四十回，确实有些地方写得还是不错的，比如林黛玉之死，写得还是很精彩的。所以，也不能说后面完全违背了曹雪芹的原意。俞平伯先生后来的看法可能比较公允一点儿。

张志军整理

蒙培元

重新解读孔子

蒙培元，1938年生，甘肃省庄浪人。1966年北京大学中国哲学史专业研究生毕业。现为中国社会科学院哲学所研究员，研究生院教授、博士生导师。原中国哲学研究室主任、中国哲学史学会副会长、《中国哲学史》杂志主编。主要著作有：《理学的演变》（福建人民出版社1984年版）、《理学范畴系统》（人民出版社1989年版）、《中国心性论》（台湾学生书局1990年版）、《中国哲学主体思维》（东方出版社1993年版）、《心灵超越与境界》（人民出版社1998年版）、《情感与理性》（中国社会科学出版社2002年版）、《国学举要·儒卷》（合著，湖北教育出版社2002年版）、《人与自然》（人民出版社2004年版）、《蒙培元讲孔子》（北京大学出版社2005年版）、《蒙培元讲孟子》（北京大学出版社2006年版）。另有学术论文近200篇。

各位朋友,我今天讲座的题目是“重新解读孔子”。

几千年来我们一直在不断地解读孔子,但是每个时期都有每个时期的背景,因为孔子的文本是开放的,不同的时代对孔子的解读就不同,有不同的时代意义。当然,我的解读也仅仅代表我个人的理解,也不是全面地解读孔子。我解读的主要内容是,围绕最近我国学术界经常提到、讨论的问题,就是宗教与人文的关系问题。这个宗教与人文的关系问题集中在天人关系的问题上,我主要是围绕这个问题谈我的看法。

天人之学,是中国哲学之所以成为哲学的一个最基本的问题。因为天人问题就是宇宙人生的问题,可以说是个原问题。孔子是这一个学说的开创者之一。但孔子的天人之学,究竟是宗教学说,还是人文主义?这就是近年来哲学文化界讨论中经常提出来的一个问题,但是没有取得共识,很多问题也是语焉不详。我认为要解决这个问题,应当突破人文、宗教、自然之间的严重对立和界限,摆脱传统的从西方传过来的思维方式,回到原点,重新解读孔子。

这里,我提出三个问题。如果时间不够,我有可能略去一些问题的阐述。

第一个问题,关于天的学说。

解读孔子,主要是依靠《论语》。在《论语》中直接讲到天的地方,杨伯峻先生统计有 19 处之多。这其中有一些含义是明确的,有一些是不明确的;有一些含义是一致的,有一些是不一致的，甚至是相反的。这就需要我们作出解释。如果对孔子关于天的言论进行一点分析，那么孔子所说的天，大体有四个意思。第一种含义就是人格的神，就是意志之天。这方面的言论，比如说“获罪于天，无所祷也”。第二种含义就是自然界，自然之天。比如说：“大哉！尧之为君也！巍巍乎，唯天为大，唯尧则之。”第三种含义，是不可改变的命运，也就叫命运之天，或叫命定之天。就是人们经常引用的子夏的一句话：“商闻之矣，死生有命，富贵在天。”第四种含义，是从价值观上说的，即所谓道德之天，或义理之天。比如说：“天生德于予，桓魋其如予何？”当然，这也可以有不同的解释。我所说的《论语》中有对天的意义解释不是很明确的地方，这也是其中一处。

在这四种含义中，第一种“天”的含义，大家都知道是西周以来的宗教神学观念在孔子的思想中还有保留，这是不能否认的。但是孔子在谈到人格化的天神的时候，多是涉及到日常生活中的事情，而且已经不是西周时期那种威严的、可畏的神灵，而是具有更多人性的、可以与之亲近的一个神。天虽然还是神，但神已经人性化了。那么第二种含义——自然之天，同第一种是直接对立的。这是孔子时代关于天的一个重大的变革，可以说是古代的一次宗教革命。这期间，第一个变化的过程不能详细地说，大体而言，自西周开始，以天来代替殷商时期的上帝。为什么西周时期的人提出天来代替上帝？这说明已经开始了某种微妙的变化。《说文》曰：“天，颠也，至高无上，从一大。”那么，这个天，是与头上的青天有关的，颠是头顶，很高，又高又大。这就是说，天虽然还是一个至高无上的神，但是它已经具有宇宙空间的意义了，既高且大。神具有宇宙空间的意义，这是很大的一个内在张力，或者说是包含了一种内在的矛盾，这是否与周朝早期的信仰有关系,可以研究。但是随着人们意识的启蒙,到了周朝后期,普遍兴起了对天神的怀疑思潮。这点在《诗经》里面有大量的记载。这样的怀疑态度,春秋以后就出现了,因此出现了自然之天、自然之道的学说。比如子产的“天道远”等等的说法。孔子应当说是自然之天这一学说的重要开创者之一。作为一个转型时期的思想家,孔子的学说中存在不同的说法,并不使人感到奇怪。重要的是,看他提出了哪些新的东西,怎样解决不同观念之间的关系。孔子学说的意义,我想就在这里。孔子的学说是改革性的,不是颠覆性的。到他提出天是又大又高的自然界的时候,天的意义已经发生了根本的改变,但是仍然保留了某种神圣性。这是孔子关于天的学说的一个很重要的核心所在。

那么最重要的还有一点,就是第四种含义,这个应当说是最富有创造精神的,也是孔子成为儒家创始人的一个重要原因。“天生德于予”,这个“天”究竟何意?过去争论了很长时间。如果说是上帝,那么就是说,上帝选中了孔子,以孔子为他的代言人。但是我们从《论语》中看到,孔子从来不承认他是上帝的儿子,也从来不承认他是生而知之的圣人。就是说,他不是受命于上帝的特殊的人,而是一个好学的人。他说他同别的人没有什么区别,只是比别的人好学罢了。这说明孔子并不是上帝的使者,受命而行使一种特殊的使命。如果说孔子负有一种历史使命,那么是因为他自觉地怀有这样一种历史感、使命感,而不是因为他接受了上帝的某种使命。

那么,这个“天”应该怎样去理解它?孔子是以志道、闻道、传道为己任的。“朝闻道,夕死可矣”,“志于道,据于德,依于仁,游于艺”,这都是孔子的话。那么他所志之道是什么?有的学者,比如美国的余英时先生,还有很多学者认为,孔子及其儒家所谓的道,主要是人道,人间之道。孔子是以人道来代替天道的，即便说到天道，那他所指的主要含义还是人间之道。还有一些学者，比如说汉学家葛瑞汉，他认为孔子对天道的问题是不感兴趣的，那意思还是说，他关心的还是人间之道。我以为，问题没有这么简单。如果说像西方的哲人那样探索自然界的构成、原理、本体、因果关系等等，那么，孔子确实不感兴趣。但是就其探索自然界的生命意义，以及天与人的关系而言，孔子及其儒家是人类文化史上最杰出的代表。他的"志于道"、"据于德"等等，正是讲天道、人道关系。这里所说的"道"，不仅仅是人道。既然是天生德于孔子，那他所志的那个道，当然是天道无疑了。由道再到德，由德再到仁，这不仅仅是孔子的思维方式，也是道家老子的思维方式。所以我认为，李泽厚先生提出的"儒道互补"，从根本上说是儒道同源。假如我们说，从中西文化这个大背景下进行比较，儒道同源是中国文化的根本精神，儒道互补，仅仅是它的作用、功能而已。道与德相比，当然更具有根本性，德是道的一种内在化。关于这个问题，还可以从孔子的"性与天道"之说进行一些分析。《论语》里有一句非常重要的话，子贡说："夫子之文章，可得而闻也；夫子之言性与天道，不可得而闻也。"这是非常重要的一句话，对解读孔子是至关重要的。但是对于这句话，历来是争论不休的，特别是近代以来，很多学者更是有不同的解释。有的认为，孔子是一个经验论者，并没有谈到什么"性与天道"这一类的问题。那么子贡所说的"不可得而闻"究竟是什么意思？是孔子压根儿没有"性与天道"之说，还是子贡不可得闻呢？我们知道，孔子很少谈论形而上的东西，但他不是绝对不谈，只是谈论的方式有所不同。子贡明明说"夫子之言性与天道"，那么这个"言性与天道"，绝不是一个虚设，即不能从"不可得而闻"来推测孔子没有言说。这从逻辑上讲也是如此，问题在于如何言说。孔子谈话的方式是从文章开始的，文章是表现于外的，就是礼乐文化。文章体现了人类的创造，是人文的所在。

但是在文章中是否还隐含着什么内容，这就涉及“性与天道”的问题。“性与天道”不是能直接言说的，而是需要默而识之，下学而上达。孔子提出的“默而识之”，很多注解家认为是一种识记、记忆，我认为还有一层很重要的意思，就是默识心通，这是一种直觉体验。这里有思的问题。孔子还提出“下学而上达”，上达什么？那应该是通过文章而上达于天道，上达于天命。孔子还提出“吾道一以贯之”，怎么贯？贯什么？是不是仅仅是像曾子所说的“忠恕而已”。这个也是值得研究的。孔子两次谈到“一以贯之”，一次是对曾子说的，一次是对子贡说的。对曾子所说，只是一句话，说是“吾道一以贯之”，曾子理解为“忠恕而已”，这在《论语》中有记载。那么对子贡所说呢？孔子明确提出，“赐也，女以予为多学而识之哉？”先提出这个问题，接着再说：“非也。予一以贯之。”那么这个“一贯”显然是对“多学而识”说的。当时子贡没说话，可是恰恰是这个子贡在另一个地方提出“夫子之言性与天道，不可得而闻”这样一个问题。这不能说仅仅是一个巧合，这说明孔子虽然是以好学而闻名，但绝不以多学而识为他的真正目的。他不仅仅是要做一个博学的人，博学多识是文章之事，当然是很重要的。但是一定要一贯，就是要上达于天道、天命，这才是他的终极目的。所以这也是学与思的问题。上达、一贯是需要思的，孔子在《论语》中多次讲到学和思的关系问题，但是这个思不是逻辑思维，而是关于宇宙人生意义之思。因此在中国没有发展出西方式的形而上学，但是确有真正的形而上学的问题。子贡提出来的问题是一个根本性的东西，他显然是以肯定孔子有“性与天道”之说为前提的。就子贡的表述而言，问题不在于孔子有没有言，而在于得闻不得闻，就是说，只是一个言说方式的问题。文章与天道不是截然不同的两个世界，文章之中就有天道，但它又还是文章本身，天道在文章之中，而超乎文章，在下学之中，又超乎下学。这就是"一以贯之"的道理。从实践上说，解一贯为忠恕，像曾子的解释当然是可通的。但从终极意义上说，一贯的真正含义是贯通天人。子贡作为孔子的入室弟子，以其聪明才智以及对孔子学说的领悟，虽然不及颜子，但对孔子"性与天道"之说一定是心领神会的。不然他为什么提出一个"性与天道"的道理，而不是停留在文章的表面？

那么，"性与天道"又是说什么？这就要回到我们前面的问题，是上帝的命令？还是自然规律？还是别的什么？这里我再引用孔子另外一句非常重要的话，孔子说："天何言哉？四时行焉，百物生焉。天何言哉？"对这句话有截然不同的解释，我可以举出两个代表性的不同解释。一个是以冯友兰先生为代表。冯先生是我的导师，他认为这个命题含有能言而不言之意。就是说，天能说，但是它不说。那么实际上这就是"无为而治"。这个天还是上帝，还是神，它只是不说罢了，否则的话"天何言哉"这句话就没有意义了，就如同说石头不言、桌子不言一样。冯先生的观点后来在《中国哲学史新编》试稿中已经有了一些变化，他认为孔子对天的看法标志着从有神论到无神论的过渡，而到他晚年的时候，在他的《三松堂自述》中讲到境界问题时，直接提出人与自然的关系问题，天人关系实际上就是人与自然的关系问题。那么另一种相反的解释是郭沫若先生。郭沫若先生在他所写的《青铜时代》里讲到先秦天道观的演进时，他认为孔子心目中的天只是自然或是自然中的理法，即自然规律，所以孔子是无神论者。

这是两种完全不同的解释，而这两种解释，到现在为止，还没有人能够超越出去。这两种解释都能找到各自的根据，但是照我的解读，孔子的这一命题，既不是能言而不言的意志之天，也不是不能言说的自然界，而是以“行”与“生”为言说的自然界。应当说这是孔子对天的又一个创造性的见解。

天是自然，这没有问题，但是天道是什么？我想就不能用通常所谓的自然规律去解释。规律是可以重复的，可以还原的，那是建立在还原论、基础主义之上的自然规律。而孔子所说的道究竟是什么意思？就是他所说的“百物生焉”的生，即以生为道。生是什么？就是生命创造。今天人们所理解的自然，是完全接受西方哲学之后的一种说法，就是指没有生命的自然界，是机械论的、还原论的、因果论的，受盲目必然性支配的那样一种自然。现在很多人关于自然的看法，就是这样一种看法，即机械论的看法。自然界只是一个被认识被改造的对象，没有别的意义，是人之外与人相对而存在的那样一个对象，那样一个自然界。而孔子所说的天，他的那个自然是有生命的，而且是不断创造生命的。人类的生命是与自然界息息相关的，二者是统一的，不是对立的。所以这个“生”不仅只是生出人的形体生命，而且生出人的德性。“天生德于予”，这个“予”有普遍性意义，不是一个特殊的命题，不仅仅是对孔子而言。前面我讲过，孔子并不认为自己是上帝的代言人。那么这个生命创造，不是对某一个特殊的人而言的，应当是对所有的人而言的。它是一个过程，这个过程是无限的。“行”，是“四时行焉”的行，“生”，是“百物生焉”的生，这是自然界的根本功能与作用。所以这个天是以功能和作用来表现它的存在的，这就是孔子和后来儒家所说的天的根本特征。就是说天不是实体，天道也不是实体，而是功能，是一个过程，以其功能、作用表现其存在。我不同意现在很多人一讲到天、道或者气的时候就从西方接过一个概念来，不作任何分析，就说成是实体论这样一些方法。我们了解西方哲学，非常重要的目的是要真正把中国哲学消化透，把中国哲学的特质揭示出来。天道当然是实在的，但它的实在性不是以实体的形式，以实体和属性这样一个关系来说明，而是以功能和过程来说明的。所以我们说它基本上是一个过程哲学，不是实体论哲学。那么这就是自然界的言说。这一个生命创造的过程，有它形而上的意义，可以说也有某种神性。因为它是生命之源，是价值之源，已经超出了认识的范围。由于天是自然界，不是神，所以它不言。但是由于天以“行”与“生”而创造万物，因此，行与生就是它的言说，自然界是以其无私的生命创造向人们言说的。人类不仅应当倾听自然界的言说，而且应当践行其言说。这就是孔子的天人合一之学。

郭沫若说，天是自然界，是对的，但是没有说出天的生命创造的意义。冯友兰先生看到天的言说这个意义，但他说的是以上帝之言说为言说。那么既能言，为什么又不言呢？孟子也有这一类说法，他说：天命于人，不是“谆谆然命之”，而是以“行与事”命之。大家都知道在《孟子》里有这样的说法。既然天以行、以事命之，这就隐含着对人格神的某种否定，事实上也是如此。天不能像人一样言说，天的言说就是生命创造。那么自然界的生命创造有没有目的性，这自然又是一个问题，而且是一个很大的问题。凡是命，都是有目的性的，但这当然不是超自然的神的目的，也不是单纯指人的目的。它是自然界在生命创造中自身所具有的一种内在目的。这个目的是指向人的。这就是天人之学。它不是一个自在的目的。天，刚才说了，价值意义上的那个天，义理之天、道德之天。那个意思从何而来？就是从生命的目的性而来，我们可以称之为生的目的。"天人合一"就是建立在这个基础之上的。

自然界的生命创造向着一个完善的方向进行,而所生之人就是这个目的的实现,所以我们人类应该是自然界目的的实现者。牟宗三先生讲了一句话:"人是实现原则。"我是同意这个说法的。但是他的实现原则完全是主体化的说法,他是接着陆王的说法,把客观性的意义完全内在化、主体化了,这个我不完全同意。那么这就是"天生德于予"。生就是天的德,所以《易传》里说:"天地之大德曰生。""生生之谓易。"这是符合孔子学说的,应该说是对孔子学说的一个发展。当然,我不认为《易传》是孔子所作,是其后学作的,但它那个思想是从孔子那里发展而来的,是一脉相承的。

这里可以有三种说法,三种含义。就生命创造的自然过程而言,我们把它叫作天道;就生命创造的价值意义而言,我们可以叫作天德;就它授予人这样一个目的性而言,可以叫做天命。其实三者是从不同功能上说的,并没有根本的区别,而且这个用法是可以互换的。这也就是人们认为中国哲学的概念总是含混不清的一个重要原因。那么这个天道、天命,是指向人的,是由人的德性来实现的,如何完成德性,那当然是人的事情。在这里,孔子赋予人以主体性、能动性,并不是说人仅仅是接受天赋予人的一切东西,就无所事事了。不是这个意思。天并不能保证人类成为道德君子。"性与天道"之说,建立了天人合一的基本模式,建立了人与自然的一种价值关系,就实现人性而言,决定的因素还在于人,还在于人的个人实践、个人修养。那么这可以从孔子的另一句话,关于性的论述上看得出来,那就是"性相近,习相远"。孔子讲性不多,唯一就这么一句,后来对它的解释也是发生了很多分歧。孔子所说的性究竟是什么?在"性相近,习相远"这个命题里头，孔子讲的这个“性”显然是对“习”而言的。这个性，是先天具有的、与生俱来的，所以与它相对的有一个“习”的问题。为什么说“性相近”呢？我认为，孔子是在说人性的个体差异性的问题，不是从普遍的抽象概念上来讲，每个人的性都有个体性，个体差异性。但是这并不排除个体差异之中有共同性，否则就不会说“相近”了。为什么说相近呢？人性不同于物性，这就是人之所以为人之共性，问题在于这共性究竟是什么？是完全中性的？还是有价值的？那么，我们根据“性与天道”这样一个说法，应当说由道而生的德性也就是孔子所说的人性即仁。但是，孔子并没有这样说，孔子只是说“性相近，习相远”。就是因为这样的性，它是在个体的存在中间，所以它只能是一个质朴的潜能，并不是人性的全部。因此，只能说“性相近”，不能说一个普遍的共同的那样一个人性。“习相远”，那当然是说明后天学习环境影响的重要。孔子非常重视后天学习，先天所受之性，不是个抽象一般，这是孔子言说的方式。孔子的文章特点就在这里。它不是抽象一般，孔子不从概念、形式讲问题，他所说的概念总是具体的。人的德性是需要在实践中培养和完成的，从这个意义上说，人性是可以塑造的。你行于善就为善，行于恶就为恶。所以孔子主张“择善而从”，以仁为善。“无友不如己者”等等，非礼勿视、勿听、勿言、勿动等等，就是强调一个“习”。所以在孔子看来，内在的人性，只能在外部学习中才能培养起来，才能实现出来，这就是内外结合。

这里有一个重要的理论问题，就是所谓存在和意义、事实和价值的关系问题，这是中西哲学之间的一个重要的区别。从西方哲学的眼光来看，天是自然界。既然是自然界，自然的生命创造就是一个客观的事实存在的问题。为什么具有价值？在西方哲学，特别是分析哲学看来，事实存在是属于客观范畴的问题，它的语言表达是陈述句。西方哲学很讲究语言分析，陈述句就是陈述一个事实，把它讲出来，客观地讲出来。价值是属于主体范畴的，是主观的。只有人才有价值，其语言表达就是祈使句。完全不同的语言表达方式，代表了完全不同的两类性质的东西，二者完全不同，所以无法统一。这种西方哲学的事实与价值的二元对立，正是建立在人与自然，主体与客体，主观与客观的二元对立之上，所以为什么现在人们都说西方哲学是一种二元论的哲学，道理就在这里。人和自然界完全是对立的、二元的。它不仅仅是对立的，它必须是二元的。二元对立的西方哲学认为，人是有"自我意识"的，人之所以为人是由自我意识决定的。人完全是自主的，而自然界只是与人相对立的一个外界的存在。只有人才有价值，有价值观念，才是价值主体，自然界没有任何价值，所以它只供人们利用、改造、征服。如果说有什么价值的话，那只是说对人是不是有利。这是一种工具价值，或者叫使用价值。我可以开发它，可以利用它。

但是在孔子看来，自然界不仅是生命之源，而且是价值之源。人与自然不是二元对立的，而是生命的统一体。确切地说，人与自然之间是一个生命统一体，它们即便是产生对立关系，也是在生命统一体中不断进行调节的。自然界也赋予人以自主性，人的所谓自主性、主体性，绝不是靠什么"自我意识"，而是源于德性，这德性就是自然界生命创造的结果。从生命的目的、过程的意义上说，事实和价值，存在和意义是统一的，主观和客观是统一的，人与自然是统一的。因为生命整体的各个要素是相互联系的，不是独立存在的，是动态的，不是静态的。它的存在是一个过程，不是一个实体，而这个过程是具有方向性的、目的性的。那么就人的主体实现而言，就是真善美的统一。就自然界的存在而言，这是一个事实的问题，但其中有价值的意义，就人的存在而言，是有价值和意义追求的，它是以事实存在为根据、为基础的。对生命的创造而言，我们必须承认，天就是主体。西方基督教认为，上帝是唯一的主体。中国哲学没有上帝，不承认上帝，那么天即自然界就是主体。就生命价值的实现而言，人也是主体。所以在生命整体的运行过程中，人与自然共同构成主体，这就是所谓事实与价值何以可能统一的问题。所以"子在川上曰，逝者如斯夫"，你说这是一个什么句？这是对生命存在的陈述，也是对人生意义的追求。

人的生命和价值就是在对自然界的这种感悟中间得到了体现。汉学家葛瑞汉意识到这个问题，在他的几本书中都谈到了这个问题，我们最近出版翻译过来的《论道者》里边就谈到了这个问题。因为这是中西哲学之间一个非常重要的问题，他是以西方哲学为背景，对中国对孔子学说提出了一个非西方的解释，他说："孔子以一种似乎是中国的传统通常所共有的方式，回避了西方人的另一种二分法，即事实与价值。孔子及其后学似乎假定行为的价值源于智慧的价值。中国人的假定是，行为始于自然动机。"他提出这个看法，确实指出了中西哲学之间的一个重要区别，但是他没有进一步说明何以会有这样一个区别。这不是回避了西方的一个问题，而是以中国哲学自身的方式来解决了这个问题。那么，我们简单地说，这就是一种生命哲学和实体论哲学的一个区别，是生命哲学和基础主义的一个区别。

现在我谈谈第二个问题，就是孔子关于人的学说，也就是仁和礼的学说。

有的学者认为，孔子学说的核心是礼，但是对礼的解释又不同。有的认为，礼的学说体现了孔子的宗教精神；有的认为，礼的学说体现了孔子的人文精神。那么究竟如何看待这个问题呢?

说孔子学说的核心是礼,有一定的道理和根据,但不完全。因为在孔子学说中,他的一个基本思维,就是刚才我说的天人关系问题,而关于人的学说里头,应该说仁和礼都是重要的。西方学者芬格莱特写了一本书叫《孔子:即凡而圣》,这本书我们也翻译过来了。她认为仁和礼是事情的两个方面,这个说法是很有道理的。但是她认为这两个方面都是从人际角色中所表现出来的行为的某一个方面,这个说法是否确切,就值得研究了。就孔子讲礼而言,这个范围是很广的,它有制度、规范、礼节仪式等多个方面。孔子最重视的是各种仪式、礼仪,这中间既有社会群体性,同时又有深刻的宗教精神。而礼仪中最重要的是祭祀之礼,这也是孔子谈论最多的。所以孔子有一句话说:"所重:民、食、丧、祭。"他对丧礼、祭礼这些东西非常重视。他提出来的和民、食同等重要的祭祀之礼,从本质上来说是一种宗教仪式,同时也有很强烈的人文关怀。这个礼,特别是礼仪,在孔子看来是神圣的。"祭如在,祭神如神在",祭祀之前要斋戒,祭祀中必须要虔诚,绝不可以草率,"子入太庙,每事问",并不是孔子不懂那里的规矩,而是因为这是礼的要求,表现他的一种虔敬之心。从这里可以看出孔子的一种非常虔诚的宗教精神。这个祭礼中,有祭天、祭地、祭山川、祭鬼神等等,当然这个鬼神并不等于死去的祖先,而是山川鬼神。不同地位的人有不同的祭祀对象和祭祀的仪式、方法、规模,这可以表现礼的一种等级性。但祭祖是共同的,是神圣的。在这一方面,孔子一定是要坚持捍卫这个礼,跟他的学生几次辩论,比如关于鲁国的告朔之羊,每月初一用活羊来祭太庙,实际上这个祭祀活动几乎等于废了,所以他的学生子贡说:干脆把这个祭祀免了算了。孔子坚持不行,说:你爱那个羊,我爱这个礼。又比如“三年之丧”,他的学生宰予提出要把三年之丧改成一年就够了,孔子坚决反对,而且骂他的学生“不仁啊!”“不仁”这里头包含一个问题,就是这个礼究竟是解决什么问题的,从这“三年之丧”可以看出,孔子认为礼是从情而生的,是说人的一种内在的情感需要,一种表达的方式。人不能没有情感,这种情感用礼的方式表达出来,就变成了神圣的东西。所以他就骂宰予:儿子生下来三年,才免于父母之怀,你有三年爱你父母之心吗?你这三年不守孝,吃好的、穿好的、用好的,你心安吗?他的学生说:安。孔子说:那你就去做好了。这心安不安是什么?就是内在的情感,人的一种情感感受。这是天生而来的人的情感,礼就是建立在情之上的。到现在很多人是不讲这个了,就是说不仅外在的形式不讲了,连情感也不讲了。所以他就可以无情,可以绝情,他可以不孝敬父母。

在生死的问题上,孔子更重视生前,而不是死后,这在《论语》里面也讲了很多,最著名的是:“未知生,焉知死。未能事人,焉能事鬼?”还有“敬鬼神而远之”等等。

有人认为孔子是一位对鬼神存而不论的怀疑论者。有些海外的学者认为,孔子是将现实的人类社会看成是一种终极关怀;还有人认为,孔子摆脱了西方超越的绝对即神的依赖,甚至把孔子说成是后现代主义的楷模。比如美国的郝大维、安乐哲这样一些学者,就提出这样一些看法。关于鬼神的问题、生死的问题,这也是个大问题。生死的问题不仅西方哲学有,中国哲学也有,一直是个重大问题。

那么,中国哲学究竟是怎样看鬼神的?孔子确实持一种不知的态度,不置可否的态度。但是他又为什么重视丧礼、祭礼、葬礼呢?为什么要葬之以礼,祭之以礼呢?又为什么说“慎终追远”呢?这是不是就像后来荀子所说的,是一种神道设教？明明知道死后无鬼，却以此来教育无知的人民。孔子确实把他的关怀放在生前，而不是死后，但是父母死后儿女要保持并表达对父母的报答和仰慕之情、思念之情。这种礼仪之所以必不可少，是因为它不仅是严肃地行使、表达了人的原始情感，而且表达了对永恒的追求。这种礼仪之所以有宗教性，就在于通过对祖先的怀念、思念之情，表达了对超验性的生命所求，其中包含着生命的无限性意义的追求。我认为这个礼仪的意义就在于这个地方，对父母和祖先的养育之恩的一种回报，一种思念，以及对其人生经验、人格品质的一种继承发扬，将个人的生命和无限的永恒的生命意义联系起来。

按照孔子对天的看法，人的生命来源于自然，死后回到自然。但自然界的生生不息之道是永恒的、无限的，并且通过父子相续而得以实现，得以传递。通过生者对死者的"慎终追远"，表现出对自然界的一种无限的敬畏。可以说，这是人与宇宙自然界发生关系的一个非常重要的方面。

说孔子学说是人文主义的，就因为归根结底是解决现实人生的问题，从这个意义上说，儒学是讲现实性的。但是孔子学说不能归结为仅仅是讲现实性，孔子重视礼仪的主要目的，是为了使人生具有意义，当然也是为了使社会更加文明，包括社会的一种和谐安定，使人能够实现对永恒的追求。孔子实际上是对人死后留了一个悬念。他并不是不重视死，而是为了更好地理解死的意义。人不能体验死亡，孔子也不主张去享受上帝的福祉。在孔子看来，死的意义全在于生前，在人生之中。你尽了人生的义务，完成了人生的使命，实现了人生的价值，就是实现了死的意义。中国古人不是有"三不朽"之说吗？太上立德，其次立功，其次立言。孔子也是主张不朽的，但不是灵魂不死。中国没有灵魂不死这一说，不是灵魂升天这一类的宗教信仰(在民间有无这一信仰是另一回事),而是在生者的身上得到体现和承认,死后之事虽然不可知,但生前之事不仅可知而且可为,而对死者的怀念之情不能无。这种敬人事而积德,以至死后为人们所怀念、所敬仰、所继承,这就是死的意义。可以说,超越了生死,实现了永恒。

中国人很重视死后留名。留名有什么不好?孔子也讲过名的问题,好的名声就是不朽嘛,但是要一生为之奋斗,为之努力。人生不是为了死后留名而留名的。当他对人类做了贡献,尽了人生的义务以后,他不仅在生的时候受到尊重,享受到人生之乐,死后也留了名,也实现了不朽。所以孔子的学生曾子在临终的时候,叫弟子们“易席”,说:“启予足,启予手。”然后又说:“而今而后,吾知免夫!”那么应当说,他体会到并实践了孔子的生死观,这实际上是对他一生的总结。临死的时候,用今天的话来说,就是“我死而无憾了”。这就是说,孔子不是不重视死,孔子非常重视死,但是死的意义体现在生之中,而不是在死后,不是说等我死后去享福,而是完成人生的使命,死而无憾,这就是他的生死观。

关于孔子“仁”的学说。仁是孔子学说的核心,这是没什么问题的。但是在当前,争议也比较多。首先一个问题就是,仁究竟是一个内在的情感呢?还是一个人格的塑造呢?是心灵呢?还是人伦呢?是心理学的呢?还是社会学的呢?我们看看最近关于孔子以及中西文化比较方面的研究,就会知道,这个问题实际上是分歧比较大的一个问题。比如说冯友兰先生就认为,仁是一个真情实感,从这个意义上说,仁就是心理情感。他又说过,仁是“心之全德”。还说过,仁是“人的自觉”。有些学者认为,孔子的仁就是讲社会伦理,讲人与人之间的一种伦理原则。李泽厚先生认为,仁是心理情感,且不仅是心理情感，是心理本体。他公开反对本世纪西方的反心理主义。

早在17、18世纪时，有一位著名大儒，叫丁若镛(或丁茶山)，他就提出仁是人伦之至，而不是心德。它是外在的，不是内在的，它完成于后天的人为，完成于恕道，而不是先天就有的。他的特别之处，是受到了西方基督教的影响，认为仁以性为依据，而性是来源于上帝的；可是上帝又赋予人以自主性，仁就是人的自主性的产物。可以说，这基本上是一种人文主义的解释。但是它有一种宗教的背景。有趣的是，当代西方汉学家葛瑞汉认为，仁是与名词性的人相应的状态性的动词，是一个行为。他很强调这个恕，忠恕的恕。认为这种以否定形式表达的道德经验，主要呈现于内心，同西方耶稣的基本原则是一致的。这好像和心理主义有关了。而美国有一位学者认为，仁和理都是各自指向人际角色中所表现出来的一个方面，与表示意志、情感和内在状态的语言毫无关系。所以这个仁必须是受到教育、培养、文化熏陶以后，才能有的人格。因此，仁是非心理学的概念，切不可把孔子的仁心理学化。这显然是完全不同的两种看法。那么究竟应该如何看孔子的仁？是心理的东西？还是外在的社会的东西？我同意仁是心理情感，但不完全同意是心理本体这样一种说法。它不只是一个主观的心理本体，它是与天道相联系的，这里有天人内外的关系问题。这里关键的还是一个"生"，生命创造的生，在天为道，在人为仁，核心还是一个"生"。那么仁与礼就构成了内在情感与外在形式的关系，仁和礼的统一是孔子关于人的学说的一个重要的全面性的表述。所以《仪礼·礼运》说："礼仪者所以达天道，述人情之大度也。"《尚书》说，凡礼之大体"有礼、有节、有权，取人之情也"。郭店楚简的《语丛一》说："礼因人之情而为之。"《语丛二》说:“礼生于情。”这些解释都是符合孔子思想的。人情有多种多样,其中有好恶之情,但仁是重要标志。“唯仁者,能好人,能恶人”。其中包含着道德理性原则。礼,作为仁的外在形式,是人文创造,但有内在根据,反过来又能培养人的情感,巩固仁心。所以孔子所说的“克己复礼”,即克服个人的一己之心,视、听、言、动都符合礼,这样就能够培养仁了。但是如果没有真情实感,只是一套形式,那就从根本上丧失了礼的意义。

“人而不仁,如礼何?人而不仁,如乐何?”“礼云礼云,玉帛云乎哉!乐云乐云,钟鼓云乎哉!”这些都是孔子讲的话,难道礼就是施行那些外在的形式吗?当然不是。礼是表达、满足和调节人的情感的,仁与礼也可以说是质与文的关系。仁是一个质朴的内在情感,礼是人文的外部表现,二者结合起来,就是仁人君子,这就是孔子所说的:“文质彬彬,然后君子。”仁的实质是爱,实现的方法是忠恕之道。恕是从否定方面来讲,忠是从肯定方面来讲,这都是讲如何实现仁。由己及人,由人及物,由己推人,由内到外。这在人与人的关系上,不是“自我”与“他者”的关系问题,而是我与同我一样的人的关系,这就是所谓的“移情”。其根本意义就是对他人的尊重,对人的人格尊严的尊重。这是孔子从人间性方面来讲仁的。

但是仁是不是只限于人间性呢?在孔子之后的孟子提出了著名的“仁民而爱物”这样一个学说,将仁扩大到了自然界的动植物。就是不仅要尊重人,而且要尊重和爱护动植物的生命。孔子没有明确提出这样一个命题。但是在孔子的言行中已经包含着这方面的内容,只是没有明确说出来罢了。

实现仁的方法,其思维是一种类推性的思维,不是逻辑分析的思维，不是语言分析的思维。这个是无法分析出来的。这里所谓类推的类实际上有两层含义，我们通常只是讲到了一层含义。第一层含义是指人类，人类是一类，“仁者爱人”当然是指人这一类。孔子、孟子都有这样一种思想。那么还有一层含义，应当说就是生命。这层含义我们有必要通过解读把它重新陈述出来。

人是万物中的最尊贵者，孔子以仁说人，这就是对人的尊重。但人又是生命之物，从生命这个意义上讲，人与动植物都是天之所生，对天所生的动植物都要有同情和爱，应当说这是仁的最本真的一个普遍性含义。从人类发生学上说，孝是一种原始的情感，那么，从人类文化学上来说，孝只是仁的一个最初的表现。

我举例说明孔子所包含的这方面的意义。孔子退朝回来，家里的马厩起火。孔子说了一句话，“伤人乎？”不问马。这被我们后人看做是孔子的人本思想，重视人的一个思想，这是对的。在人与马同时受伤的情况下，当然首先要关心人，但是，马就不值得重视，不值得关心吗？所以孔子还有一句话：“骥不称其力，称其德也。”骥是千里马，千里马有力，能行千里，这是人人都知道的，但是孔子为什么偏偏不称其力，而称其德呢？马有德吗？我们常讲人的德性，动物有德性吗？在孔子看来，马绝不仅仅是供人使用的工具，马是人类的朋友。在生命意义上是同等的，应当受到尊重的。这种尊重与爱，不是出于是否有用，才去爱它，而是出于它的德，它本身就是值得尊重的、值得爱的。这就是对生命的尊重。这同我们现代某些人将动物仅仅当作使用的工具对待，形成了鲜明的对比。这难道不值得我们深思吗？以此类推，天所生之物都值得尊重、值得爱护。人的德性之所以尊贵，尊贵在哪里？是在于凌驾于其他生命之上，去任意支配甚至于施暴？还是在于同情和爱护一切生命？这也是孔子仁学里头一个重要内容、重要的方面。

再举一个例子，有一次孔子和学生子路走在山里头，有一群野雉，就是野鸡，落在山冈上，孔子抬头一看，头一转动，这些野雉就飞向天空，在空中盘旋。过了一阵，大概它们看到孔子一行并没有伤害它们的意思，就又落在了冈上。这时孔子很有感慨地唱了一句诗："山梁雌雉，时哉时哉！"他的学生子路也恭敬地向这些野雉拱拱手，然后看着这群野雉展展翅膀飞走了。这是《论语》里记述的。这是人与野生动物相互交流的一幅和谐美好的图画，表现了孔子仁者的胸怀，表达了非常可贵的生态意识。对野生动物的尊重和爱护也是仁的体现。孔子也打猎，也钓鱼，但是"子钓而不纲，弋不射宿"。这也是《论语》里的记载。纲就是粗绳子，整个串起来构成一个大网，将河道拦起来，可以将鱼一网打尽。孔子不这么做；射鸟的时候，不射回巢的鸟。为什么？就是因为巢里有小鸟待哺，让小鸟得到生长，不要破坏鸟的家。孔子如果没有爱心，没有仁者的胸怀，他为什么要这样做呢？

那是不是打鱼打得越多越好？其实古人钓鱼，包括进山伐木都是有详细规定的。在《礼记》里头，这方面记载很多：什么季节去，什么样的木头可以伐，大小尺寸都有规定的，渔网的尺寸都是有规定的。孔子也主张学诗，除了应对交谈提高人的生活品味之外，还提出要多识草、木、鸟、兽之名，这是为了什么？是不是仅仅为了获得一种知识？我想，孔子提出学识草、木、鸟、兽之名，就是为了认识动植物的多样性，理解大自然的丰富多彩及其生命意义，与之和谐相处，充实人类的生活，享受人生的乐趣。应当说这是生态美学的重要内容，充满了热爱大自然的仁心仁德。对有名的"吾与典也"这个典故，后人津津乐道，就因为"吾与典也"之乐是他们追求的最高境界，即天人合一境界。这反映了孔子的人生追求，对大自然的无限热爱与敬仰。对动物如此，对植物也是如此。孔子说：“岁寒，然后知松柏之后凋也。”这也是一个类比思维，也是一种移情作用。我们后来人常常以松柏比喻人格、风格，松柏也是有风格的，耐寒而挺拔，能给人力量，这种移情也是仁的表现，只有境界很高的人才有这种体验。还有“知者乐水，仁者乐山”，也是如此。缺乏这种境界的人，只见山是山水是水，与我何干，有什么可乐？在仁智之人看来，自然界充满了生机，与自然界融为一体，不计较利害，就是仁者的情怀，就能享受到生命的快乐。财富并不等于幸福，生活在现代科技社会的人难道不应该从孔子的智慧中汲取精神力量吗？

关于仁和礼的学说，我简单就谈这些，最后还有一点时间，我谈谈“知天命”、“畏天命”的问题。

孔子在讲到他一生修养的过程时说，“吾十有五而志于学，三十而立，四十而不惑，五十而知天命，六十而耳顺，七十而从心所欲，不逾矩。”这个大家都知道，这是孔子论述他一生修养过程的一个重要的总结性的话。那么这其中“知天命”是关键的一个阶段，只有知天命之后，才能耳顺，才能从心所欲，不逾矩，进入自由境界。所以有人据此认为，孔子学说的核心不是仁，也不是礼，而是天命说，这又是一种说法。因为孔子在讲他的一生修养过程中，并没有提出仁字来，我想，从这里确实能看出知天命的重要。孔子这段话虽然没有仁字，但是仁在其中。如果说在前40年是一般的学习实践，学诗、学礼，那么“五十而知天命”就是一次上达，就是一贯。上达，就是上达于天命，“五十而知天命”之后，才能真正实现人的自觉。这里所说的知天命的知，不是通常所说的知识的知，而是“天人之际”的一种特殊的知识。孔子还说过“不知命，无以为君子也”。君子必须具有仁德，只有具有仁德，才能成为君子,那么具有仁德的君子为什么要知天命?这就引出人与天命的关系问题。所以,仁不仅仅是一个人的问题,它还与天人关系的问题相连着。所以我们完全有理由说,知天命是为了实现仁德的一种自觉,有了这种自觉,也就实现了一贯,即实现了天人合一,这是人生的一个自我超越。这里所说的“六十而耳顺”,不仅说能听进各种人的话,而且应该包括能听进天之所言。我们前边讲过,天的言说,是指关于生的道理,所以“矩”就是天道、天命的法则,也是生命的最高法则。这里关于知天命,有一些不同的解释、看法。一种看法认为,天命所指的是客观必然性,知天命就是认识必然性。持这种看法的人现在很多。

有个问题,这里的必然性指的是自然必然性,还是道德必然性,一般在讲到这个问题时很少进行分析。有的人就是笼统地把这个必然性说成是自然必然性,自然界的规律,那么孔子知天命就是认识自然规律。实际上这很难说明孔子学说的真正含义。现代新儒家牟宗三明确地把这解释为道德必然性,作为自由意志的一个理论根据。那么他所说的知就是智的直觉,这个智的直觉是完全理性的。有些外国学者同我们谈到牟宗三关于智的直觉的问题时说,康德所讲智的直觉,根本只有上帝才有,人哪能有智的直觉?这是根本不可能的。他认为牟宗三的这种讲法,把人讲得跟上帝一样,这是不能接受的。当然牟宗三的解释是说人可以具有智的直觉,从而可以实现绝对超越。他讲这个天道、天命是道德的必然性,是要找到一个先验的根据,有了这个根据以后人的道德才能够具有普遍必然性。

还有一种看法认为,天道是一种不可改变的命运,这个就是我们前面讲到的命运之天,死生有命的命,知天命就是知道这种不可改变的命运,或者说这个命运不可改变,因而引向“听天由命”这样一种人生态度。“听天由命”在中国历史上确实很有影响,养成了中国人的一种忍耐精神,它的积极意义是做自己应当做的事情,至于成败只能听天由命。在《论语》中这种命定论的思想确实存在的,但是不是孔子知天命的全部内容。如果说知天命仅仅是“知”这样一个命定,那就只能是做到“知其不可而为之”,就像当时的人说孔子这个人凄凄惶惶到处奔走,自己也知道自己的理想不可实现。但是他为什么这样做呢?他为什么要有这样一种使命感呢?我觉得这才是问题所在。

那么第三种看法,认为天命就是神的意志,知天命就是知道神的意志。这个我们前面说了,孔子不认为自己是生而知之的圣人,他也不是传达上帝命令、上帝意志的,如果是知道神的意志,这个好像很难解释。

还有第四种看法,认为天命是偶然性,这是和必然性相对的,这是李泽厚的看法,他认为知天命就是知其偶然性,这样一来,就能建立自己,提升人的价值,这样一个看法否定必然性,否定了命定论,也否定了神学观,是很有新意的。但是将天命看得过于非人化而将人过于主体化、感性化了,知其偶然性固然能建立人的主体性,但是天和天命对人生的意义究竟何在呢?而知天命的意义又在什么地方呢?也看不见了,所以我认为这种解释好像也不完全符合孔子的思想。

要解读孔子的“知天命”,我觉得还是要从孔子的天人之学这个基本问题入手。孔子所说的天已经基本上完成了由人格神到自然界的根本转变,同时又保留了某种神圣性的意义,将天理解为创造生命的有价值的有机自然,而且生命创造价值表现为一种目的性,成为人的一种神圣使命,这就是天命,天命可以说是天给人的一种神圣的使命,所以知天命就是对仁德的一种根源性的认识。所以在孔子学说中,命有两层含义，一层就是死生有命之命，这是一个不能改变的命运，它是受制于客观的环境、条件所决定了的一种宿命，或者被归结为前定，就是事先已经被决定了的，这是不可知的，也是人不能支配的。但是，你能够知道其不可知。你不管讲成必然性还是偶然性，实际上正反两面都是一样的，谁能知道自己哪一天死，或者自己将来哪一天发财，还是成穷光蛋，现在社会不是流行算卦，所以能够“知其无可知”，其实孔子并不主张占卜，而是重视德性。这也许就是孔子所说的“知之为知之，不知为不知，是知也”。那么另一层含义就是天道性命、性与天道的命。这样的命，就是天授与人以性之命，而仁就是这个性。所以知命就是知仁，实现人的自觉，人的自觉也就是人的自我超越。所谓自我超越就是上达于天道，实现天人合一境界，这是人的主体创造和实践的结果，也是回到原初的根基，回到真正的精神家园。

最后我再简单地讲讲“畏天命”的问题。畏天命的问题主要是体现了孔子的一种宗教精神。畏就是敬畏，敬畏是一种很深沉的宗教情感，但是敬畏必有其所敬畏者。基督教也是有敬畏的，那是敬畏上帝，而上帝是超自然的。康德也有敬畏，那是敬畏心中的道德律令。唯独孔子的敬畏直接与自然界有关，说到底就是对自然界的敬畏。自然界就是最高存在，在自然之上没有神的存在，自然界也没有人那样的目的，那样的意志，因此不会下命令。但是，自然界虽没有上帝那样的目的和意志，却以生与行为其功能，具有生的目的，也就是自然目的，这就是一种无形的命令，人类应当服从。这个生的目的，从一般意义上讲，就是生长、发育、养育。在人而言，就是尊生爱生，保护生命。所以天之功能及其言说，就是天之所以为天者，也就是对人类的命令。人类一定要遵从自然界的生的秩序和目的，否则就要受到惩罚。虽然不是上帝的惩罚，但确实有一种神圣性，所以你不能不畏，不可不畏。自然界的神性或者神圣性被认为是一种泛神论。

罗素认为，孔子保留了原始的自然神论，但是孔子并不认为自然界是神创造的。自然神论的基本意思是，自然界是神创造的，创造以后自然界本身就按照它的规律去运行了。似乎也不像泛神论，斯宾诺莎的泛神论认为，自然界是一个实体，这个实体就是上帝。但孔子并不认为自然界是一个实体，不管是精神实体还是物质实体。在孔子看来，自然界是一个生命的整体，是一个过程，处在生生不息的创造过程之中，所以自然界和万物的关系就是整体和部分的关系。人与万物都是自然界的产物，也是自然界的一部分，作为一个生命的整体，自然界有没有超越层面？讲神，讲宗教，就得讲超越，自然界应该说是有超越层面。天命就是它的超越层面，而命定那个命就是实然的层面，不是超越的层面，"死生有命"的命，不是超越层面。"性与天道"那个天命的命是超越层面。所谓超越层面，不是形式化、逻辑化的理念世界，更不是绝对超越的那个精神实体，比如说上帝。所谓超越层面只是相对于物质而言的，相对于可以感知的有形的自然而言的，但它还是生命整体的一部分。

自然界有精神层面的因素，类似于目的、意志、情感一类的因素，其价值意义主要是在这个层面上，但是它仍然属于整体的自然，并且由人的生命存在来体现和实现。人们觉得好像冥冥之中有一种神的力量在支配着，实际上没有超自然的这样一种神秘力量。儒家学说没有这种超自然的神秘力量，其所谓神秘力量实际上是自然界本身所具有的这样一种超越层面的作用和力量。

所谓"畏天命"，就是敬畏天命，敬畏自然界的生命。这并不是说人类没有任何选择的自由。某些西方学者说，按照孔子学说就只能按照一条道(天道的道)去往前走,没有十字路口,也没有任何选择。那么,我想在孔子的学说里面,人类还是有选择的,比如他说的那个“直躬者”,“父为子隐,子为父隐”,是从一个选择的角度来讲的。叶公所说的直和孔子所说的直是不同的,孔子并不能否定叶公所讲的直,只是说我们家乡的直不是他所说的这个样子的。这实际上是意味着一种选择,又如“我则无可无不可”。孔子讲这个“无可无不可”,实际上留出了选择的空间。“无可无不可”并不是坐在那不动,什么都不做,做的时候总还是要有选择吧?又比如他说“乘桴浮于海”,这也是一种选择,如果条件具备,他可以做,诸如此类的话,孔子《论语》里还有很多。但是确实千溪万泾归大海,条条大路通长安,殊途同归吧。这一点确实是无疑的。所以孔子不是价值相对主义者,也不是价值中立主义者,他认为人的选择必须符合天道。

《论语》里还记载了“迅雷风烈必变”。这曾经受到了一些人的批判,特别是“文化大革命”时期,把这看成是封建宗教迷信。孔子为什么要这样呢?打雷大风,是突然之间出现的一种自然界的异常现象,孔子为什么“必变”?脸色变得非常肃穆、严肃,是一种恐惧、严肃的神情,毕恭毕敬。为什么?这实际上说明自然界的这种现象隐含着对人类的一种警示。这种神秘力量告诉人们,在与自然界的相处中,人类应当怎样去行动,人类应当通过反省体会其中的意义。这样一个事例,从中可以得到的启示是,人类究竟如何处理人与自然界的关系问题。所以说孔子的“畏天命”不是原始的自然崇拜,也不是自然神论,但是继承了自然崇拜的某些人类经验而加以提升。儒家一贯重视人类经验的一些成果,由此可见一斑。

孔子对自然界充满了敬意,深切地体验到自然界的生命意义,自然界的神性不在别处,就在生命创造本身。生命的目的性，是不可违背的，人类更不能肆意妄为，为了满足自己的贪欲，对自然进行无情的掠夺和破坏，人类应当以敬畏之心来回报自然、亲近自然、热爱自然、尊重自然，以自然界为精神家园，追求人生的幸福。在现代社会，即使有了先进的科学技术，但敬畏之心不可无，因为只有自然界才是全能的，人类是渺小的。我想，这就是从孔子学说中所应该得到的最大启示。

问：感谢蒙先生的讲演。我想问一个问题：在本世纪初，中国天崩地裂之时，辜鸿铭痛心疾首地为孔子赞颂。您对辜鸿铭对于孔学的研究和贡献有什么评论？

答：辜鸿铭在近代历史上被认为是一个怪杰，他对中国文化的研究是在对西学了解的基础上提出来的，有一些看起来和中国现在的社会时代是格格不入的，但是它包含着一种深刻意义，我觉得绝不能轻易地忽视它。

问：我想问一下，刚才所讲的天，我这样理解对不对：第一，天是看不见的；第二，天摸不着的；第三，它是能感觉到的。它是不是像人的一种精神一样，精神的东西也看不见、摸不着，但它能通过一个人体现出来，也就是您所讲的天。基本功能那就是创生，同时创造仁德，也就是说它的功能最终要由人来体现的。我这样理解对不对？第二个问题，我想说礼，咱们现代社会讲社会秩序，那么秩序要通过法律来规范，那么当时2000多年前的社会条件下，社会是否有这种需求，当时社会的秩序是否也想通过人或者礼来调节？所以孔子是否出于这种目的来探讨如何协调人与人、人与自然间的关系，形成良好的秩序？

答：我想你谈的两点意思还是很对的。关于提到礼法的问题，我想又涉及中西文化的关系。这个礼是建立在情之上的，法是建立在理之上的，这个理是一种客观理性，在这方面中国文化有所缺失，各有所长，各有所缺吧。

问：我想问一个问题，这个问题是一个感觉，五四运动期间，实际上对传统的儒家文化有一种否定的倾向，通俗地说就是“打倒孔家店”的倾向。中国一百年来有没有一种自己的指导思想，好像五四期间有一个积极的意义，就是西方一些自由民主的思想引进的比较多，现在感觉到我们国民的思想就是一种好像传统也丢掉了，外面的也没有学到，就像“邯郸学步”一样，现在爬着走，您对这个怎么认识？

答：我完全同意你的看法，现在就是“邯郸学步”。我是认为我们对西方要学习，我们完全是开放的，不能封闭，这个是肯定的，但是我们不能把我们的传统文化统统丢掉，这是我们的精神根基，连这个东西都斩断，没有了，那就不知道人往哪里走。现在大家已经看到了，现在的问题已经相当严重，已充分表现出这一点了。

问：现在一个可悲的现实，就是中华文化在中华民族这个范围内处于一种衰落的状态。我想提的问题是，您认为中华文化在中华民族当中还有再次兴起的可能吗？如果说中华文化没有再次兴起的可能，那么中华民族还能成为一个民族独立地存在下去吗？

答：目前中国，我们的传统文化是被边缘化了。我们是在西方强势话语文化的底下被边缘化了。这个力量很大的。但是我相信，中国人是有自觉的。这个自觉包含了一种文化的自觉。传统文化，我觉得应该在现在的社会里面，不仅是对我们中国，而且对人类是会作出贡献的，人类将来终会承认中华文化所包含的一种非常丰富的精神价值。

宁　可

6—13 世纪的中国社会生活

宁可，1928 年生，湖南浏阳人。1947 年入北京大学历史系学习。1955 年到北京师范学院（现首都师范大学）工作。首都师范大学历史系教授，博士生导师。从事中国古代经济史、隋唐五代史、敦煌学、史学理论的教学与研究工作。主要论著：《宁可史学论集》、《敦煌社邑文书辑校》（合著）、《敦煌的历史与文化》（合著），主编和参加主编《中国经济发展史》、《隋唐五代经济史》、《中华五千年纪事本末》、《中华文化通志》、《敦煌学大辞典》、《英藏敦煌文献（汉文非佛经部分）》等书。

6—13 世纪，具体来说，就是公元 581—1279 年。581 年隋朝的建立，1279 年元朝灭了南宋。为什么要把这么一段时间提出来讲？这里有三个原因：

第一个原因：这段时间长一点，涉及的面大一点，碰到的问题也多一点，讲起来可能好讲一点。中国历史上从公元前 221 年秦始皇统一六国，到 1911 年辛亥革命，这中间经过了 2200 多年。这 2200 多年的历史可以划成三大段：秦、汉是一段，从公元前 3 世纪到公元 2 世纪，从公元前 221 年到 189 年黄巾起义，大概有 400 多年；黄巾起义到隋的统一，189 年到 581 年，这是一段，大概也是 400 年，秦汉魏晋南北朝加起来大概是 800 年；然后一大段是隋唐和两宋，从 581 年到 1279 年，这是 700 年；最后的元明清，从 1279 年到 1911 年，大概 600 多年。秦汉魏晋南北朝、唐宋、元明清这三大段，各占了大概七八百年的样子。经历时间比较长，各占从秦始皇统一六国到辛亥革命的 2200 百多年的三分之一，遇到的问题比较多，我们可能好讲一点。

第二个原因：唐宋这段时期，现在公认的是中国社会的一个变革时期，变革时期很多问题变化了，所以回头来看秦汉时候的历史，有点像童年、少年，比较幼稚，不成熟；要看明清这段，变化又太多了，好像恍如隔世。觉得唐宋这段还有些问题可讲。

第三个原因：从近代鸦片战争开始，即 1840 年以后，中国是处在一个被外国侵略的阶段。欧洲比较先进，中国相对之下比较落后，所以中国挨打，吃了很多亏。相当长一段时间，国外的一些人看中国，总觉得中国落后，没什么出息，不怎么样。但是最近以来有一些变化，有些国外的研究者研究中国的历史文化，有种看法，认为中国历史在宋朝达到了一个高峰，像科学技术、思想、哲学、政治制度等等。相对之下，当时的欧洲是比较落后的。可是在这以后，中国历史好像停滞不前了，而欧洲慢慢地赶上来了，欧洲有了文艺复兴，有了地理大发现，殖民主义，还有产业革命，欧洲就上来了，中国就落后了，就挨打了。为什么中国在近代以前开始从先进转为落后？这是一个问题。英国有位学者叫李约瑟，他写了一部书，叫做《中国科学技术史》。他就提出这么一个问题，后来被人们称之为“李约瑟难题”，大家都来想法解答。但这个问题经过多少年的研究讨论，到现在还没有法子取得共识，看法都不一样。这个问题现在还没解决。但是近些年以来又有一些变化，这种变化多半来自国外的学者。有的人认为，原来中国不是那么落后的，在鸦片战争以前，中国是最好的，跟欧洲比起来是最好的，生活水平一点也不低。鸦片战争以前，中国是世界上最大的大国，人口最多，国力也最强，国内生产总值 GDP 已经超过了欧洲，特别是超过了英国。在对外贸易上是顺差，英国是逆差，因为英国有大量的贸易逆差，所以要走私鸦片，酿成了战争。这是一种意见。还有另一种意见，认为当时中国的发展水平跟欧洲是差不多的，比如跟英国是差不多的，可是不久以后就南辕北辙了，这个原因是殖民主义和英国煤矿、铁矿的开发，跟产业革命很有关系。这又是一种意见。跟这种意见对立的意见认为，中国确实从明朝以后经济是停滞了，发展不起来了，没有什么新的东西，和欧洲比起来落后了。这是现在人们一般承认的观点，国内很多学者对这个观点是认同的。当然我们可以看到，在国外的学者中间还有一些不同的看法。总而言之，涉及了中国近代及以前的几百年，在社会发展水平和跟欧洲的比较这方面有些不同的看法，这是我们提出6—13世纪这个时段要考虑的问题。因为大家注目的是明朝和清朝，但追本溯源往前一推就到了唐宋了，所以唐朝宋朝历史知道一点，对明清这段时间历史的了解是会有帮助的。

唐和宋这段时间很长，700年。另外有变化，变化也很大，那么长时段的大变化，我们把它分成几个方面来看，可以分成七个方面，概略地来说一说。这七个方面我们不可能讲得很多，也不可能讲得很深，我们只是提出些问题，这些问题大家有兴趣的话可以进一步来研究。

一、中国的经济重心转移到了长江流域

这个问题我们稍微多讲一点。因为其他几个方面的变化跟这个方面都有关系。我们国家历史是很悠久的，文明的发展也很早，但是比较发达的地区最早是在黄河流域。长江流域也在发展，它不像黄河流域那么引人注意，以至现在人们还在认为，黄河是中国的母亲河，是中国文明的摇篮，发源地。这个说法有相当的道理。有些人不服气，认为长江流域一点不差，好多长江流域的文明发展程度也不低，但是不管怎么说，黄河流域的发展还是比长江流域要早一些，快一些，这是很古老的时候了。随后长江流域也在发展，我们看到从春秋战国、秦汉、魏晋南北朝，长江流域逐渐地赶上来。等到了唐朝、宋朝的时候，我们发现全国的经济重心已经不在黄河流域了，而转移到了长江流域。这种现象非常多，讲的人也很多，不用我们多讲了。现在就是要问一个问题，为什么会有这么一个转移？有这么一个变化？这个问题也有很多

人探讨，现在看起来有一些困难，困难在于我们有关的数字材料收集得不够，也很难把它量化，我们用数字说明也不大容易，只能概括地讲一下。

长江流域赶上黄河流域这种变化是多方面的，可以说是从宋朝开始长江流域就形成了全国的经济重心。有几个方面值得注意：

第一个是气候。气候对历史的影响是相当大的。在中国古代，在五六千年以前，在新石器时期，中国的气候整个比现在热。像黄河流域，整个比较温暖，也比较湿润，有很多属于亚热带的动物植物在华北地区在黄河流域都在蓬勃地生长。可随后慢慢就变冷了。在五六千年以前，黄河流域的气候一月份的平均温度比现在一月份的平均温度要高 3 至 5 度，可慢慢这个地方变冷了。5000 多年以来，经过很多小的反复，有时候暖一点，有时候冷一点，慢慢地变冷了，变干燥了。五六千年以前的长江流域，气候比较温暖，比较湿润，比较闷热，这种气候对农业的开发是不利的。水太多了，对于人们的居住也是不利的，对人们的交往也是不利的。所以相对之下，长江流域的经济生产比较稳定，没有灾年，也没有丰收年，物产也不多，大概维持一种马马虎虎过得去的生活。随后黄河流域的气候变冷了，变干了；长江流域的气候比过去好了，比过去要凉快一点，也比过去要干一点，水少了。水少了，气候干一点很重要，这就变得比较适合农业生产，比较适合开发，比较适宜居住，也比较适宜交往。长江流域的农业就因此有条件发展了。

第二个是农业。我们国家历来是一个农业国，农业是主要产业，农业中最重要的是粮食作物。从唐到宋，这中间中国的粮食结构有一个变化。在唐朝以前，中国的主要粮食是麦子和粟（小米），这是黄河流域的最主要的粮食作物。长江流域种稻子,但是当时稻子的种植面积不大,产量也不多。主要粮食是麦和粟。先秦、秦汉时候都是这样的。可是隋唐以后粮食的结构变了,变成了麦、粟、稻三分天下了。稻子是一种高产作物,单位面积产量比麦子和小米都要高。后来慢慢形成这种情况:稻子的播种面积占全国粮食播种面积大约30%左右;但单产比较高,稻子的产量占到全国粮食产量的40%。粮食的品种一变化,养活的人就更多了,人们的生活就改善了,所以粮食的结构是很重要的。一直到现在我们稻谷的产量还是全世界第一。

当时不光是单位面积产量高,还有耕作制度也有变化。中国人很勤劳,农业讲究复种,就是每年春夏种一季粮食收获以后,到秋冬还再种一季粮食,辅助性的。慢慢地从宋朝以后,中国形成了一种稻麦两熟制。种一季稻子,到秋天收了以后,赶紧再种一季麦子,种小麦、种大麦,叫"稻麦两熟制",形成了制度。两熟制一形成,一年可以收两季粮食,一亩地可以打到一亩多甚至两亩地的粮食,复种指数比较高了。现在我们国家的复种指数大概在160%左右。一亩地可以打一亩半多点的粮食,这比只是春天种秋天收的产量要高多了。

再一个是农作物的品种:稻子。稻子有两种,一种是粳稻,一种籼稻。籼稻好的品种也是很好的,像我们进口的泰国米、越南米都是籼稻里面的好品种,价钱比较贵。粳稻就是北方产的米,像辽宁的米,河北的米,这都是粳稻。籼稻一般口感比较差,营养也比较差,中国过去种籼稻是大量的。但从唐朝以后,也发生一个变化,粳稻的耕种面积慢慢扩大了,播种得比较多了,过去在太湖一带种的是籼稻,现在也种上粳稻了。籼稻慢慢退缩了,退到现在北纬29度以南去了。改善粮食品种,对于改善中国人的营养,也有关系。

农业方面我们还要注意到衣料。中国最早的衣料在很长时间用的是麻布,然后是皮毛,再往后就是蚕丝,很贵重的。孟子讲过,理想社会,房子旁边种上一些桑树,养蚕,这样50岁以上的老人就可以穿上绸缎衣服了,这是很贵的。但这以后,蚕丝慢慢发展起来,最早蚕丝的发展是在北方,在河南、山东这一带,唐朝以后丝发展到长江流域了,大量的丝织品都产于长江流域,以至于以后江苏和浙江成了最主要的丝绸产地。更重要的是棉花,中国原来没有棉花,棉花是后来传入的,大概是从印度和中亚西亚传过来的。现在看起来,棉花大概在宋朝元朝时就进入了中原地区了,进入现在的黄河流域了,明朝时候就普遍栽种起来了,以后棉布成了最主要的衣料。我们看衣食住行,吃的问题有变化、衣料也有变化,这变化都相当大,都在唐宋这个阶段。

还有一个方面也许不大引人注意,就是油料,吃的油。中国以前吃的油比较差,吃植物油,吃芝麻油、豆油。唐宋时候油菜代替了芝麻和大豆,成了中国主要的油料。油菜过去中国人叫“芸薹”,只是做菜吃而不榨油的。

第三个是人口。黄河流域原来人口比较多,也比较密集,人口密度比较大。但黄河流域有一个问题,第一个是打仗,战乱非常多。黄河流域的战争主要有三种情况:第一种,农民起义。第二种,北方少数民族的入侵,什么五胡乱华等等打了进来。第三种,统治阶级内部的矛盾,互相争斗。西晋时候的“八王之乱”就是这么来的。这些战争的破坏是很厉害的。再一个是灾荒,天灾。黄河流域天灾很严重,旱灾、水灾都很严重。只要一打仗,一闹灾,生产就受到很大的破坏,人口大面积死亡,还有很多大面积流散,跑了。有几十万上百万人都跑了。跑,我们现在叫流散、逃亡,说得好听点叫“移民”。中国历史上有若干次大规模的人口流动,大规模的移民。移民的去向很多的是南方,是长江流域。长江流域这个地方原来人口比较稀少,荒地比较多,社会则相对安定,还有很多少数民族在那里,大量人口过来以后,就跟当地的少数民族融合了,开始开发了。而中原地区比较先进的农业技术,也就传过来了,扩散了,所以南方人口就增加了,在全国总人口中它的比重就上升了。比如说汉朝,在西汉公元2年的时候,有一次人口统计,全国人口是6000万,黄河流域和长江流域人口的比例8:2,长江以南的人口占全国人口的19%,黄河流域占了81%。可是南方逐渐开发了,人口增加了,到隋朝的时候,北方人口占全国人口的70%,南方人口占30%,已经变成是7:3了,南方人口的比例大大地增加了。到了北宋初年,南方人口和北方人口比例约为6:4,南方人口在全国人口中比例过半,超过北方。到元末一场大乱,南方人口占到全国人口的65%。到明朝晚期,再到清朝,大概北方人口又上升了一些,南方人口大约占到60%。所以现在实际上是长江流域和长江流域以南的人口在全国人口中比例是比较大的。

第四个是工商业和城镇。唐朝以后,一些重要的产业,主要是纺织业、矿冶业,还有日用品的生产,南方繁荣超过了黄河流域,这些在全国都占了很重要的地位,而且有些是占了绝对统治的地位。随着产业的增加,商业也发展了,市场也发展了,有些城市和市镇也增加了。据一个很不完全的统计,唐朝的城镇在1000个以上。我们现在全国的县城大约有2000多,有些恐怕还谈不到是商业、产业很发达的地方。但唐朝时候有1000个以上的城镇。城镇的人口不好统计,大概占到全国人口的10%左右,比现在小,因为那时以农业经济为主,城镇人口比例也不能太大,10%这也不算小了。唐宋时一些最大的城市都是在长江流域和长江流域以南。另外从当时的经济收入来看，产值我们没法估算，我们看商税，在北宋中期宋神宗时，每年商税收到三万贯以上的城市有44座，占到全国总税收的1/4，这比重也不小了。

第五个是人文状况。宋以后，特别是明清以后，长江流域特别是长江下游，浙江和江苏这两个省，它们的文化发展水平在全国是最高的，这是大家公认的。我们举几个例子：从明朝的初年到万历的末年，也就是1371到1616年共245年，这时候科举考试的发榜的情况，全国的状元、榜眼、探花，还有会元（明清最高的考试分两级，第一级是会试，会试第一名称作“会元”。然后把这些人送去再考，由皇帝亲自主考，这叫“殿试”，头三名，第一名是状元，第二名是榜眼，第三名是探花），共244个，这中间长江两岸及其以南的占了215个，占到88%，北方29个，占到12%，比例是差得很远的。清乾隆元年（1736）也举行考试，就是“博学鸿词科”。在全国范围内取的都是最重要的人，当时的江苏、浙江、安徽、江西四个省一共考上了201人，占全部人数的75%。明朝宰相有189个，南方人占了2/3以上。可见长江以南，特别是长江下游东南沿海一带，文化程度之高，文化发展之盛。

二、历史的轴心由东西方向转成了南北方向

中国历史的运转有一个轴，轴的方向原来是东西方向的，可慢慢就变成南北方向了，这个变化也是在唐宋时期完成的。中国历史上，由于历史和文化的差异，南方和北方差异一直是存在的。在宋朝以前，中国的重心是在黄河流域。相对来说，黄河流域比长江流域要发达，所以历史运转的方向多半都是东西方向，好像是一根轴。在中国北方有一个太

行山脉,太行山脉的西边就是黄土高原和山地,太行山脉东边是平原。所以现在中国有两个省还称为山东、山西,就这么来的。当是人们就是以太行山和太行山的山口——函谷关为界,把中国的黄河流域划成了东西两部分,东边是山东,西边是山西;函谷关的东边是关东,函谷关的西边是关西,这么来划分。这两部分,关东和关西,山东和山西,在经济上、政治上、军事上和文化上都有很大差别。中国的最北方是蒙古高原和内蒙古大草原,这是游牧民族活动的地方,农业民族是在草原的南边河北、陕西、山西这一带地方。山西关西这里正好既是农业区又有游牧区,游牧民族的影响是很大的,经济上力量不是很强,但是政治军事力量是很强的。至于山东,经济比较发达,文化也比较发达,我们说的春秋战国时的齐国、郑国、鲁国都是文化比较发达的地方,关西的秦国、赵国这些国家文化比较差。所以在历史上从春秋战国、秦汉到魏晋南北朝这段时间,关东在经济上支援关西粮食比较多,关西穷,但关西在军事政治上强于关东,它能控制关东,能够抵抗北方游牧民族的侵入。这个情况随历史发展而发生变化了,那就是南方起来了,关东关西的差别就慢慢地淡化了,消失了。东边和西边差别不大了,都成了北方,而长江流域成了南方,经济上比较发达,文化上比较发达,心理状态上也不大一样了。北方人对南方人有看法,南方人对北方人也有看法,心理障碍都是有的。这就是经济重心转移所带来的历史轴心的变化。

这种变化从唐朝后期慢慢地就有了,原来中国中原王朝的国都主要是在长安,就是现在的西安。当然光是长安不够,需要有关东经济的支援。所以另外在太行山边上的一些城市也成了国都,比方像洛阳、开封。到了唐朝末年、五代的时候,国都在洛阳和开封之间来回转移,一会在洛阳,一会在开封。后来那地方被战乱破坏得太厉害，国都又往北搬了，搬到了北京，以后就一直在北京了。北京建立为中国的国都，时间是在 1153 年，这是金朝的时候，定为国都（中都）。以后到了元朝的时候，北京又成了国都，叫做大都。明清时候建都北京叫京师。这样一直延续到今天，北京已经建都 850 年了。在历史上一个城市作为国都时间这么长，800 多年，很少有。历史运动的轴心从东西方向渐渐偏移，就偏到南北方向了，就到了北京。而它的轴是在南北方向，运动是在南北方向。

随之而来的是主要交通线方向的变换，轴心有交通线，秦汉时候主要交通线是东西方向，从山东到河南到陕西这些地方。到隋朝时候，交通线的方向变化了。这个变化是隋炀帝时候搞起来的。隋炀帝开凿了运河，他把历史上的运河修整一下，有些河道整治了一下，就开通了。这运河就不是东西方向了：洛阳是个中心，往东南方向到了余杭（今杭州）；往东北方向到了涿郡（今北京）。运河一开通，就把 2300 公里的运河交通线打通了。五个流域，海河、黄河、淮河、长江、钱塘江，五大流域全打通了。这个运河是很重要的，从此以后，就是中国的一条命脉，一条大血管，一条大交通线。随后几经变化，到了元朝时候，定都北京，运河也改了，改成南北方向了，从北京到了杭州，这就叫中国交通线的命脉。到太平天国时期，运河被战争破坏很厉害，失修了，有的地方就彻底断了。以后出现了海运，用轮船从海上运输。又修了铁路，京广线、京沪线都修通了，铁路更方便了，运河渐渐就衰落了。到现在运河也还有它的作用，比方说粮食的运输，最早运河是南粮北运，南方产粮区的粮食往北方运。现在倒过来了，北方的粮食比较有富裕，往南方运，运河起这个作用。更重要一条是煤，南方煤缺，但工业很多。北方的煤，像内蒙、山西、陕西的煤大量地往南方运，有条运煤路线就是运河，北煤南运。还有一条，北方缺水。南水北调，靠长江水调过来，直到北方，到天津这些地方。南水北调有东中西三线。东线主要靠长江水，一直达到天津。中线则是调汉江水经河南到河北。南水北调还是起作用的。中国历史上运转重心发生变化，从东西方向逐渐变成南北方向，这个变化也是在唐宋时候。

三、民族关系

在中国古代的历史上，北方的蒙古高原、内蒙古草原，居住着很多游牧民族，时盛时衰。南方居住着农业民族，主要是汉族。北方的游牧民族跟南方的农业民族经常发生交往和冲突，以至于有时候游牧民族进入到了黄河流域，甚至进入到了全国。汉族的中原王朝有时候也打出去。民族关系是中国历史上的一个重要问题。中原王朝要扩展或保有自己的版图的话，就要警惕北方游牧民族。南北关系问题大体发生在唐宋以前是北边偏西一点。北方民族有两个起源地：一个在蒙古高原阿尔泰山，一个在东北大兴安岭侧。早期，像汉朝时的匈奴，南北朝时的柔然、突厥、回纥，都是在北边偏西一点。到了宋朝以后，民族关系问题也发生在靠北，但是偏东了。最早出现的是三国两晋南北朝时的乌桓、鲜卑，后来到了宋是契丹、女真、蒙古、满洲（清朝）。民族关系像一个大的钟摆一样，开始向西摆，现在往东摆了。最早中原王朝的国都就在长安（今陕西西安），面向这些北方民族；后来慢慢迁到了北京，面向北方民族，情况不一样了。像明朝，定都北京坐南向北。有些是少数民族建立的王朝，比如金朝、蒙古，还有满族的清朝。少数民族建立的王朝都把国都定在了北京，一个原因是背靠它起源的地方，再一个它建在北京坐北朝南，可以控制全国。正因为这样，作为交通线的运河也移动了，原来以洛阳为中心的东南东北方向的运河，一下转到了从北京到杭州的南北方向的运河。

四、统一国家的最终形成

《三国演义》里有句话“话说天下大势，合久必分，分久必合”，这好像是个现象，也可能是规律。中国历史上的王朝有分分合合的趋势，但总的来看，它是一种合的趋势，统一的趋势。从历史上看，中国的王朝有分裂的时候，有统一的时候。在统一的时候，它的内部还蕴藏着一种分裂的因素，都不是彻底真正的统一。大的割据的时间，大约占到2000多年历史的1/3。早一些说，就是春秋战国时期，到公元前221年秦始皇灭六国统一了，建立了秦汉大帝国；经过400年又分裂了，出现了魏晋南北朝；又过了400年再度统一了，出现了隋唐；到五代时候又分裂了；以后宋朝表面上统一了，实际上全国分裂成几个政权，这时候又有少数民族参加进来了，在北宋时期北方同时有辽国和西北的西夏两个政权，与北宋对立着。有宋辽夏三个政权，不能算真正的统一；然后金又来了，金灭了辽，又灭了北宋，结果是南宋、金、西夏对立着，也是一种分裂的局面，不能算真正的统一；然后成吉思汗建立了蒙古帝国，最后又是金、夏、蒙古、南宋对立的形势；蒙古把西夏、金都灭掉了，最后灭了南宋，全国真正地统一了。从元朝以后，到明朝、清朝，再没有分裂的情况出现了，没有割据的情况出现了，全国真正的统一了。统一国家到了元明清算是最后形成了，再没有分裂过。这个局面还是有分裂割据的因素在内，王朝更替的时候，短时期群雄割据互相争斗的局面有几年的有几十年的,但是很快就过去了,又恢复了统一。这种情况一直延续到清朝末年。清朝末年八国联军侵略中国,各个西方资本主义国家开始进入帝国主义阶段,也开始划分自己的“势力范围”,并跟当地政权的军队官僚勾结。所以到了八国联军时候,南方一些地方官主张“东南互保”,他们联合起来保守中立,不去打仗,就维持一个“和平”的局面,这就带来了一种分裂的因素。到了辛亥革命以后,袁世凯称帝失败,就出现了一个军阀割据的局面,十多年。大概从1911年开始,到1928年国民党的国民政府北伐成功,也算统一了。但实际上还有很多地方军阀在割据,争到最后。但中国不管怎么样,统一的趋势总的是看得出来的。人们的心理状态、愿望也是看得出来的:中国只有一个,绝不能分裂,应该统一。

五、两个世界帝国

中国古代出现了两个世界帝国,一个是唐朝,一个是元朝。历史上能够称之为世界帝国的国家不多,罗马也许能算一个。所以把这两个朝代称为世界帝国,有这么几层意思:

第一,在当时它们的疆域是最大的,它们的人口也是最多的。比如像唐朝全盛时,疆域大约有1200万平方公里,比现在的中国大得多。成吉思汗建立的元朝疆域就更大了。人口也是非常多的,唐朝的人口大约是七八千万;元朝的人口大约在八九千万到超过一个亿。这两个国家的国力都非常强大,内部是统一的,国力是很强大的。这是作为世界帝国的第一个特征。

第二,它们的经济文化水平当时是世界第一,很发达,影响很大,和全世界各个民族、各个国家交往非常多,也很方便。对周边的国家有一种吸引力。比如唐朝的长安，是一个国际性的大都市，人口超过100万，商业很发达，在长安城，商人、各国的使节、学者、学生多得不得了。有些人非常羡慕中国的文化，就长期居住在中国了。在唐朝做官的、打仗的、带兵的都有很多人，还有参加科举考试作了进士。元大都，也是世界著名的大城市，《马可·波罗游记》里把它称为"汗八里"。文化的影响也很大，中国历史上有四大发明，有世界性的影响。第一个是造纸术，造纸术是唐朝传到西方去的。下面三个是宋朝以后发明的，一个是活字印刷术；再一个是指南针，航海用的；再一个是火药。这三个都是在宋朝发明，经过元朝传出去的。在世界上影响非常大。比较起来，元朝更重视打仗，差不多是百战百胜。蒙古骑兵打仗时，一个兵可以带好几匹马，装上粮食，装上帐篷，还有空马，一路跑，沿途换马，不休息的，一天一晚可以跑1000多里路。当敌人只知道他们在边境时，他们不知不觉已经打进来了，猝不及防。进来以后，就是一场非常残酷的屠杀，元军打了很多胜仗，当然也相当地残暴。更多的是征服，另外立国时间也短一点。唐朝就不一样了，更多的不是战争，而是和平，国内比较稳定，影响更大一些。所以到现在国外还有很多华人区被称为"唐人街"，华人被称为"唐人"，说明唐朝的影响还是很大的。另外元朝有一个问题，它的民族关系处理得不太好，它有民族歧视和民族压迫问题。它是少数民族建立的政权，把全国人分成四等：第一等是蒙古人，第二等是色目人，第三等是汉人，第四等是南人。蒙古人等级是最高的；其次是色目人，色目人就是被蒙古征服过的中亚的、印度的、中东的、还有欧洲的人；第三等是汉人，汉人就是黄河流域的人；第四等是南人，就是南宋遗民，南人的地位最低了。这种民族歧视对民族发展也不利的。唐朝没这个问题，唐朝比较开放，民族关系相对的平等一些,民族间的隔阂少一些,这对于唐朝影响的扩大和文化的传播都是有好处的。作为世界帝国,元朝的交通是非常发达的,海上交通、陆上交通都非常发达,商业也非常繁荣。到明朝,还继续了元朝的活动,很重要的一条就是郑和下西洋,海上的远征,前后进行了七次远征,是很伟大的。它的规模比地理大发现,比哥伦布发现美洲的船队要大多了。但是郑和下西洋也有一个问题,他去的目的是为了宣扬国威,扩大明朝的影响,吸引人们来朝贡,不是做买卖,也不是为了殖民,不是为了移民。他是在明朝政策的支持下进行的,可明成祖一旦死了,航海事业就消失了,就结束了。不久以后明朝又开始了海禁,禁止海上的活动,明朝的航运就大大地失败了,就大大地衰落了。本来明朝的对外贸易有很大的顺差,主要出口的货物一个是丝织品,一个是瓷器,还有一个是茶叶,大大的顺差。可是这时候没有了,商业衰落了,海外贸易衰落了,这对中国历史的影响是相当大的。

六、社会经济的发展受到了抑制,不能顺利地发展起来

我们讲过,中国社会的历史是一个农业社会的历史,中国的经济是农业经济。中国是一个阶级社会,统治者是地主阶级,农业经济和地主阶级都少不了商业,少不了商品经济。但是农业经济又是一种自给自足的色彩很浓厚的经济,它可以自动地运转,商业是一个很重要的补充,很好的润滑剂、催化剂。在这种情况下,中国的农业作为单个的经营者的规模就很小,它的资本出路也就很成问题。大体上大部分收入、利润都用于消费了,对国家对社会财富是一种极大的浪费。再加上中国人讲究做官,做官以后多是买地当个地主,当个

老财主，享享福就算了。一般人不从事经营，没有哥伦布那种冒险的精神，探求的精神，甚至是阿拉伯辛巴达航海的精神也没有，像《鲁滨孙漂流记》中的鲁滨孙那样不断出去航海的精神都没有。年轻的时候拼搏一番，做买卖或者是做官，地位高了，发财了，告老还乡了，买一些地，儿孙满堂就行了，他享福了，大量的社会财富都浪费掉了。这样中国的资本就很难积累，而且资本也很难有一个质的变化，只有量的变化。我们所谓乾嘉盛世，康雍乾盛世，只是量的积累没有质的变化。不像西方，随着文艺复兴，地理大发现，资本主义开始猛烈地发展，开始了疯狂的殖民，还开始了一个大规模的产业革命。中国没有这个，搞不起来这个。所以有国外学者说中国明清经济是内卷式的。不能够自己发展起来，这些说法有一定道理。

七、中国的中央集权制度是强化的，而且是僵化的

中国的政治制度从秦汉以来就是专制主义的中央集权制度。所谓专制主义就是政治上个人意志决定，主要是皇帝决定，他怎么说就怎么样干，不许反对。中央集权呢，是权力集中，不是分散的，地方上没有很多权力。这个制度几经演变以后，到了北宋就大大地加强了，一切都要听命于中央。所以北宋以后，地方割据就都没有了，都消失了。北宋中央政府采取很多措施限制地方的军阀割据，所以割据搞不起来了。明清时候这个制度更严密了。比方说宰相过去有的，到了明朝时把宰相废了，不许有宰相了，代之以设立几个大学士，大学士地位相当于宰相，可是他们没有权，他们是办事的，秉承皇帝的意图，草拟皇帝的命令，草拟圣旨。后来到了

清朝军机大臣也还是这样。有了事,大家商量以后向皇帝汇报,拟一个命令,拟一个诏书,皇帝批准,通知下去,照皇帝的命令发下来。大学士和军机大臣就是这样,没有政府一级的机关。再有就是各级的机关设置很多,互相牵扯,权力分散。比如明朝清朝,一个省有一个省的长官,可是后来在一个省的长官之上,还要设一个总督,设一个巡抚,总督、巡抚是重叠的。机构重叠,互相牵扯,办事效率很低,公文来回转,不解决问题。牵扯非常多,而且人越来越多,官越来越多,贪官也就越来越多,也越来越乱,整顿几次也整顿不好,还是贪官很多。所以这个制度一方面强化,强化到制度非常严密,到你很难办事的程度,另一方面就是僵化,因为僵化,到哪都碰壁,碰钉子,干不成事。这样的制度走到最后就走到了反面,自己不能解决问题了,就要靠革命来解决了。

在这七个方面中,最重要的是第一个方面:经济重心的转移,它引起其他一系列的社会变化。这七个变化大体上都发生在6—13世纪中间,可以靠前一点,也可以拉后一点,大体在这七八百年中间。对这段历史的研究、探讨是很有意义的。但在这里我们只能很粗略地提出一些问题,大家有兴趣的话,可以进一步地研究探讨,假如能对中国历史一系列问题有一些见解,有一些回答,写成论文,写成书,这是要有很大的勇气,要做很大努力,这是好事,很值得庆幸的事情。

问:中央集权专制和对社会经济发展的抑制是不是就是因为中国统一的大趋势决定的?如果中国当时形不成统一的国家,是个分裂的国家,或者像春秋战国那样,是不是就没有后面的情况了?

答:对这个问题一直有争论。有种意见认为,中国历史发展需要统一,应该统一,不统一不行。还有一种意见认为,分裂也不见得坏，分裂割据自行创造发展也有它的好处。比如说欧洲，现在不是也分成几十个国家吗？它们都发展得很快，也很好嘛。中国春秋战国时候，大发展时期，那时也是分裂呀？关于这个问题恐怕还要看一看历史的趋势，历史的趋势一个是经济的趋势，一个是政治的，还一个是文化心理的。历史已经是这样子了，分分合合已经过来了，我们就这样先做一个分析吧，到底为什么这样子。

问：中央集权制度的强化和僵化，是不是因为没有议会制度所造成的？因为议会制度在先秦时候有一个人提出来，这个人叫做扶苏，也就是秦始皇嬴政的大儿子，一个很有成就的人。他提出了大学士的制度，"大学士"相当于议会制，但又不同于议会制，相当于一个雏形，历史上一直争论这个事情，希望您解答一下。

答：大学士这个制度，实际上是一种幕僚的形式，秘书式的，秘书集体办公。包括中国的宰相，中国宰相有时也是集体活动，集体办公的。比如唐朝，宰相不是一个，有好几个，也是一块商量。但是决断权应该是在皇帝，不在大学士和军机大臣手里。关于中央集权是不是体制上有问题，我想这个体制，中国历史就是这个样子，历史就这么过来了。如果传统的话，古代有些国家，有些民族，是有些民族的传统，这些传统来源于氏族制度，氏族的议会讨论，真实的究竟是怎么样，我们现在也很难说。但它至少逐渐形成一种自下而上的外部的激励机制，这种外部的激励机制有时候效率还是可以的，有时效率就很差，议而不决，乱七八糟。到底有什么得失，怎么评论，我也很难说。中国就是这么个状况。像波兰的议会，波兰过去是很强大的国家，为什么后来被德国、奥地利、俄国瓜分了？灭亡了？与议会很有关系。它的议会有

500个议员，凡事要做决定，必须500个议员一致讨论通过，投票表决，赞成才行，结果吵个没完，吵了半天，什么都办不成，一塌糊涂，最后它就被瓜分了。西方的民主制度有它优越性的一面，它的好处是从外部、从下面起一种激励作用，但是它也会带来一些问题。

问：还有另外一个问题，中国历史的轴心和经济中心经常不是一致的。而在别的地方，历史的中心和经济的中心几乎都一致。这是为什么？

答：作为一个大的国家，最重要的经济区跟它的政治中心可以是不一致的。古代的罗马，现在我们说意大利半岛，原来相当发达，可后来罗马帝国形成以后，经济的重点在东方，所以后来就分成两块，东罗马和西罗马，东罗马是巴尔干和土耳其这块地方，还有像现在的以色列、巴勒斯坦、黎巴嫩这些地方，西罗马后来被日耳曼人入侵破坏得一塌糊涂，东罗马还好保存了下来。它的重心也会变的，要看历史的情况具体分析。

问：西欧那些封建制国家，比如说英国，它的国王和贵族在一起，探讨国家大事，贵族带着剑，还有分封，还有庄园什么的。看咱们国家的中央集权，贵族在国家官员中地位高的不多，分封制也不明显，西汉的时候有，后来这方面也不明显，封建制的概念在中国是不是太独特？我不理解。请您说说英国的封建制和中国的封建制不同是与国家的地域有关，还是与什么有关？

答：中国跟西方跟欧洲的社会制度是有些不一样，它的同就在你说的这个地方。有人说，中国只有专制，没有封建，封建是西方的。认为我们现在所说的封建是一种误解，把西周时候的“封诸侯,建同姓”当作了封建。秦始皇统一六国以后,已不是封建而是专制了。我们讲一个社会的性质、社会制度,还是要从它的基本结构,从它的经济结构上来讲。假如说在一个制度下,有部分人占有大部分土地,而且运用收取地租的方法来控制劳动者——农民,我们可以把它叫做封建制度。在中国来说,历史上也有这么一个时代,有这么一种制度:有些人控制了土地和最主要的生产资料,然后用收取地租的方法来奴役劳动者,这恐怕也可以叫封建制度。封建制度是从社会体制上讲,从社会结构上讲,从经济结构上讲;专制是从政治体制、政治制度、政治结构上讲。西方的封建制,西方的中世纪,全是分散的,没有集中的,所以无所谓专制。它是国王下面分封了一些公爵,公爵下面封了一些侯爵、伯爵、子爵、男爵,一路封下来;还有骑士,骑着马,带着剑到处跑的,打仗的,都有。他们就是在一块小土地上有一个庄园,有一个领地,可以掌握着大权,包括土地所有权、财产权、继承权、司法权、军权,打仗他吆喝一些人就去打了,他不需要有一支固定的军队,欧洲的领主们自己起来打,这是一种制度,跟中国制度是有些不一样,但也还有很多共同的地方。我们比较它共同的地方,也可以把它叫做封建制度,把中国的制度叫做封建制度,把西方的制度叫做封建领主制、庄园制都可以。

问:除了您讲到的在唐宋时期七个方面发生变化之外,我在学习过程中还发现:在唐宋之际,人的气质、社会风气也发生了一定变化,这个在文学作品当中有明显的表现。尤其是唐诗,气势非常的磅礴恢弘,而宋以后文学作品比较婉约。我想请问您,在这些现象背后,它的变化的深层次的原因是什么?您怎么看待这个变化?

答:这个问题比较大了,是个很有趣的题目,有兴趣的可以研究它。可以写出很多的书和很多的文章来。这里我想简单说一点,唐宋之间的社会风气是有变化,这个变化的背后有它的原因。这个原因有经济的、政治的和心理方面的。比方说,唐朝这个国家气势宏博,很开放的。宋朝就显得比较拘束,条条框框很多,禁忌也很多,这和宋朝国势有关系。宋朝一建国就开始了动荡不安,北方的契丹起来以后,南方汉族政权一直是打败仗,割让土地,还要赔款。宋朝人的风气民族情绪是很明显的。唐朝时谁是敌人,不太看得出来。而宋朝不是,宋朝总是把契丹、辽国看成大敌,非常拘谨、拘束。而且很注意正统的观念。三国魏蜀吴,蜀国刘备这一支,在很长时间也没有被当作正统,三个同时存在的政权嘛。可到了南宋时候,因为有金的压迫,打了败仗吃了亏,订了不平等条约,人们特别强调民族大义,特别强调正统。像当时认为曹操父子篡位,就是非正统,刘备是从汉朝中山靖王继承下来的,就是正统。有很多的变化,这是一个变化。还有一个变化,就是理学的兴起,宋朝初期还比较自由、活泼,后来条条框框很多了,很多封建的伦理规范,慢慢都束缚下来了。这个变化一个是来自宋朝国力的变化,国家形势的变化,另外跟经济也有关系,唐朝人很讲究享乐。宋朝也很注意享乐,这跟国家商品经济相对有所发达,国家还是有相当的财力有关系。这些问题需要进一步研究。

叶嘉莹

双重性别与双重语境下的词的美感

叶嘉莹，1924 年生于北京。1945 年毕业于辅仁大学国文系，自 1954 年开始，在台湾大学任教 15 年，其间先后被聘为台湾大学专任教授、台湾淡江大学及辅仁大学兼任教授，1969 年迁居加拿大温哥华，任不列颠哥伦比亚大学终身教授，1990 年被授予“加拿大皇家学会院士”称号，是加拿大皇家学会有史以来唯一的一位中国古典文学院士。

叶嘉莹教授先后被美国哈佛、耶鲁、哥伦比亚、密歇根、明尼苏达各大学聘为客座教授及访问教授。自 1979 年开始，先后应邀在北京大学、北京师范大学、首都师范大学、南开大学、天津大学、南京大学、南京师范大学、复旦大学、华东师范大学、四川大学、云南大学、哈尔滨师范大学、辽宁大学、辽宁师范大学、兰州大学、新疆大学、华中师范大学、武汉大学等数十所国内大专院校讲学，并受聘为客座教授或名誉教授。此外，还受聘为中国社会科学院文学所名誉研究员及中华诗词学会顾问。

叶嘉莹教授的英文专著 *Studies in Chinese Poetry* (co-author)，由美国哈佛大学亚洲中心出版；中文专著有《王国维及其文学批评》、《灵谿词说》、《中国词学的现代观》、《唐宋词十七讲》、《词学古今谈》、《清词选讲》、《迦陵文集》、《叶嘉莹作品集》等 20 余种。

我是一个古典诗词的爱好者，到2004年我已经教书60个年头了。在座的有我60年前的学生，所以你们可以想见我现在是很老了，80岁了。每年我还是各地方跑来跑去，讲我们中国的古典诗词。60年前的同学还知道，我刚一毕业教中学，本来是一所中学，结果被很多中学约去，教了三所中学。到了台湾以后，我就教了三所大学，其中台湾大学是专任，淡江和辅仁大学虽然是兼任，但其工作量也相当于专任，诗选、词选、曲选，杜甫诗、苏辛词、陶谢诗，都是我在教，所以算起来实在不只教书60年，至少有100年了。我到了加拿大以后，没有这么多的学校来教，就只教一个大学。那个时候我就开始每年利用我的假期回国来讲课，有的时候我请求休假一年，全年在国内讲课。我从1979年回来讲课，到现在24年了。不是我好为人师，其实只是因为我喜欢中国古典诗词。我一生教书很久，经历了患难、颠沛流离，在国外逼得要用英文教书。能够支持我渡过来的，都是因为我对于古典诗词的爱好。有很多人劝我应该多休息了，我总是说只要有人约我去讲，我就去讲。

我觉得古诗词是有生命的，不是说它古老了就已经死亡了，只要你我的心灵没有死，我们在读古人诗的时候，就会同样感到兴发感动的生命。所以杜甫曾经写诗说“摇落深知宋玉悲”，说你看到秋天草木的摇落，你就知道宋玉的悲哀。宋玉是战国时代的人，杜甫是唐代的人，相隔千百年，但是他说宋玉的诗感动了自己。大家都知道还有一个豪放派词人辛弃疾，他写过一首词有这样的句子，“老来曾识渊明，梦中一见参差是”，他说我现在年老了，真的理解了陶渊明，甚至于梦中见到陶渊明，陶渊明长得是不是真的是我梦中见到的那个样子？大概差不多，“参差是”。所以古人的诗词是有生命的，它是生生不息的。甚至于鲁迅先生在《呐喊》、《彷徨》前面的题词中也引了屈原的《离骚》“路漫漫其修远兮，吾将上下而求索”。他说也许我们走的路是很漫长，是很遥远的，可是不管多么遥远，我上天入地要尽最大的力量去追求它。杜甫一生忧国忧民，他早年曾经写过这样的句子，“致君尧舜上，再使风俗淳”，我要使得我的国君成为尧舜以上这样圣贤的君主，我要使我们的社会风俗从黑暗、腐败返回到淳良，我的这个志向希望能够达到，我用什么样坚定的心力让它达到？杜甫还说了这样两句，“盖棺事则已，此志常觊豁”，他说我希望能够使我们的风俗从骄奢转到淳良，只要我一口气在，我要一直向这方面去追求和努力，除非是棺材盖到我的身上了，那个时候我才放弃。我的理想、我的希望，我永远在追求。

我从1979年去南开教书，到1999年在南开教了20年，前两年南开大学80年校庆的时候，他们请我写一篇文章，我写的是“我与南开”。在那篇文章中我说：我的才力虽然微薄，但我希望用我们古典诗词里面那些古代的诗人、词人，他们那种美好的理想，他们那种修养、那种品性、那种道德、那种操守的力量，来感染我们今天社会中只是肤浅追求利禄的社会风气。所以我说虽然我是80岁，我也是“盖棺事则已，此志常觊豁”。不过我现在所举的像杜甫的“致君尧舜上”、“盖棺事则已”这些都是诗，我们说诗都是言志的，你为什么要写诗？诗距离我们每一个人都是很近的，诗者就是“志之所之”，“所之”就是你心里面的情意，你的心志的活动，“在心为志”，如果只是在心里面活动，那就是你的志，“发言”就是你用语言把它写出来了，那就是诗。有一次我给小孩子们讲杜甫的诗，说是“迟日江山丽，春风花草香。泥融飞燕子，沙暖睡鸳鸯”，你看杜甫见到春天美丽的景物，他内心有一种感动，有一种欣赏，有一种喜爱，就用诗写下来了。

一次我在加拿大给我们华侨留学生子弟讲诗，我问幼稚园的小朋友，你看见什么东西了吗？一个小孩说我看见了，他说我看见小松鼠。北美有很多小松鼠。我说你看见小松鼠也可以写一首诗，我给你起两句开头，第一句“门前小松鼠”，我说你怕不怕？他说不怕，第二句“来往不惊人”。门前有一个小松鼠，它跑来跑去的，我不怕它，它也不怕我。我说你回去想想，你再凑两句就是一首诗。我教他们五言绝句，四句就是一首诗，我说你回去写出下面两句就可以了。我们是每个星期六上课，第二个星期六我就问那个小朋友，我说你写诗了吗？他说写了，我说那你写给我看看，他说我不会写。他不会写字，很多华侨子弟会说中国话不会写中国字，我说那你就背给我听吧。“门前小松鼠，来往不惊人”，他说“松鼠爱松果”，第四句他忽然跳出来一句“小松家白云”。我说“小松”是谁呀？他说“小松”就是小松鼠的名字，我说什么叫“小松家白云”？他说每天都看见它往天上跑，爬树爬得很高，所以说“家白云”。所以只要你的心不死，宇宙万物花开花落、暑往寒来，一切都会使我们内心有一种兴发感动。诗就是使人的心灵不死，你对大自然、对宇宙、对世界、对花草树木，对社会上的人群，有一份关怀，这就是诗歌最伟大的作用，就是我们说的兴发感动的作用。“在心为志，发言为诗”，“诗者志之所之”，诗所写的是你内心，你自己的兴发感动。可是中国古典文学还有另外一种体式，就是词。

昨天有朋友问我：词常常写美女与爱情，词与诗有什么不同？有什么意思？有什么意义和价值？这就是我们今天正要讲的。词这种体式的出现，我觉得在我们中国是一件非常奇妙的事。提到诗跟词，有的人就会很死板地想那就是一种文学的体式，这就变成很死板的名字了。其实诗就是把内心的活动用语言说出来。词的意思也非常简单，就是词句，歌词的词句，并没有什么深奥的意思，就是歌词。那么这种流行的歌词是什么时候发展起来的呢？隋唐之际社会上有一种新兴的歌曲，这个新兴歌曲的名字当时叫做“宴乐”，宴乐这种音乐的形成是很奇妙的。当时我们中国的汉文化也接受了很多少数民族的文化，所以当时流行的音乐，就有很多种。如果是在庙堂里面，宗庙的典礼祭祀就用“雅乐”，雅乐就是那些古典的音乐。除了雅乐，当时还有所谓的“清乐”，清乐是对六朝时期音乐的继承。当时跟少数民族有很多交往，所以还有由少数民族传进来的所谓“胡乐”。而且隋唐之间宗教很流行，唐朝杜牧之写的一首诗就说“南朝四百八十寺”。一切宗教的传播都要有唱诵，不但佛教是如此，基督教或其他宗教也是如此。佛教的礼节，佛经的唱诵，音乐是很重要的，所以当时就有很多宗教音乐。佛教有佛教的音乐，道教也有道教的音乐，这些音乐我们就管它叫做“法曲”，讲法说法的时候传唱的曲子。“雅乐”过于古典了，所以只是在宗室庙堂之中的典礼用雅乐，普通社会上都不用。“清乐”、“胡乐”跟“法曲”这三种音乐的结合，就形成了一种新的音乐，叫做“宴乐”。可惜古代没有录音，所以我们不能够听到古代的音乐，但是根据中国古代文字的记载，这种美妙动听的音乐让人听起来如痴如醉。这种音乐流行起来的时候，本来先是在市井大众之间流行，一般民众都喜欢这个音乐，都会唱这个音乐，所以很多人就配合流行歌曲的音调编写歌词。如果是军人，就可以配合流行的乐曲写一些描写战争，或者是叙述兵法的歌词;如果是医生,也可以配合音乐写一些看病的歌诀;如果是出征在外的将士,也可以用这个音乐写一些怀念家乡的歌词;闺中的妇女,怀念远方的征人,也可以写这样的歌词。本来内容是多方面的,非常广泛的。可是这些流行的歌曲,当时没有被保存下来,为什么呢?因为当时认为一般市井之间所唱的就是俗曲,俗曲的文字不十分典雅,所以没有人给它整理,没有人编写,没有人流传,一直到清朝,都看不到这些曲子。直到晚清的时候,在敦煌石壁之中,有一个道士发现了很多卷子,才使我们见到这些俗曲的真面目。卷子上写的当然很多是佛经,除了佛经以外,也有很多当年的俗曲。而且更妙的是,常常一个卷子正面写的是佛经,背面就写了几首俗曲,而俗曲里面也有写男女爱情的。根据历史记载,唐代的时候有一个僧人叫文叙,他讲法的时候听众士女如云,非常动人,他也唱曲子,唱佛教的法曲。而学法的小和尚不很专心,就在佛经的背面写上了一些男女爱情的俗曲,敦煌的曲子就是这样的曲子。这样的曲子在晚清以前没有编印,没有流行,这种内容非常多样化的俗曲没有流传。

流传下来最早的一本词集,被人编写下来的就是《花间集》。我们一说到词,你就会想,那是一种文学体式,是流行歌曲的曲词。我们一说《花间集》,你的眼前就会出现在图书馆或是在你家的书架上摆着一本书,其实不是的。我在西方给学生讲课,要用英文解释《花间集》,集,是 collection,就是把它搜集起来,编辑在一起。花间,是 songs among the flowers,是花间唱的歌词,所以从这个书名你就可以想见它的内容和性质。《花间集》是五代时期编写出来的一本词集。在《花间集》的前边有一篇序言,写序人的名字叫欧阳炯。他说"因集近来诗客曲子词",也就是说,《花间集》所收不是市井贩夫走卒所写的肤浅的歌词，是诗人文士写的歌词。搜集诗客曲子词共500首，分成10卷，每一卷50首，“以炯粗预知音，辱请命题”。编辑者是五代时候的蜀人赵崇祚，他请欧阳炯写一篇序文，因为欧阳炯“粗预知音”，懂得音乐，欧阳炯自己也给流行的歌曲写歌词。《花间集》编选起来的目的是什么呢？他说“庶使西园英哲，用资羽盖之欢；南国婵娟，休唱莲舟之引”。所以《花间集》编写的目的，本来是为了给诗人文士集会的时候增加欢乐来歌唱的曲子，而且歌唱的人都是年轻美貌的歌女。你想，在这样的场合上她能唱杜甫的“朱门酒肉臭，路有冻死骨”吗？她不能够唱这样的歌词，唱什么呢？因为开口来唱的是美女，所以歌词、曲调都要模仿女性的口吻，写女性的情思、女性的形象。这500首《花间集》的歌词一大半写的是美女和爱情。诗人文士虽然欣赏这些美女，也喜欢听她们唱歌，可是没有一个人对于歌女、歌妓、酒女有天长地久海枯石烂的感情，都是逢场作戏。

我们说敦煌的曲子当时没有流传，晚清光绪年间发现的敦煌曲子里边有当时的歌女写的歌词。她写道：“天上月，遥望似一团银，夜久更阑风渐紧，为奴吹散月边云，照见负心人。”负心人是一个男子，一夜风流后走了，给女子留下了很多相思怀念。这种写美女和爱情的歌词有什么意义和价值？我们应该怎样衡量它？我们知道诗歌是言志的，有一种兴发感动的力量，我们衡量它，看它兴发感动力量的大小、深浅、厚薄，还有广狭，就是你这个诗人关怀面是广大还是狭窄，是深厚还是肤浅。杜甫之所以成为了不起的诗人，就是因为他关怀的深厚、广远。他说“关塞三千里，烟花一万重”，他自己在四川，怀念长安，关心朝廷，那一万重重叠的山川之间的烟花，都是杜甫的怀念。我一个礼拜以前在西安交大讲课，就讲的是杜甫“秋兴八首”，他说“瞿塘峡口曲江头，万里风烟接素秋”，我们相隔万里，万里是一片风烟，我的感情就在这万里风烟之中，远远地与曲江头相接，现在正当秋天，所以是“万里风烟接素秋”。杜甫之所以了不起，就因为他的感情深厚博大，他的关怀面广。你看杜甫，在乱离饥饿之中自己的儿子都饿死了，他说“入门闻号咷，幼子饥已卒”，可是他最后关怀的是什么？他最关怀的是老百姓，是人民，这是杜甫之所以了不起的地方。

昨天有朋友问我，词有什么意义和价值?，我们应该怎样衡量它？在中国历史上研究诗的学问是有一个悠久的传统，有一个规模，有一个系统。可是关于词，应该怎样去欣赏？怎样评断它的好坏？一直是在困惑之中。什么样的词算好词？大家都是写美女和爱情，你打开《花间集》看一看，十分之九都写美女、爱情，它们有没有好坏、优劣、高下的分别呢？这一直是一个困惑。不但对于衡量词的好坏是一个困惑，而且当时的文人，对于他们是不是应该写美女和爱情的歌词，一直处在困惑之中。中国早期的词学是在困惑之中形成的，而记载这些个困惑的有几本小书，都是宋人的笔记。宋人魏泰的《东轩笔录》写了一个故事，说王安石有一次跟朋友聚会，他说做宰相的人还写歌词，这个可以吗？王安石所说的那个宰相是宋仁宗时候的宰相晏殊。可见王安石有一个困惑，士大夫这些以天下为己任的人，可以写歌词吗？另外的一本书就是胡仔的《苕溪渔隐丛话》也写了一个故事，说是晏殊的儿子跟朋友问答，那个朋友说：你父亲，常常写美女跟爱情。晏殊的儿子就说：我的父亲虽然写歌词，但是所写的不是美女跟爱情。所以可见当时的文人一方面写美女和爱情的歌词，一方面他们自己就感到困惑。还有一个就是释惠洪写的《冷斋夜话》，也记了一个小故事。宋朝很多人都写歌词，范仲淹、欧阳修、苏东坡及黄山谷都作歌词。当时有另一个僧人就警告黄山谷，说“诗多作无害，艳歌小词可罢之”。这个“小词”，一方面因为它短小，一方面是由于对它轻视，觉得没有什么意义，所以说艳歌小词你不要再写了。黄山谷回答了一句话，非常妙，黄山谷说“空中语耳”，他说我写的爱情和美女，并不是说我真有一段爱情故事，就是歌词嘛，跟诗是不一样的，诗是言志的。杜甫说“致君尧舜上”，这是他自己内心的理想；词就是歌词，是“空中语”，所以当时对于词是取一种怀疑的态度。

我常常把词的发展分成几个阶段，像现在我们讲的《花间集》，那是“歌词之词”，是写给歌女去唱的歌词；后来因为很多的文人都来写，所以他们就把词这个文学体式当作一种新的诗，新诗的文学体式，就不是写歌词了，就是用词的这种形式来写自己的理想和意志。“大江东去，浪淘尽、千古风流人物”，“千古江山，英雄无觅，孙仲谋处”，苏东坡、辛弃疾都是把自己的胸襟、怀抱、理想、意志，写到词这个文学体式里去了。他们不再把它当作只是给歌女去唱的歌词，而是自己可以抒情达意的一种新的诗歌的形式，随之形成的就是“诗词”了。可是“诗化之词”就出现了一个问题，如果是美女和爱情的歌词，虽然它的篇幅短小，虽然写的是美女跟爱情，在中国以伦理道德来衡量的标准之下，认为它没有意义和价值。可是有不少的人从歌词里面看到言外有一份深意，它表面上是美女和爱情，另外还有很深刻的意思。诗人之词都是直接就说出来了，直接说出来就有好也有坏，像苏东坡、辛弃疾是写得好的。

我是生长在中国多灾多难的时代的，在我初中二年级发生“七七”事变的时候，有些学生上街游行，说我们应该抗战，我们应该抗日，“打倒日本帝国主义”，这当然是好的事情，可以唤起群情的激动。可是这不是一句诗或者词，那是一句口号,口号可以直白说出来,可是它不是诗词。诗词要有一种言外的意思,要使读者不只知道,还要感动,使读者参加这个创作,自己感发联想出来。诗人的词,尤其是有些长调的慢词,写出来跟散文跟口号一样了,虽然你的志愿很好,但那不是词了,失去了词的美感,所以后来就有人说不要写得这么直白。用写赋的体裁来写,就是“赋化之词”。就像“五四”时代的新诗,写的白话诗。不错,我们可以写白话诗,如果不是有白话的作品,哪里会出现这么多当代的散文家、小说家?这是好事情。可是“诗”,我说“十二万分的怀念你,我真是十二万分的痛苦啊”,完全变成白话的平铺直叙,这就不是一首诗了。我虽然写古典诗词,研究古典诗词,但是我从来不反对台湾流行的现代诗。也不反对我们国内的朦胧诗,我觉得有一种必然的趋势,他们不得不这样写,因为太直白就变成肤浅了,没有余味,所以后来就出现了赋化之词。我们今天讲的是《花间集》里面歌词的美感特质,这就如同运动会,你不能用裁判足球的条例来裁判篮球,你也不能用裁判篮球的条例来裁判乒乓球。不同类型的词,都笼统说是词,其实是不对的,有不同风格的词,不同类型的词,各有不同的美感标准。

今天我们不讲诗人之词跟赋化之词,我们今天讲的是歌词之词。歌词之词写些什么呢?我们先来看两首歌词之词。一首是温庭筠的《菩萨蛮》,是《花间集》中的第一首词。“小山重叠金明灭,鬓云欲度香腮雪。懒起画蛾眉,弄妆梳洗迟。照花前后镜,花面交相映。新贴绣罗襦,双双金鹧鸪。”太阳慢慢地从这个窗子照进来了。光影的闪动把女子从睡梦中惊醒了,她在似醒非醒似睡非睡之间一转头,像乌云一样的鬓发从她脸旁滑过去。她起来后,前面照镜子还不够,“照花前后镜”,前面镜子有后面镜子的影子,后面镜子也有前面镜子的影子。于是花光人面,眉毛也画好了,也插上了花,最后就是换衣服了。这个女子在丝罗的短袄上贴的是一对一对金色的鹧鸪鸟。这样写美女的歌词,只是表面的意思。清朝有一个词学家叫张惠言,他说温庭筠这首词,是写一个有才能的读书人不被朝廷任用,说"此感士不遇也,篇法仿佛《长门赋》",说他这篇文章的次第,好像是司马相如所写的《长门赋》。《长门赋》是写汉武帝的陈皇后被废弃了,她是一个失宠的女子,是一个怨妇,注意我说的"怨妇",因为这个与我们所想讲的"词的美感特质"有很密切的关系。

刚才我说了,花间的歌词都是写给歌女的,男子都写美女的相思怀念,女子都是被男子所抛弃的,男子一夜风流以后挥挥手走了,所以都是"怨妇",都是在相思怀念之中孤独的、幽怨的女子,《长门赋》正是怨妇之词。温庭筠的词一共有十几首,张惠言说每一篇都跟《长门赋》一样,他说"此章从梦晓后领起'懒起'二字,含后文情事,'照花'四句,《离骚》初服之意"。"照花前后镜",写一个女子簪花照镜,有什么《离骚》的意思?《离骚》是什么意思呢?《离骚》是屈原的作品,屈原为他的国家而忧心,楚国当时处于齐秦两大国之间,屈原对楚王说应该联络齐国,不应该联络秦国,因为秦国可以把楚并吞,楚王不听。楚王自己到了秦国,被秦国给扣留了。君王不听信屈原的话,而且把他贬逐在外面。所以司马迁在《史记》中说屈原是忧愁幽思而作《离骚》,他是很诚信的,可是他被人所猜忌,是"忠而被谤,信而见疑",所以忧愁幽思而作《离骚》。张惠言说温庭筠这首簪花照镜的小词,就有屈原忧愁幽思而作《离骚》的意思,温庭筠有吗?这就是我们今天要讲的一个主题,就是写美女跟爱情的小词,它的深浅、厚薄、高下在哪里?就在有的小词也写的是美女,可是给读者丰富的联想。用西方话来说,就是这个文本里面,会有非常丰富的可能性。《红楼梦》为什么是一本伟大的著作？因为它有丰富的可能性与多义性，你可以从里面看出很多重意思来。温庭筠的这首词，在他自己写的时候，也许就是给美女写的歌词，就是美女的化妆，可是他这篇作品包含了丰富的可能性，读者可以从中读出很多意思来。

我现在想要尝试用一些西方思辨的文论，把它加以说明，这就回到我们今天的题目，就是“双重的性别”。什么叫双重的性别？作品里面所写的是女子，女子的形象，女子的口吻，女子的情思，可是作者温庭筠是男子。如果作者是一个女子，说“照花前后镜”，那就是写实，那就真的是“照花前后镜”，可是现在不是，现在是一个男子写的“照花前后镜”，所以这里面就很微妙了，这就是双重性别。其实西方现在讲性别，讲出很多的理论来，就是说社会对于男子与女子有一种不同的期待，不同的标准。尤其在传统社会，女子是贤妻良母，女子是“无才便是德”；而男子是“士当以天下为己任”，这都是身不由己的。在传统上，从来没有人期待女子以天下为己任，也没有一个女子敢以天下为己任，女子根本没有资格以天下为己任。可是男子，只要你读书，就当以天下为己任。这是社会上约定俗成的，都会用这个水平来衡量你。温庭筠自己就有一种男子的意志，他作为一个男子，是很不得志的。温庭筠的才学很高，别号叫“温八叉”。唐朝的考试是八联十六句诗，两句为一联，温庭筠一叉手，两句诗就出来了，他叉八次手八联都出来了，才思非常敏捷。他的诗作完了，旁边的人抓耳挠腮一句还没做出来，他就再作一首给这个人再作一首给那个人，结果别人考上了他考不上，所以他内心很不得志。温庭筠也很有理想，这要结合他的诗来看，他有一种不得志的悲哀，他说我“有气干牛斗”，我有一种精神可以干牛斗，有这么高远的意志，干犯到牵牛、北斗的云霄之上，可是大家都不用我，都没有人欣赏我。“无人识辘轳”，“辘轳”是宝剑，我是一把宝剑，我的光气上冲牛斗，你们怎么就没有一个人欣赏我这把宝剑呢？作为一个男子，有这种志意，而且他在平生的遭遇上，确实是不得志的。他在写美女的歌词的时候，他的意识里面未必能想到这一点，可是隐藏在他内心之中的一种不得志的意识，无形之中就流露出来了。而张惠言作为一个读者，他知道温庭筠的生平，读过他的诗集，所以能够理解温庭筠词中的深意。这是我们从作者这个双重性别来看，认为他有隐藏的意思，那么真的有吗？为什么说他有？这里面就有很微妙的东西了。

我们刚才不是说一篇作品就是一个文本吗，文本有时候有很丰富的多义性，有丰富的可能性，那么温庭筠的这首词的文本就有很多丰富的可能性。“懒起画蛾眉”这句话，有很丰富的可能性，为什么呢？你讲中国的诗词引起你丰富的联想，你不可以假借外国的说法，说蜡烛是男性的象征，中国没有这个传统，你不可以这样假借。你联想，要按照中国的文化传统联想才可以，所以说到“蛾眉”就有一个传统。张惠言不是说有屈原的意思吗，屈原最有名的作品就是《离骚》，《离骚》里有一句话，说“众女嫉余之蛾眉兮，谣诼谓余以善淫”。刚才我们不是说屈原“忠而被谤，信而见疑”吗，因为屈原的才能在一般的大臣里面是很杰出的，所以很多人就嫉妒他。“众女嫉余之蛾眉兮”，就是那些个女子就嫉妒我的美貌。屈原《离骚》的全篇，有一种寓托的性质，这是我们可以明显看到的。从《离骚》这篇长诗我们可以看到《离骚》所写的美女，都是有象征、寓托意思的，所以他说那些个女子嫉妒我的蛾眉。“蛾眉”对女子来说是容色之美，对于男子来说就是才德之美。还不只如此。“蛾眉”不但可以使人产生一个联想，说那是才德的美好，“蛾眉”是有一个传统，是纯洁的、美好的才德的象征,那么“画蛾眉”呢?这个“画蛾眉”就是追求才德的美好,你要把蛾眉画得好就是追求才德的美好。唐朝有另外一个诗人李商隐,有一首诗开头写道,“八岁偷照镜,长眉已能画”,八岁的女孩子还不应该化妆呢,可是这个女孩子特别爱美,她母亲不允许,她就偷着照镜化妆,而且能够画出来那么修长、那么美丽的长眉。李商隐的这首诗写一个女子的成长,接下来说“十岁去踏青,芙蓉作裙衩”,她的裙衩上都绣的是美丽的芙蓉花。所以中国的诗歌有一个传统,有那么丰富的东西隐藏在里面。“十二学弹筝,银甲不曾卸”,弹筝要用自己的指甲弹,怕指甲断了要套一个银的指甲套,整天都不卸下来,是表示她的用功、她的努力、她的勤奋。“十四藏六亲,悬知犹未嫁”,到了十四岁这个女孩子还没有许聘,还没有结婚的对象。于是到了十五岁就“十五泣春风,背面秋千下”,在秋千架下流下泪来,这是为什么?因为中国古代有一个更妙的传统,除了语言文学画蛾眉的传统以外,还有一个传统就是“士为知己者死,女为悦己者容”。一个男子如果有人欣赏、认识他的才能,就会“为知己者死”;一个女子如果有人欣赏、喜爱她,就会“为悦己者容”。中国古代讲究“五常”,君臣、父子、夫妇、兄弟、朋友,这个君臣的关系跟男女夫妇的关系是相等的。君是在上的,臣是在下的;夫是在上的,妇是在下的;父亲是在上的,儿子是在下的。用西方话来说,一个是 dominate 统治的,一个是 subordinate 附属的。所以中国古人就常常用夫妇的关系,来比喻君臣的关系,所以是“士为知己者死,女为悦己者容”。女子没有嫁出去,就是象喻没有得到朝廷和君主的知用和赏爱。“蛾眉”有一个传统,“画蛾眉”有一个传统,中国用男女来比喻君臣,以女子的美色来比喻男子的才德,你画了眉如果有人欣赏那当然是好事,如果没有人欣赏呢?

唐朝另外一个诗人杜荀鹤,也有一首诗,他说"早被婵娟误,欲妆临镜慵",早年因为我长得太美了,我不存心去讨好这个男子,现在我要梳妆我就觉得懒。"承恩不在貌,教妾若为容",她说现在君主欣赏的不是真正的美色,王昭君那么美丽怎么让她去和番了?白居易写了长恨歌,另外还有一个与他同时的人陈鸿写了《长恨歌传》,他说杨贵妃为什么得到皇帝的宠爱?因为她"先意承旨",皇帝还没有说出来呢,她已经知道皇帝的意思,她都是拣皇帝爱听的话去说。"承恩不在貌",就是得到上面恩宠的那个会讨好的人,不在真的才德的美丽,就可以得到知用。所以"教妾若为容",我为什么要化妆,因为你们不是真正欣赏美色,是要做那些"先意承旨",那些逢迎拍马的事情,才能得到欣赏。所以"懒起画蛾眉"非常的妙。温庭筠的这首小词就是写美女,就是写化妆,可是被张惠言看出这样一个意思来,那就因为他是一个男性,他内心之中可能隐藏了一个士当以天下为己任、要求皇帝知赏和任用的心理,所以有这样一种双重性别的特质。

我们下面就要讲双重语境,以另外一个词人来做例证,那就是与温庭筠并称的韦庄。韦庄也写过几首"菩萨蛮",菩萨蛮是一个宴乐的曲调,它是很流行的曲调。温庭筠写了很多首菩萨蛮,是用女子的口吻写的,韦庄也写了很多首菩萨蛮,是用男子口吻写的。他说:"红楼别夜堪惆怅,香灯半卷流苏帐。残月出门时,美人和泪辞。　琵琶金翠羽,弦上黄莺语。劝我早归家,绿窗人似花。"这首词写在一个小红楼上,那个离别的夜晚,我们真是惆怅哀伤,在闺房之中点着香灯。中国古代在点着油灯的油里面调入香料,就是香灯。在什么场合点着香灯,是在半卷的流苏帐。流苏是穗子。那个帐子上有很多流苏做装饰,帐子没有垂下,是卷起来的。如果不是要离别,那么他们会是在良辰美景中正在欢爱,现在因为这个男子要走了,这个帐子就卷起来了。当天上明月西斜,快要破晓的时候,“美人和泪辞”,我就跟那个美丽的女子流着泪告别了。那么离别时怎样?“琵琶金翠羽,弦上黄莺语”,那个女子会弹琵琶,琵琶上装饰着金翠鸟的羽毛,弹出来的音乐,如同黄莺鸟叫的流利、婉转、美丽的歌声。这句词同样是多意的,可能这个女子真的在离别时候弹了一曲琵琶,也可能是写这个女子美丽的声音,好像琵琶上弹出的声音,古人常常形容女子的声音如同莺语一样。这个女子说了什么话?“劝我早归家”,就是离别以后你要早点回来,为什么?“绿窗人似花”,在绿窗下,你不要忘记等待你的有一个如花的女子。“人似花”有两个意思,一是如花的美丽,二是如花之易凋零,如花美眷,似水流年,你如果不早回来,再回来看到的就是鸡皮鹤发的老太婆了。

第二首,“人人尽说江南好,游人只合江南老。春水碧于天,画船听雨眠。 垆边人似月,皓腕凝霜雪。未老莫还乡,还乡须断肠。”此时正值唐朝末年,为躲避战乱,韦庄从长安来到了江南。接下来,中原短短几十年经历梁、唐、晋、汉、周,变更了五个朝代,同时还有十国,有那么多小国,到处都在争战,人民真是流离涂炭。韦庄晚年来到西蜀,四川一方面是“天府之国”,它的经济比较富庶,另一方面“蜀道之难,难于上青天”。所以中原处在战乱之中,西蜀相对而言比较安定,而西蜀的国君王建,对韦庄很好。唐朝灭亡,西蜀就自立为国了,韦庄就是王建的第一任宰相。他在这首词中写道“人人尽说江南好,游人只合江南老”,一个远游的游子,从北方来到南方,感到江南那么美好,真应该终老在江南。江南怎么好?下面就说了,“春水碧于天,画船听雨眠”。在春水之中坐着一条这么美丽的画船,外面下着春天的小雨,你可以在里面似睡非睡地休息。江南这样闲适,这样安乐,江南还有美女呀！他接着说“垆边人似月，皓腕凝霜雪”，“垆”是酒垆。天上的月是如此的明亮，那个垆边的江南美女，像明月一样光彩照人。卖酒的女子，她要给人倒酒啊，所以当她一举手之间，露出她洁白的手腕，跟霜雪一样的洁白。所以江南的景色是美的，江南的人也是美的。“未老莫还乡”，你现在还年轻未老，你可以在江南多住些时候。那个时候还有一个观念，我们中国人都是怀恋乡土的，“狐死必首丘”，所以人一定要回到故乡去。如果你还没老，你不要急着回去，“未老莫还乡，还乡须断肠”。因为你看到自己的故乡那种战乱流离，真的会使你断肠，你不要回去。

第三首，写于韦庄晚年离开江南，来到四川之后。词中写道：“如今却忆江南乐，当时年少春衫薄。骑马倚斜桥，满楼红袖招。　翠屏金屈曲，醉入花丛宿。此度见花枝，白头誓不归。”当时别人劝他留在江南，他却总想着回到故乡，等到现在，他离开江南到了西蜀，一个更远的地方，才回想起来当年在江南还是快乐的。先不说别的，在江南的时候自己是一个少年，少年本身就是美好的。“骑马倚斜桥”，自己年青俊美，骑着马有一种英武的姿态，在桥边停下马来，“满楼红袖招”，沿岸楼上美丽的女子都挥着红袖相招。招去做什么？“翠屏金屈曲，醉入花丛宿”。楼上那些个美女的住所里有翡翠的屏风，屏风都是可以折叠的，折叠的环钮是黄金做的；当时我喝酒，就在花丛中睡去。“花丛”，可以是史湘云醉眠芍药丛，也可以指如花的女子，在那红楼之上有一夜的风流。“此度见花枝，白头誓不归”，当时江南那么美好，我都说要还乡，现在再一次碰到那花丛中美丽的女子，不用说未老莫还乡，就是满头白发也不回去了，而且是誓不归，我就立誓不回去了。为什么“白头誓不归”？你看杜甫流离辗转，晚年在四川省，他说“此身那老蜀，不死会归秦”，我杜甫怎么会终老在四川，只要不死我一定要回到长安。而韦庄为什么说“白头誓不归”，因为唐朝灭亡了，唐朝已经被朱温篡了位，他无家可归了，所以“此度见花枝，白头誓不归”。

第四首，“劝君今夜须沉醉，尊前莫话明朝事。珍重主人心，酒深情亦深。　须愁春漏短，莫诉金杯满。遇酒且呵呵，人生能几何。”从表面看，这是及时行乐，得过且过，这种心情大家认为不太好，所以很多选本都不选。而且认为语言很粗浅，什么叫“遇酒且呵呵”，这“呵呵”不美，是什么意思嘛！其实我认为这一首非常好。众人皆知美之为美，大家能欣赏美的才是美，其实不然。文学艺术上的美，不是一般所说的美才是美。杜甫写“麻鞋见天子，衣袖露两肘”，“群鸡正乱叫”，我写一句“群鸡正乱叫”那算诗吗？可是杜甫写“群鸡正乱叫”，那个情景、那个背景，就是好的句子。诗词的好坏，不在一句语言的美不美，而是说跟作者本身的情意结合得恰到好处，那就是美。杜甫说“麻鞋见天子，衣袖见两肘”，那是他当时逃难的真实的情景。杜甫说“群鸡正乱叫”，是他回到家里，经过长久的战乱隔绝不通消息，居然回来了，听到家里“群鸡正乱叫”，是多么可欢喜的情景。所以文学作品的好坏，不是仅仅外表的好坏。“遇酒且呵呵”，有人觉得一点都不美，我们要接下来讲，就知道它是美的了。这首词里面用了两个“须”字，“劝君今夜须沉醉”、“须愁春漏短”，还有两个“莫”字，“尊前莫话明朝事”、“莫诉金杯满”，一首词里面用了这么多重复的字可以吗？大家不知道韦庄为什么重复这么多次，他为什么用“且呵呵”这么通俗肤浅的语句。他要表现的不是词句的美，而是怎样委曲婉转，用最恰当的方式表现内心最真挚、最深刻、最细微的感情。四川的王建对他是很好的，所以“劝君今夜须沉醉”，你既然留在这里了，我劝你今天晚上就在这里好好地喝一场酒吧。“尊前莫话明朝事”，在酒杯的前面，不要说明天的事情，可见他没有希望，没有预期，没有将来。不用说十年、二十年，说将来怎么样，连明天的事也不要提，因为你不知道，你没有明天，没有将来。陆放翁写的《钗头凤》，说“桃花落，闲池阁。山盟虽在，锦书难托。莫，莫，莫”，是没有希望。主人劝他，你就留在这里好了，他说“珍重主人心”，我很重视主人，主人就是西蜀的王建。“酒深情亦深”，他敬一杯深深的酒，是他深深的情意。“须愁春漏短，莫诉金杯满”，他说你所应忧愁的是今天晚上这个夜太短了，良宵苦短，你不要推辞说自己的酒杯太满了，主人这样殷勤地劝他。杜甫《曲江二首》诗说“且看欲尽花经眼，莫厌伤多酒入唇”，花已经零落了，你且好好地看一看，你不要厌倦，不要推辞“伤多酒入唇”。这就是李后主说的“胭脂泪，留人醉，几时重”，今天有几朵残花你还可以欣赏。既然有这么好的主人，有这么美的酒，有这么深的情意，所以是“遇酒且呵呵”。“呵呵”两个字真是妙！真不是低俗的，这是空洞的笑声，因为不是内心真正的欢乐。既然遇酒，姑且应酬，强颜欢笑，因为人生能几何！

最后一首，“洛阳城里春光好，洛阳才子他乡老。柳暗魏王堤，此时心转迷。　桃花春水渌，水上鸳鸯浴。凝恨对残晖，忆君君不知。”当年韦庄在洛阳住过很久。唐末战乱兴起来的时候，他曾经写过一篇有名的反映战乱的诗叫《秦妇吟》，秦，就是陕西，托言秦地的妇女在战乱之际的遭遇，流传一时，人称韦庄是“秦妇吟秀才”，那首诗开端就写有“中和癸卯春三月，洛阳城外花如雪”的句子。所以他说“洛阳城里春光好，洛阳才子他乡老”，他就是洛阳才子啦。遥想当年的洛阳，“柳暗魏王堤，此时心转迷”，春天洛阳城外河堤上杨柳这么茂密地生长起来的时候，我现在回想当年一切美好的往事，使我满心凄凉。前半首是洛阳的春天，后半首是西蜀的春天,西蜀一样的美呀。四川的花很茂盛很美,所以"桃花春水渌,水上鸳鸯浴",那春天的水边上,一对一对的水鸟在水中戏水。我们不是说君臣跟男女跟夫妇都是对应的吗?我看到水上的鸳鸯浴,就想到洛阳城里的春光好,我这个洛阳才子怎么在他乡老?"凝恨对残晖,忆君君不知",我满心凝聚着亡国的、离别的、离乡的愁恨,面对西下的斜晖,我何尝不怀念你。这个"君"就很妙,"君"可以是你,就是红楼别夜美丽的女子,但"君"也可以是君主、君王,也可以是朝廷。我怀念你,我何尝忘记了你?红楼的女子"劝我早归家,绿窗人似花",我难道真的不想回去?我没有办法回去了。怎么证明我对你的怀念?韦庄还有小诗说:"如今俱是异乡人,相见更无因。"我连你的消息都没有,我怎么回去?所以"凝恨对残晖,忆君君不知",我尽管怀念你,但是永远没有办法向你述说我对你的怀念了。而这个"君",可以指那个女子,也可以指君主和朝廷。

这几首词,张惠言说是"留蜀后寄意之作",可是这五首词表面上写的是什么?是美人,是爱情,是相思,是怨别,怎么知道它是君、国的感情?这是我们今天所要讲的第二个词之特质。刚才我们分析了温庭筠的词,我们说他的词是双重的性别,现在我们来看韦庄的词,我们说他的词有多重的意思,因为他有双重的语境。什么叫双重的语境?每一个语言都有一个语言的场合,一个语言的环境,在什么场合对什么对象说的这句话,是很重要的一件事情。韦庄晚年流落在西蜀,西蜀跟南唐一样,都是一个偏安的小国。西蜀物资是富庶的,道路跟中原是隔绝的,在这个小的环境中可以听歌看舞,可以在歌筵酒席之间饮酒唱歌,填写这些美女跟爱情的歌词。可是大环境是中原的战乱,当北方逐渐强大起来的时候,南唐西蜀危不自保,处在战乱、危亡、恐惧、忧虑之中,都是在双重的语境之中。南唐中主李璟的《山花子》说“菡萏香销翠叶残,西风愁起绿波间。还与韶光共憔悴,不堪看。细雨梦回鸡塞远,小楼吹彻玉笙寒。多少泪珠无限恨,倚栏杆”,也是写的美女,也是相思怀念。在秋风中荷花凋零,荷叶残破,一个女子对于她远方征人的怀念。王国维说南唐中主词“菡萏香销翠叶残,西风愁起绿波间”,大有“众芳芜秽”、“美人迟暮”之感,这两句来自屈原的《离骚》。所以张惠言从温庭筠、韦庄的词里面看到《离骚》的意思,王国维从南唐中主的词里也看到这么多的意思,这是为什么?我们刚才说语言环境,是从语言背景来讲的。文本、文字本身,为什么会给读者这样的联想?因为它本身有这种可能性。“菡萏香销翠叶残”,如果我不这样来描写,我说“荷花凋零荷叶残”,意思都一样,但这不会给大家“众芳芜秽”“美人迟暮”的悲哀感觉。为什么?因为“菡萏”是《尔雅》里面的字句,有一个遥远的美感距离,说“荷花”非常写实;说“荷叶”就是一个名词;而“翠”不但有美丽的颜色,而且让人联想到翡翠、珠翠、翠玉,是珍重和美好的。“菡萏”那种古雅的美,“香”的芬芳美好以及“翠”的珍贵,而美好的形容词跟名词结合在一起的时候,与两个动词相结合,一个是“残”,一个是“销”,都消灭而且残破了。是整体的语言文字给人这样的感觉,所以引起人这样的联想。李璟这样写的时候,表达出内心深处对南唐危亡的悲慨。

总而言之,我们要从中国语言传统,与传统文化的关系,来感悟词的美感。我们说王国维从“菡萏香销”这种微妙的结合,体会到了它的深层涵义。像这类的描写,我们叫做 microstructure,显微结构,一个语言微妙的作用。还有就是它们的背景,由于小词双重性别与双重语境具有这么丰富的涵义,所以读词的时候跟读诗不一样。读诗是直接的感发,读词是更丰美的联想。我只能简单结束在这儿,谢谢大家。

刘国光

更加重视社会公平问题

刘国光,1923 年 11 月生于江苏省南京市。1946 年毕业于国立西南联合大学经济系。1955 年毕业于前苏联莫斯科经济学院国民经济计划教研室(研究生)。1955 年起在中国科学院、中国社会科学院工作,曾任经济研究所所长和《经济研究》主编等职。

1981—1982 年兼任国家统计局副局长。1982—1993 年 11 月任中国社会科学院副院长。1993 年 11 月起,任中国社会科学院特邀顾问。1982—1992 年任中国共产党中央委员会第十二届、第十三届候补委员。1993—1998 年 3 月任全国人民代表大会第八届常务委员会委员。1988 年被波兰科学院选为该院外国院士。2001 年被俄罗斯科学院选为该院荣誉博士。兼任北京大学、南京大学、浙江大学、东北财经大学、上海财经大学教授。2005 年 3 月获首届中国经济学杰出贡献奖。2006 年 8 月被授予中国社会科学院学部委员。

多年来,他参加和主持过中国经济发展、宏观经济管理和经济体制改革等方面重大课题的研究、论证和咨询,是当前中国最著名和最有影响的经济学家之一。

同志们,我今天讲的题目是"更加重视社会公平问题"。

这个问题现在大家都很关心。社会公平是构建社会主义和谐社会的一个重要问题,如果社会公平的状况解决得不好,就说不上推进社会主义和谐社会的建设。社会公平问题的一个十分重要的方面就是正确处理经济效率和社会公平的关系。

关于经济效率和社会公平的关系的讨论在我国已经有好多年了,去年夏天以来,香港经济学家郎咸平经济争论引起的国有企业产权改革的大辩论,在一定意义上讲是又一次效率与公平关系的辩论。但是,在效率与公平的天平上,争论的一方强调效率,比较少注意公平,一些人认为只要能使社会财富的总量增加,什么改革的手段都可以用。比如,在我国现有的条件下——法律缺位,MBO(管理层收购)的办法也可以用。如果有能干的管理人把国有企业收购起来,把它搞活了,总比让它逐渐的"冰棍消失"为好。所以,有的经济学家认为,现在纠缠分配公平问题没有意义,因为应该先搞MBO——管理层收购,先把蛋糕做大,这是一方面的意见。另一方面的意见是以社会公平的名义,极力反对在目前法律不健全、国有资产真正的主人翁也不能说话——企业职工缺位的情况下,把国企白送给少数人,让其一夜暴富的做法。这方面的意见是从社会公平的角度来讲的。我认为国有企业产权改革的问题不是一个单纯的学术问题,而是一个有着强烈公共政策性质的问题。所以这一次的争论不仅有学者参加，还有许多公众参加，这是可以肯定的。大量的公众参与网络媒体的活动，是我国公民公共政策意识增强的表现，他们几乎一边倒，即有90%以上的人倾向于赞成我上面所讲的两种意见中的后一种意见，即强调社会公平的意见。这表明从公众舆论的角度来说，后一种意见占了辩论的上风。所以，有些经济学家讲，前一方面的意见引爆了公众不满国有资产流失和社会分配不公的情绪，而国有企业的资产重组属于幕后的潜规则问题，不应该由公众来讨论，这是一些年轻的经济学家在报纸上公开讲的观点。

我们从对政府决策的影响来说，在对许多机构调查研究之后，国务院有关部门确认了MBO——管理层收购在我国现行条件下的问题很多，造成了国有资产的大量流失，所以就对MBO调整了说法。过去，国资委从未反对管理层收购，也就是说赞成管理层收购；后来改为国有大型企业和国有控股大型企业不适宜实行管理层收购；最后，断然宣布国有大型企业不准实行管理层收购。既然不准了，中小企业只能在严格的条件下公开、公正地执行，也算是对公众舆论的回应吧。虽然官方未说其决策曾受公众舆论的影响，而是其独立的决策，但即使说一下曾受到公众的影响也不见得会有损权威机构的尊严，反而会获得反映民心、反映群众支持的赞誉。总之，这次争论的结果如果从社会舆论上或者从决策上说，都是在效率和公平的天平上增添了公平的分量，矫正了过去偏向一方的倾向。

我国在改革开放以前是一个绝对平均主义的国家，“大锅饭”的经济体制使经济效益大受影响。20多年以前，我们开始实行市场取向的改革，逐渐地我们讲求市场效益，拉开了收入差距，使一部分人先富了起来。所以，从农村到城市，经过努力经营，经济活跃起来了，取得了很大的成效。经过十多年,把兼顾效率和公平作为经验总结写进了党的“十四大”决议。但从十四届三中全会开始,在效率与公平的关系上面有了一个新的变化。以前是讲“兼顾效率与公平”,即打破平均主义,既要重视效率,又要同等对待公平。十四届三中全会以后改变为“效率优先,兼顾公平”,使两者的关系由效率与公平处于同等重要的地位,改为效率处于优先的地位,公平处于次要的、兼顾的地位。这里的“兼顾”,有“次要的、第二位”的含义。公平是次要的、第二位的了,这是一个很重要的变化。十多年来一直是这样的提法。从十四届三中全会决议开始,每一次中央重要会议、重要文件都是这样提的,一直到十六届三中全会。这一提法成为十多年来我国收入分配政策上的一个正式的精神,就是把效率放在第一位,社会公平放在第二位,兼顾一下。

共产党向来主张社会公平与公正,可为什么一个共产党领导的国家在分配政策上,与效率相比,要把公平放在一个兼顾的、次要的地位呢?这与我国经济长期落后,难以迅速提高人民的生活水平和解决众多的社会矛盾有密切的关系。我们的经济发展水平太低了,一下子解决不了这么多的问题。同时也与我国在20世纪90年代到21世纪初叶所面临的国内外形势的深刻变化、发展趋势及其带来的巨大机遇和挑战有密切的关系。这种形势迫使我们积极进取,尽一切努力来增大我国的国民财富和综合实力,即首先把蛋糕做大起来,把增强国家财力和综合实力放在第一位。所以邓小平的南方讲话要求:“思想更解放一点,改革开放的胆子要更大一点,建设的步子要更快一点,千万不可丧失时机,要抓住这个时机,把经济搞上去。”强调“发展就是硬道理”,是解决中国所有问题的关键,把增强实力作为首要的问题。这样,就把增加国民财富总量和增强国家经济实力的问题突出地提了出来，于是效率成了第一位的问题。另一方面，那时制约我国提高效率的主要因素仍然是过去计划经济时代遗留下来的平均主义的影响。在80年代末期虽然已经开始对计划经济进行改革，但平均主义的影响依然存在。所以为了更快地提高效率、增加国民财富的总量，就必须进一步“打破平均主义，合理拉开差距，坚持鼓励一部分地区、一部分人通过诚实劳动和合法经营先富起来的政策”。这句话正是十四届三中全会提出效率与公平的新提法时说的。这种“优先和兼顾”的提法是适合我国的实际情况和发展需要的，是完全正确的。在从传统的计划经济体制向建立社会主义市场经济体制的历史过渡时期，这个指导思想也是适用的，经济理论界当时阐述和宣传这个分配政策的精神也是正确的。但是，在这个过程中，随着我国经济的发展变化，我国的社会阶层结构也逐渐发生了分化，各阶层的利益也发生了分化，这样，经济理论界就出现了代表不同利益的声音。有些人借“优先和兼顾”的差异，有意无意地贬低、轻视社会公平和公正，单纯地为一切聚敛财富的过程辩护，认为只要发财就行。这就不符合我们改革的精神了，因为在这个时期，中央一再强调先富要带动和帮助后富，要注意防止两极分化，丝毫没有忽视社会公平的意思。

我在2003年写过一篇名为《关注收入分配问题》的文章。指出，“效率优先，兼顾公平”是我国一定时期收入分配的指导方针，而不是整个市场经济历史时期不变的法则。我前面说过，从传统的计划经济体制到建立社会主义市场经济体制的历史转变时期，这一提法有它的道理，但是现在市场经济已经初步建立，虽然尚不完善，但是情况已有大大的改变，这个分配原则有无重新考虑的必要呢？有些同志把“效率优先，兼顾公平”看作市场经济不变的法则，永远的法则，这是与历史事实不符的。我们知道一些具有成熟的市场经济的国家就没有这样的提法，没有一个国家是这样提的。虽然中央文件上是这样讲的，但我认为我们国家的这一提法的准确性、时效性仍然有其可以讨论的余地。随着经济总量的发展，经济效率的问题已经逐步地得到了相应的解决，我们的效率与过去相比是有大大的提高。还有，随着社会矛盾的逐渐积累，社会公平问题也会逐渐上升为突出的问题。我们不能够忘记，邓小平同志在1992年就对突出解决贫富差距的问题作出过前瞻性的论断，他在南方讲话时说什么时候、在什么基础上提出和解决贫富差距问题是要进行研究的。他曾经设想在20世纪末达到小康水平的时候，就要突出地提出和解决这个问题。但是到了20世纪末的世纪之交，我国经济发展已经基本达到了小康水平，我们并没有按照小平同志的预言突出地提出和解决贫富问题，调整经济效率和公平的关系。我在一篇文章里面曾经说我国目前的基尼系数处于倒U型曲线的上升阶段，现在是0.45(当时是0.427，这是统计局的数字)，人均收入是1000美元，基尼系数还处于上升阶段，尚未下降，收入差距客观上还有继续扩大的趋势，一时难以倒转。根据其他国家发展的经验，人均收入只有达到1500美元，基尼系数才有可能下降。我用这个方法来隐含地解释小平同志的预言可能乐观了一点，看来要到2010年人均收入达到1500美元左右，基尼系数才有可能下降，那个时候才有可能突出地解决贫富差距问题，来实现从“效率优先，兼顾公平”向效率和公平并重、效率和公平优化组合的方向过渡。我是这么解释的，但是学术界有人反对我的意见，认为我太保守了，把突出解决贫富差距，改变效率与公平的关系推迟到那么远。他们说中国人对贫富差距的承受能力已经达到了极限，大家已经忍受不了了，目前改变这个状况是正当其时，有些经济学家是这么讲的，报纸上也有这方面的文章。

收入差距是否已经扩大到了中国人承受的极限，是不是已经受不了了？这个问题是可以讨论的。在前面这篇文章中，我曾经说，中国人的收入差距过大主要是受城乡收入差距过大的影响。虽然城乡收入差距的消灭是我们今后努力的目标，但是历史形成的巨大的城乡差距是一个客观现实，农村居民知道一时难以攀比城市的生活水平，所以承受能力还是有比较大的弹性的，所以我国人民对基尼系数客观上的继续上升还有一定的承受能力，还能够承受。我记得2003年时城市的基尼系数是0.32，农村是0.35，比0.4的国际警戒线低，但是城乡在一起来算基尼系数是0.417，高于国际警戒线，那么城乡的差距就扩大了。所以中国的情况比较特殊，整体的基尼系数之所以大是因为城乡之间的差距太大了。城市和农村是两个不同的社会集团，所以在客观上仍有一定的弹性来支持基尼系数的上升。这是一个考虑。

我现在重新考虑收入差距的扩大是否达到了承受的极限问题，同我们矫正效率与公平的关系，进一步重视社会公平问题并非同一个层次的问题。收入差距扩大到承受的极限，可能同收入差距达到两极分化是相联系的，就是我们的社会已经是两极分化了，一端是极端的富有阶层，另一端是贫穷阶层，收入差距出现这个情况才是不能容忍的了。我们现在还不能说已经达到了两极分化，当然对此会有不同的意见了。如果现在是两极分化了，那就说明我们的改革是失败的，因为小平同志讲过改革失败的标志就是两极分化。我们现在还不能说改革失败了，也不能说贫富的差距已经达到了承受的极限，我刚才说过农村不能一下子期望达到城市水平。基尼系数客观上还是要上升的。但是，我们要注意到，如果现在不采取措施，还让这个趋势扩大，那我们就有迅速向两极分化、向承受极限接近的危险。所以我们必须从现在起进一步地重视社会公平问题，要调整效率与公平的关系，要加大社会公平的分量。我们第一步可以逐步减少收入差距扩大的幅度，以后再逐步降低收入差距，即逐步降低基尼系数的绝对值。我们现在还不可能降低基尼系数，因为它还要上升，那我们第一步就只能先使它上升得慢一点，第二步再使其绝对值下降。我们现在就应该朝这个方向努力，就是说，“效率优先，兼顾公平”的口号现在就可以开始淡出，逐渐向效率与公平并重，或者效率与公平优化结合来过渡。我提出这个主张后，在理论界有不同的反响，多数是赞成的，但也有反对的。有的报纸就批评我的这个主张是“民粹主义”，它说还是要把社会公平放在“兼顾”的地位，继续坚持效率优先。我觉得这与中央的精神是背道而驰的。中央的精神现在不是这个样子的，我是这么理解的。五中全会有许多新的精神，其中一条是更加注重社会公平，这是写进了文件的，不再提“效率优先，兼顾公平”了。大家如果仔细看一看五中全会的文件，就发现没有再提了。其实，在十六届四中全会的文件当中就已经不出现这一个提法了。这次会议继续淡出这个提法表明了中央贯彻科学的发展观，重视构建和谐社会的决心。所以这也表明了中央是很清楚的，要贯彻和谐发展观，重视构建社会主义和谐社会，就不能把社会公平继续放在兼顾的地位。这一举措深受广大群众的欢迎。经济理论界和一些媒体囿于学习和体会中央的精神不够，现在仍不时地有宣传“效率优先，兼顾公平”的论述出现。为了深入领会中央关于收入分配问题的指导精神，有必要认清“效率优先，兼顾公平”的提法现在已经不符合当前的形势要求。“效率优先”我们还是要提的，但是要放在另外的地方提，而不能放在分配问题中提。

我现在再来概括一下为何淡出这个口号，有这么几点理由。第一点，“效率优先，兼顾公平”意味着把经济效率放在第一位，把社会公平放在第二位，兼顾一下，这怎么也同“更加重视社会公平”搭不上界，因为要“更加重视社会公平”的话怎么能够把社会公平放在第二位呢？所以“效率优先，兼顾公平”的提法只适用于社会主义初级阶段的一段时期，不适用于整个社会主义初级阶段。第二点，小平同志讲过在20世纪末，即2000年达到小康水平的时候就要突出地提出和解决贫富差距问题，如果社会公平放在兼顾的地位，放在第二位，就不可能突出，这与小平同志的预言是背道而驰的。第三点，现在收入差距过大，社会不公平造成许多矛盾、紧张、社会不和谐的现象，潜伏的隐患不时地爆发。如果我们继续把社会公平放在兼顾的位置，这同我们党构建和谐社会的宗旨是不符的。第四点，按照国际公认的分配公平指标，中国的基尼系数现在已经达到0.45以上，早已超过了国际警戒线，超过了发达的资本主义国家。例如英国、法国、加拿大等，它们的基尼系数是在0.3到0.4之间，比我们低；特别是北欧、拉美的一些资本福利国家，他们的基尼系数只处在0.2至0.3之间，他们的社会是比较公平的。我国的收入分配差距不仅仅远远大于资本主义国家，而且是中国历史上贫富差距空前大的时期，如果再拖下去，继续把公平放在兼顾的第二位，那如何与“社会主义国家”的称号相匹配呢？那我们还叫做社会主义国家吗？第五点，“效率优先”不是不可以讲，而是应该放在合适的地方讲，而不是放在收入分配的领域去讲。效率、效益、质量这一系列概念是同速度、投入、数量等概念相对应的。我们转变增产方式的方针要求把质量、效益、效率作为经济增长的最主要的因素，而把人、财、物的投入，数量的增长，速度放在适当重要的地位。对于生产领域来讲可以讲“效率优先,兼顾速度”,要把质量、效率放在第一位,而不能主要靠拼投入、增加数量来实现经济的增长。我们现在的经济增长方式,就是这样一种方式,拼命地投资,而消费却受到了限制。我们不应该靠数量、靠投入来实现增长,当然我们需要一定的投入。“发展是硬道理”的大道理应该是这么理解,并非任何发展都是硬道理,不讲效率,不讲质量的发展就不是硬道理。不注意社会和谐,不建设社会主义和谐社会的发展不是硬道理,破坏生态平衡的发展不是硬道理,这是很明显的。按照我们现在粗放型的发展方式,而不是集约型的方式发展下去的话,后果肯定令人担忧,我们现在资源的浪费是很大的,煤炭、石油等资源又是不可再生的。小平同志说,只要讲效率、讲质量就没有什么可以担心的。所以“效率优先”放在生产领域里讲非常合适,这是它永远的存身之地,不要放在分配问题上来讲。第六点,在分配领域,原先人们设想效率与公平是一个此长彼消的关系,是互相替代的关系,就是说在一定范围里扩大收入分配差距有利于提高效率,缩小收入分配差距不利于提高效率。所以有了“优先与兼顾”之说,但是后来经大家研究,两者之间不是一个此长彼消的关系,不是一个互相替代的关系,而应该是一个辩证统一的关系,这是马克思主义的观点。就是说收入分配差距过大不利于效率,过小也不利于效率,不存在哪个优先,哪个兼顾的问题。第七点,有人说,初次分配可以讲效率优先,再分配注意公平。我认为,难道说初次分配时社会公平问题就不重要吗?金融、石油等垄断行业与非垄断行业的收入差距很大,高达好多倍,这在过去是不存在的,而现在的倍数是很大的。难道是垄断行业里的人更聪明一点,更努力一点,更勤奋一点吗?不是的,而是因为他们处于一个垄断部门。这样一个畸高畸低的收入不是收入的初次分配问题吗?有些部门，企业的高管人员与普通职工相比也是畸高畸低的收入。有些银行，有些部门，有些涉外企业的老总的年薪高达100多万，甚至更高，而一般的职工也就是几千块钱一个月。这是不是初次分配的问题？有些外资的工厂，甚至一些内资的工厂把工人、特别是农民工的工资压得特别低，并且多少年都不涨工资。我80年代去深圳的时候，农民工的工资就是几百块钱，现在仍是几百块钱，这是多年不涨，而且还有不付工资的情况，有些农民工甚至为讨工资而不惜触犯法律。这些不合理的状况都是初次分配的问题。最近，我看到《经济时报》上有篇题为"初次分配就要重视公平"的文章，这篇文章写得很好，值得一提。说不清道不明的许多不合法、不合理、不规范的灰色收入、黑色收入不都是初次分配产生的吗？初次分配秩序混乱，初次分配中的社会不公问题难道不需要重视吗？还要等到再分配时的财税杠杆来解决吗？那是解决不了多少问题的，所得税现在很难解决分配不公的问题。所以在收入分配领域不要再提"效率优先，兼顾公平"，也不要再提"初次分配效率优先，再次分配注重公平"的问题了，而要更加注重强调、更加重视社会公平，正如我们五中全会的文件所强调的，这符合改革的大趋势，符合人心所向，也有利于调动大多数人的改革积极性。

为什么现在要提加大社会公平的分量，进一步重视社会公平问题呢？经过20多年的改革和发展，我国的经济总量、国家的综合经济实力大大增强。现在已经完成了GDP的第一个翻番和第二个翻番，正在进行第三个翻番的阶段。我国居民生活总体上在已经基本达到小康水准的基础上向全面实现小康水平过渡，已经有一定的物质基础和能力，逐步解决多年来累积形成的贫富差距，也就是说，突出解决邓小平同志提出的问题，进一步重视社会公平的时机和条件已经基本成熟。我国改革之初，各阶层人民受改革之惠，生活得到了改善，没有明显的利益集团出现，大家普遍地、积极地支持改革，这是改革初期的情况。以后，特别是20世纪90年代中期以后，不同利益人群逐渐形成，有的在改革中受益较大，有的受益较少，有的甚至受损，所以，大家对改革支持的积极性就发生了变化。各阶层的居民都有自己的诉求，比如，受益较多的利益集团当中有人说改革必须付出代价，必须牺牲一代人，这一代人就是几千万老工人，改革必须要牺牲他们，这是利益集团里面的人说的。同时，也有另一种对立的声音，说为什么就是我们付出代价而不是你们付出代价？一种对立的情绪可见。国有企业的改革当中，一度出现了瓜分风，白送，低价廉价地送，一些人根本就没有什么资金，但却能一下子暴富，变成拥有几十万、几百万、几千万的富翁，引起社会震动。为了使改革获得更多人的支持，而非少数人的支持，我们就要长期地强调有利于社会和谐和社会稳定的公平和公正。毋庸讳言，我国社会结构已经逐渐形成以占有财富、权力和知识为特征的强势群体，和以贫困农民、农民工、城市失业者和下岗人员为主的弱势群体。强势群体在公共政策的制定和实施中有很强的影响，在社会舆论和话语权中也有影响，而弱势群体则缺乏相当的组织形式来表达他们的利益要求，除了通过写信、上访、告状等形式申诉其遇到的不公以外，他们很难在媒体上发出自己的声音。这种社会缺陷亟待弥补，如果令其发展下去，只能够扩大社会的鸿沟，不利于建设和谐社会。那么强势群体，特别是权势集团的代言人竟公然地鼓吹腐败是改革的润滑剂，权钱交易（经济学上说是官员索取剩余）是社会的改进。这种说法当然是少数人的观点，我在此不便多指责。工农大众的言论缺乏适当的表达途径，这种状况必须改变，各种工会组织、农会组织的职能应该进一步改进，表达基层的、弱势群体的呼声。中央是很重视这个问题的，下访的次数很多，但实际上还是需要一个机制把下面的呼声传上来。

导致收入差距迅速扩大的因素很复杂，有体制上的弊端、法制上的漏洞和政策本身的不尽完善等等，都是重要原因。近年来政府在这些方面做了很大的努力，情况有所改善，但是由于广大干部经验不足，一些干部误解把公平放在一个兼顾、从属的地位，还有一些地方和部门的官员受到自身利益的驱动，使许多能够解决的社会分配问题迟迟得不到解决。例如，我刚才讲的行政性垄断收入，垄断行业的收入与非垄断行业相差好几倍，同样素质、同样努力的人群待遇不公正，久已为社会所诟病。好多年都在说要改变这个弊病，但是对于垄断行业高收入的调节仅限于个人所得税这个调节力度很小的措施，不发生什么影响，没有从源头上，从初次分配的环节来解决垄断地位的产生和分配的问题。税收杠杆也是，个人所得税制度本来是调节过高收入、抽肥补瘦的税制，多年来，一般工薪低收入的大众阶层成了个人所得税的最大纳税主体，税法不严使一些富豪逃避个人所得税，现在我们通过一些新的税法使这一状况有所改进，但是还是很不完善，工薪阶层仍然是纳税主体，富豪们的纳税仍然有限，逃税的办法很多。再有，国有资产划分一部分给社会保障基金，这也是实现社会福利的一种保障措施，但是讲了很多年，现在还是落实不了。国有资产大量流失，要拨一部分到社会保障基金是很困难的，地方上的国有资产已经快卖光了，而出卖国有资产所得收入有多少划入了社会保障基金了呢？所以，现在的国企改革中，国有资产变现的收入的用途要严格规定，包括划拨给社会保障基金的这一部分，要尽快立法，要不然这部分收入就要落空了。再比如，政府职能和财政功能要从经济建设型为主转变为公共服务型为主，这是与提高公民福利，促进社会公平有关的十分重要的改革，因为公共服务的受益者多半是低收入者，包括教育、保健等在内的社会福利措施，可以提高人的素质，保障人们多种就业和社会生活的平等机会。但是，政府职能和财政功能转变得很慢，这个转变往往受到许多地方政府把主要精力放在经济建设上，着重大搞政绩工程的限制，重视经济建设，轻视公共服务，以至于我国被世界卫生组织评为“卫生资源分配最不公平的国家”之一。教育经费占 GDP 的比重在世界各国的排名居后，尤其是义务教育供应不足，许多老百姓没有进入劳动力市场的基本能力，被排斥在现代化的进程之外。大家现在对卫生改革、教育改革、住房改革议论很多，有必要进行反思，当然这些情况都要进行改进。但是，同投入经济建设的资源相比，改进的速度还是很不理想。此外，一些地方还借经济建设之名，借改革之名，使居民财产权力、收入权力受到侵犯，在农村土地征用、城镇房屋拆迁、拖欠民工工资以及企业改制中，可以看到政府权力过大、某些官员行为不正、吏治腐败的阴影。现在，中央加大了反腐败的力度，坚持用改革的办法解决产生腐败现象的深层次问题，加快政府职能转变和制度建设，加大对权力的进一步制约。我们大家深切地期望也相信，在中央的巨大决心和正确领导下一定能做好反腐斗争，不要再出现“道高一尺，魔高一丈”、“越反越多，越反案子越大”的现象。

最后我讲一讲重视收入分配问题当然不是追求收入平等，重要的是各阶层的居民能够享受平等机会，强调机会平等，就是保证起跑点平等，不过分追求结果的平等。在中国，社会收入不平等多源于机会的不平等，结果的不平等多源于起点的不平等，不同的人存在不可否认的理智、才能的差别，其中不能忽视的是教育培训程度不同，形成不相等的知识水平和专业技能，由此，使个人的就业机会不平等，收入高低不平等。农村低收入户多么希望下一代能够读书、受教育，不再重蹈自己贫困的命运。在对四川的农村低保户家庭进行调查中，发现许多低保家庭的小孩没有上完九年义务教育，村民们说，孩子的时间还长呀，难道他们还当下一代的低保户吗？进城打工者也为子女的上学担忧，他们由于文化水平较低，在城市里往往干着最脏最累、收入最低的活儿，小孩入学的借读费是压在他们心头的一块巨石，许多人只好让子女退学，以至儿女一开始就输在了起跑点上，所以现在是彻底改革义务教育制度，解决义务教育经费的时候了。国家财政要减少一些锦上添花的开支，我们应多做一些雪中送炭的事情，就有能力完成使所有的儿童接受九年义务教育的使命。党提出要扩大中等收入者阶层，提高低收入者的收入水平，这两件事情实际上是一致的，要把金字塔形的收入分配状况改变为两头小、中间大的橄榄形的收入分配状况，关键在于教育培训。目前大规模的失业大军以青少年居多，他们文化水平较低，知识技能匮乏，就业能力和收入能力比较差，要使他们找到职业并且上升到中等收入水平，关键在于提高其基础教育水平并且实施职业培训。最近不是在抓职业教育吗？我觉得是很对的，加强对低收入人群的人力资本投资，这种事情靠低收入人群自身的力量是做不到的，只有政府组织社会力量，切实地、认真地逐步把城乡所有居民的子女九年至十二年的义务教育办起来，并且普遍组织专业培训，才能逐渐解决在起跑点上的机会平等问题。

楼宇烈

荀子的社会理想

楼宇烈，1934 年 12 月生于浙江省杭州市。1960 年毕业于北京大学哲学系哲学专业，后在北京大学哲学系任助教、讲师、副教授、教授，现任北京大学哲学系教授、博士生导师，佛教道教教研室主任，宗教研究所所长，外国哲学研究所学术委员会主任。

楼宇烈先生长期从事中国哲学史、佛教史方面的教学和研究工作。近年来，楼先生十分关注传统文化的批判继承和古为今用的问题，发表的《儒家“节欲”观的现代意义》、《儒家修养论今说》、《佛教与现代人的精神修养》等论文，不仅在学术界受到好评，而且在社会上也产生了一定的反响，为发掘传统文化的现代意义作出了有益的探索。

楼先生还担任着教育部人文社会科学研究专家咨询委员会委员、全国古籍整理出版规划领导小组成员、全国宗教学会顾问、孔子基金会理事、中华炎黄文化研究会理事、中国人民大学佛教与宗教学理论研究所学术委员会主任、华东师范大学中国现代思想文化研究所学术委员会主任等职。

今天我给大家讲的题目是“荀子的理想社会”。荀子是战国末期的一位思想家，应该说是在中国历史上一位非常重要的思想家。首先我想讲的第一个问题是荀子其人。

荀子在历史上是一个有很多争议的人。有的人说他是儒家，有的人说他是法家。究竟是儒家还是法家？建国后有段时期把荀子作为一个大法家提出来的。在历史上荀子又是一个儒家，我们讲到先秦儒家时常常这样来提：孔、孟、荀，即孔子、孟子、荀子。所以他又属于儒家这个系统。他究竟是儒家还是法家呢？应该说，荀子从总体上来讲还是儒家系统中的一个人，他自己也经常讲到他最佩服的人就是孔子和子弓，他认为孔子和子弓是最完善的人，所以应该说他是属于儒家系统的。但是他又不是一个单纯的儒家系统的思想家，他在战国末年又接受了许多其他学派的思想，融合到他的思想里面去了。而在他的学生里有两个很重要的人，一位是李斯，一位是韩非，又都是辅佐秦始皇统一中国很重要的人物。李斯是在政治上直接辅佐秦始皇，韩非是在思想上对秦始皇有很大影响，而这两位又是法家的重要人物，所以荀子的思想确实是比较复杂的。

作为儒家，荀子是纯儒还是杂儒？这个问题在历史上也有很多争议。孔、孟、荀这三人联系起来，荀子在儒家系统中占很重要的地位，他究竟是一个纯粹的儒呢，还是一个不纯粹的、杂驳的儒呢？这在历史上也是有很多争议的。唐代著名文学家韩愈就认为荀子是纯而有杂，他基本上是纯，但还是杂了一些其他东西，不怎么太纯，大纯而小疵，有一点小毛病。可是到了宋明理学家的时候，对荀子的批评就比较多了，认为荀子不仅讲儒家王道的政治，而且还要讲霸道的政治。因为荀子非常强调既要隆礼，又要重法，荀子是礼、法并重，所以认为他不纯，是个杂儒。到了近代甚至有更进一步批判荀子的人，认为荀子是盗用了孔孟的名誉，而实际上是宣传了背离儒家思想的一套理论。

总体来讲，荀子是一个非常复杂的人物，但是荀子这个人，我们从思想史上来看，他确实是一个先秦思想的集大成者。中国秦始皇以前我们称为先秦，到了战国的时候，诸子百家开始了一个大分化、大综合的这样一个时期。荀子是处于诸子百家大分化、大综合这样一个时期的人物，而且他当时是一位非常著名的学者。他曾经在当时最著名的齐国的稷下学宫里当祭酒，相当于校长这样一个角色。他在齐国的稷下学宫里接触到了各家各派的学说，他对于各家各派的学说都有所评论，都有所批判，也都有所吸收。我们知道先秦到了战国时期学派大分化，韩非子的一本书里有篇文章叫《显学》，就是分析当时在社会上影响比较大的学派。他认为当时在社会上影响比较大的学派有两家，一派是儒家，一派是墨家。他讲到了战国时期儒家已经分化成八派，“儒分为八”。墨家也分为三派，“墨离为三”。我们知道先秦的诸子百家有很多的派别，后来司马迁的父亲司马谈在分析先秦的学说时归纳为儒家、墨家、道家、法家、阴阳家和名家六家，分成六大学派。这时候各大学派都有分化。韩非只讲到儒分为八，墨离为三。其实我们如果看看《庄子》，《庄子》最后一篇叫“天下篇”，也是讲先秦的学术情况。“天下篇”中讲到的，道家实际上也是有不同的派别，他至少列出了三大派，一派是慎到、田骈，一派是老子、关尹，再一派就是庄子，所以道家也是有不同的派别。荀子是处于这样一个时期。他对各家的学派都有批判,都有吸收。

在《荀子》里面有一篇文章叫做“非十二子”,对十二个子进行了批评。这里面有墨家的,有道家的,有名家的,有儒家的。这篇文章虽然题目叫“非十二子”,它归纳了六个学派,每一个学派举了两个人作代表,一共十二个人,其实它接着还指名道姓地批判了儒家里面的三家,比如说子游氏、子张氏他都进行了批评。我们再结合荀子其他的文章,他提到的关于老子的思想,认为老子是“有见于屈,无见于伸”,意思是说只看到退缩的一面,没有看到伸张的一面。他还批评庄子的思想,说庄子“蔽于天而不知人”,只知道因循自然而不知道人的奋发图强、人的作为等等。

总括起来,我看到《荀子》文集里面批判诸子和各种学说至少有20多家,而在批判的过程中他又吸收了许多思想家合理的学说。比如说他提出来“明于天人之分”这样一个命题,这中间就吸收了道家的思想在内。一方面要注重人为,另一方面也要看到自然规律,人的行为也不能够违背自然的规律,而人也不能够坐等自然的恩赐,人还要发挥自己的主观能动性,去改造自然。所以过去经常有人把荀子的“明天人之分,知天命而用之”这个思想称之为“戡天思想”,“戡”就是“征服”的意思,征服天。因为以往人都是屈服于自然,或者听从于自然,听天由命,靠天吃饭。而荀子提出了“知天命而用之”,就有一种征服自然的思想,所以人们非常推崇荀子在这方面的思想。应该说荀子在先秦时代是一个思想集大成者。正因为如此,荀子的思想对后世也有非常深远的影响。

如果从学术思想这方面来讲,可以说,荀子对整个汉代学术思想有非常深远的影响。我们现在有很多人对《周易》非常感兴趣,其实《周易》这个学问发展起来应该是在战国末期到汉代。如果从荀子的书里面看的话，在当时最主要的是诗、书、礼、乐、春秋，易还没有被作为一个非常重要的学术研究领域提出来。但到了汉代就不一样了，易的地位急剧上升，甚至变为六经之首，变为易、诗、书、礼、乐、春秋，易排在第一位。当然我们不能否认《周易》对于中国传统文化的影响是非常之大的。在汉初的时候，荀子对易的思想影响很大，很多研究《周易》的人师承都可以追溯到荀子。其实不止如此，当时关于诗学，荀子的影响也比较大，礼和乐跟荀子的思想关系就更大了，所以汉初荀子在学术领域里面影响是非常之大的。一直到了汉武帝的时候，有位很重要的思想家叫董仲舒，我们都知道汉武帝是"定儒家于一尊"，汉武帝怎么会"定儒家于一尊"呢？主要是接受了董仲舒的一个建议，董仲舒说"罢黜百家，独尊儒术"，董仲舒在儒学的发展史上是一个非常关键的人物。董仲舒对于荀子也是非常推崇的。根据史书的记载，董仲舒"作文美荀卿"，美就是表扬、赞扬，荀卿就是荀子。他是非常推崇荀子的，这个推崇是有很多的理由的。

关于荀子的思想，我们刚才只是简单地介绍了一下他在学术方面的思想，他还有哲学方面的理论，我想更重要的就是他的政治理想方面的理论。所以我今天的主题就是他的政治理想。荀子的政治理想对于后世有非常深刻的影响。特别是他"隆礼重法"的思想，"礼乐"的思想，对于以后有很大的影响。到了近代，我们都知道在戊戌变法时期有一个非常著名的改革家、思想家谭嗣同，谭嗣同是以一种批评的口气来说荀子的。他认为荀子是盗用了孔、孟的名誉，宣传的那一套都不是孔孟的思想，而是为秦始皇封建专制主义服务的。他曾经讲过这样一句话，他说："二千年来之政秦政也，二千年来之学荀学也。"实际上在现实的政治中间、现实的社会中间来看这个问题，我认为他的这个讲法有一定的道理，虽然他是以批判的态度来讲的。我今天主要不是从批判的态度讲，而是从我们怎样从中间吸收到有益的东西，给我们今天以借鉴，我主要是从这个角度讲。但是我觉得谭嗣同从批判的角度来看到这样一个问题，就是在中国从秦以后的2000年历史的政治现实中间，荀学确确实实是起了一个非常重要的作用。他的实际的影响是超过了孔孟，孔孟是有很多理想的东西。我们作为一般的知识分子都非常欣赏孔孟，因为孔孟是很理想主义的，而荀子可以说是从现实出发，因此他对现实的影响也是非常深的，所以谭嗣同这句话有一定的道理。因为2000年秦政，我们可以从各个角度来讲，比如封建专制主义是一个角度，大一统也是一个角度。中国封建社会中央集权、地方郡县制度的确立是从秦始皇开始的，这样的政治体制可以说是秦始皇确立的，一直到清代我们还是中央地方这样一个政治制度。所以"二千年来之学荀学也"，这是一个很值得我们思考的问题。荀子对于现实社会的影响应该是超过了孔孟。这是我简单地对荀子这个人做的介绍。

第二个问题我想讲讲荀子的"群居和一"的理想社会。在中国历史上，很多思想家都有他自己理想中的社会。我们现在就先秦的儒道两家来看，他们就有各种不同的理想的社会，或者是政治理想。老子的理想社会就是我们常常讲的"小国寡民"的理想社会。在这样一个社会里面，"邻国相望，鸡犬之声相闻，民至老死不相往来"。老子理想的社会就是这么样的一个社会。大家都生活在一个非常淳朴的自然环境中，"日出而作，日落而息"，大家互相谁也不干扰谁。在《礼记》里面有一篇文章叫《礼运》，记载着孔子也有个理想社会。孔子的理想社会就是一个大同的社会，其思想就是我们常常讲的大同的思想。所谓"大道之行也，天下为公"。这个大同的理想应该说在中国的影响是非常之广、非常之大的。不仅中国有,甚至于在世界上也有这样类似于大同的一种理想。我们知道孙中山也经常题字“天下为公”。在这样一个社会里面,大家一切都是从公心出发,都是为公。在这样的一个社会里面,人不仅仅是对他自己的亲人有一种爱心,而且对其他的人也同样有爱心,使得这个社会老有所终、壮有所用、幼有所长,鳏寡孤独和残废的人都能够得到社会的保障和养育。所以在这样一个社会里面,人们担心的是财物抛在路上,而不是说这个财物一定要归于自己。人们都是尽力地去工作,而工作不是为了自己。在这样一个社会里面,能够达到“夜不闭户,路不拾遗”这样一个理想状况。这样一个大同社会应该说完全是一个理想化的,也就是说离开现实社会的一个理想的社会。相传这是孔子提出来的一个最高的理想。其次孔子提出来一个“小康”的社会,大同下来就是小康。大同社会在孔子那里实际上也就是指原始的社会,没有阶级的分化,没有利益的冲突。到了小康社会就有了这样一种分化。人们首先要区分是亲人还是其他人,分别亲疏,这个时候开始要讲各种各样的制度,要把人们亲疏分别起来,这是孔子称之为小康的社会。

孟子也有孟子的理想的社会,一种理想的政治。就是他的仁治的一种王道社会。孟子提倡王道,反对霸道。王道社会一切都用仁义来解决问题,或者纯粹用一种德,实行德治。而霸道就是用各种各样的刑法,各种各样的权力,各种各样的武力、实力来解决问题。孟子是反对这种霸道的,而强调一种王道的政治,王道的理想的社会。而这种王道的理想社会只有行了仁政以后才可以达到。所以孟子讲:“行仁政而王。”仁政是一种什么样的情况呢?孟子曾经讲过:“仁政必自经界始。”所谓“经界始”就是划定田界,规定每一家、每一户有多少的地，就是我们常常讲的一种理想的井田制度。从孟子来讲这个理想的社会就是这样，每一家都有五亩的宅基地，在这个宅地上面种上桑树、养蚕。他说“五十者可以衣帛矣”，五十岁的人就有丝绸的衣服可以穿了，“鸡豚狗彘之畜，无失其时”。就是养着很多的鸡呀、羊呀、猪呀，他说“七十者可以食肉矣”，七十岁的人可以吃到肉。在这样一个社会里面还要有学校的教育，还要使得大家讲孝悌。老年人也不至于流落街头。这也是离开了当时的社会现实去构思的一个理想的社会。先秦时期许多思想家都提出了这样一种政治理想的社会。总体上讲，都是看到了现实社会中间的种种问题，想在现实社会之外去追求一个理想的社会，理想的政治。

荀子提出的“群居和一”这样一个理想应该说跟前面讲的有共同之处，也是一个比较美满的、比较完美的一个社会。但是应该说他有一个更重要的特点，就是从现实社会出发，从现实社会的政治状况出发。我们现在这个社会已经不同于原始社会那种“老死不相往来”或者说“路不拾遗”的社会，已经是一个有分别的、有等级的、有亲疏的、有贫富贵贱之差的社会。这样一个社会，我们怎样面对它而使它成为合理的、理想的社会？荀子提出了“群居和一”。社会中的各色人等作为一个群怎样达到“和一”？这个具体概念我下面再讲。我想他完全是从现实出发，去设想这个问题。也就是说怎么使这个社会更有序、更和谐。这个社会本身已经是有分化的，已经是有贫富贵贱之差的，已经是有亲疏之别的，我们怎么能够让它达到和谐、统一、一致。所以他提出来这么一个问题。

他提出这么一个理想是有许多根据的。首先他认为群是人的一个最根本的特性。人不是孤立的一个一个人，而是一群人。荀子分析人跟其他动物最根本的差别就在于人能群，而其他东西不能群。他讲人的力气不如牛，人走路的速度不如马，但是牛、马都要为人所驱使。为什么？这就是因为人能够群，而牛、马不能够。所以群是人的最根本的特征。在这一点上可以说荀子看到了人的一种社会性。人不仅仅是一种自然的动物，而且是具有群的社会性的。也就是说他揭示了人类群体生存的情况。所以他说人生下来是不能离开群的，人生下来就是在这个社会中间，在这个群体中又必须有所分别。这个分别是职业上的分别也好，等级上的分别也好，他认为都是必要的。如果有了群而不能分别的话，这个群就会混乱。只有有了群又能够分别，每个人都处于他自己所应该处的地位，这个群才能发挥它的作用。如果不能够有很好的分工或者等级的差别，这个群是不能够发挥它应有的作用的。所以群是具有很强烈的社会性这样的含义。我们知道中国近代著名的思想家、翻译家严复就把荀子关于群的理论看成跟西方的社会学相当的这样的概念。他在翻译斯宾塞（H. Spencer）写的一本书《社会学研究》（*The Study of Sociology*）时，把这本书的书名翻译成《群学肄言》。群学就相当于社会学的意思，肄言就是研究的意思。从中可以看出荀子在这个问题上有比较深刻的认识，认识到人是一个群体，而这个群体内部是有分别的。这也就是他提出来的"明分使群"。每个社会成员都要有他自己应该处的地位，这样结合成整体的社会群体，它才能够发挥巨大的功能，巨大的作用，就可以去驱使牛马，甚至可以去改造天地，改造整个自然。荀子也认为人会参与到整个自然的运作中间去。所以他提出来"天有其时，地有其材，人有其治"。天、地、人三者是互相配合的。天能够生长出各种各样的东西来，地能够养育万物，而人能治理万物。天、地、人是这样一个关系，这是中国古代一个共同的思想。

不知道大家是否看过《中庸》这本书，在这本书里也讲到人是参天地之化育，天生地养，人去治理。我们现在常常讲天人合一，什么叫天人合一？就是人自身也是整个自然中的一分子，但是，在这中间人有他的主动性和能动性。因为天生万物，地养万物，它们虽然能够生养万物，但不能够治理万物。而只有人可以去治理万物。所谓治理万物也就是说人可以根据万物的各种不同的特性决定怎样去运用它们，怎样去支配它们，怎样使它们为人类服务又不破坏整个自然的环境。人是参与到天地化育万物中去的，而要参与到化育万物中去人就必须要能够明分使群，结合成一个有机的、有序的社会群体。如果没有这样一个有机的、有序的整体就不可能发挥作用。这就涉及了荀子讲到的礼乐的起源的问题了。我下面再讲。人是有群的特征，在群之间需要有各自的分位，“明分”的“分”既是分工的意思，也是分位的意思，也就是人所处的位置。每个人在社会上都有你自己的位置，怎样摆好这个位置是处理好人际关系最根本的问题。那么，这样一个群居在一起的人怎样能够和一？

下面我想讲讲“和一”的含义。荀子讲的这个“和”有相当丰富的内容。简单地讲，“和”就是“和谐”的意思，社会和谐。但是荀子所讲的和不仅仅局限在和谐。他在他的文章中讲到“和”，提出了许许多多的概念。比如他讲到的“血气和平”，非常平和，我们不要火气太旺了，动不动就跟人面红耳赤地吵架。大家在发生关系的时候都能够心平气和，不是非常浮躁的。他讲在这样的情况下这个“和”有“和敬”的意思，互相比较尊敬。“和亲”，家庭中大家都非常亲密。“和顺”，各方面的关系就是“和顺”的关系。上下的关系就是“和敬”的关系，家庭的关系就是“和亲”的关系。在家庭里面，家庭之外上下之间、朋友之间能够达到这样的关系，整个社会就非常和睦了。整个社会非常和睦了,大家就可以齐心一致,这又是"和齐"。所以荀子讲,如果明和齐,"则兵劲城固,敌国不敢应也",就是全国如果上下一心,齐心一致,非常和齐的话,兵强城坚,任何侵略的人都不敢来碰你了。所以这个"和"是从许许多多角度来讲的。

另外"和"又含有符合一定的规矩这样一个意思。所谓"和节",就是符合一定的规矩的意思。这个"和"不是不讲原则的调和,而是有一定标准、一定规则的。所以我们看在《中庸》里有这么一句话,叫做"喜怒哀乐之未发,谓之中",当你心里面的喜、怒、哀、乐还没有发出来的时候,还留存在你的心里边,这叫中。"发而皆中节谓之和",当你发出来以后,喜、怒、哀、乐都是恰如其分,没有过分的哀,也没有过分的乐,没有不够的哀,也没有不够的乐,恰如其分皆中节,正好符合这样一个标准。所以"和"的概念在中国哲学上也可以说是一个"度"的概念。不偏不倚,无过而不及,于是有时候就把它看成折衷主义、调和主义,其实不是。中国历史上讲中、讲和,就是说要符合一定的规矩,符合一定的标准,或者说一个度。其实这是一种非常重要的思想。做什么事情都要有个度,过犹不及。我们肚子饿了要吃东西,吃得恰如其分是合适的,吃得过饱了你要撑死了,所以掌握这个度是比较重要的。"和"这个概念就是一个非常重要的"度"的概念,跟"中"一样,"中"也是一个"度"的概念,所谓中庸实际上就是用中的意思。我们做什么事情都要掌握一个度。在人际关系上也是非常重要的,你的热情也是要有度的,过分的热情有时候就会变得虚假,这是一个非常重要的问题。所以荀子讲的"和"、"和一"、"群居和一"的"和"具有血气平和,也就是心平气和,有和敬、有和顺、有和亲,于是达到了一种和睦,然后又达到了和齐,又达到了和节,包含了这样一个丰富的内容。这样一个理想社会当然是没有问题的，这是一个最有序的社会。

他讲的“一”其实跟“和”也是有联系的。“一”主要包含两方面的含义。一个就是指社会上下的同心一致。从和的角度讲也可以是“和”的意思。如果你作一首诗，我也作一首诗来回答你叫做“和”。所以“和”里面也具有“唱和”的意思。这就是上下同心一致的意思。上面提出来一个主张，老百姓都拥护，就是同心一致，这就是“一”，也就是“和”的这方面的作用。同心一致使得大家一心一意了，这是一个意思。

另外“一”更深层的意思，是指在等级差异中间体现出来的一种原则。因为在荀子看来，没有绝对的平等。我们有的时候会想象，这个“一”是不是大家都一样？所有的平等都是在差异中间体现出来的。荀子在论述其“一”的思想的时候就引了《书经》里的一句话“维齐非齐”。就是说这个齐是在不齐的情况下才有的。应该说《书经》里提出这样的思想是非常深刻的，而荀子将它加以发挥了。也就是说要维持社会的和一的状态必须要确立这个社会的秩序。所谓的秩序就是差异了。有的人是领导，处在领导的岗位，有的人是在被领导的地位，如果各尽其职的话这个社会就会有序。一个社会必然是有分工的，如果取消了这些分工，什么事情都是大家都要去做的话，社会就会混乱了，不可能是非常协调的、非常整齐的。所以说这个思想是非常重要的一个思想。我们现代社会碰到的一个很大的问题就是失序的问题。旧的社会的秩序被破坏了，而新的秩序还没有完善起来，什么事情都没有一个分工合作。社会是非常复杂的，是需要各色人等的，不可能大家都做一样的工作，社会中各色人等都是不可缺的。从这意义上来讲，社会的工作没有贵贱高低之分。缺了清洁工行吗？缺了清洁工我们就生活在一个垃圾堆里面。

所以我也常常讲，现在我们有些单位总是要进最一流的人，如果你的单位都是一流的人，那什么事情也做不成。一个单位都是一流的人，都要干自己一流的事情，二流、三流的事情谁去干？没有人干能够运转起来吗？运转不起来了。所以“维齐非齐”的道理推广开来，我们如果不把它局限在所谓的封建社会的贵族、贫民、奴隶这样一些等级的差别去看的话，我想是非常有意义的事情。所以社会的分工是一个社会的进步，怎么样使社会的差异变成一个合理的差异，变成一个互敬、互爱、和睦相处的社会，这才是我们追求的目标，追求的理想。而不是取消这种差异，要让这种差异成为公平合理的互敬互爱的关系，这样的社会就是一个理想的、合理的社会。所以荀子的理想社会就是这样一个社会。

怎么样才能达到“和一”呢？荀子提出了“礼乐”的理论，特别是“礼”。一个社会要建立一种礼乐制度是非常重要的，也是非常必要的。中国历史上朝代更替频繁，有的朝代维持的时间长一些，有的时间短一些，有的好几百年，有的才几十年。不管朝代是长还是短，我们从历史书上看，每一个朝代刚建立起来以后首先要做的一件事情就是制礼作乐。第二件事情就是修前朝的历史。这两件事情看起来好像是学术方面、文化方面的事情，其实不是。它是非常现实的。修前代的历史就是总结前代的历史经验教训，它怎么兴起的，怎么灭亡的？为什么会灭亡的？我们看《书经》就会看到，周兴起以后非常注意总结夏是怎么兴起的又怎么灭亡的，殷商又是怎么兴起的怎么灭亡的，它总结了这两个朝代为什么会兴起，为什么会灭亡的经验教训就是，得到人民大众的拥护，加以国王的品德又好，国家就会兴起。怎么灭亡的呢？国王失了德，与老百姓离心离德，自己荒淫无道国家必然灭亡。为什么中国古代老是有“得天下首先要得民心”这种说法？因为民跟君的关系就和水跟舟的关系一样，水能载舟，也能覆舟。民为邦本，这是《书经》里总结出来的，就是老百姓是国家的根本。

统治者的品德也是非常关键的问题，品德不仅仅是个人的修养问题，而且体现在处理政治、对待老百姓的问题上面。所以周代一开始就提出来，天是不会随随便便保佑人的，“皇天无亲，唯德是辅”，看你有没有德行，有德行，得到老百姓的拥护，老天爷就保佑你。你得不到老百姓的拥护，老天爷也不会保佑你。作为一个统治者来讲，要“疾敬德”，疾是疾速的意思，赶快要敬德。《书经》中大部分内容是西周初年总结历史教训提出来的，以后形成了中国文化非常重要的积淀。

制礼作乐就是规范这个社会的各种各样的伦常关系、法律制度、教化手段的方法。只有建立起符合现实礼仪的制度，这个社会才会有序，才会能够很好地运转，才会发展，才会前进。礼乐制度的制定对于一个社会来讲可以说是一个基础性的工作。荀子是中国历史上第一个对礼乐的理论进行系统、全面地探讨的思想家。礼是一个实际的东西，用我们现在的话来讲，也可以说是各种规章制度。哪一级的官员，哪一级的人应该穿什么服饰，应该行什么样的礼等等。因为这是一种标志。在荀子之前大部分讨论的都是具体礼仪的规范，天子应该坐什么样的车，应该穿什么样的衣服，应该吃什么样的饭，大臣们见了天子应该行什么样的礼，老百姓在一起应该怎样来讲礼等等。

到了孔子的时代，他已经感到“礼崩乐坏”了。这个所谓的“礼崩乐坏”主要讲的还是当时各个等级之间的许多礼节的规定遭到了破坏。比如《论语》里提到“八佾舞于庭，是可忍孰不可忍。”八佾，八八六十四人的舞蹈的队伍，这是天子才可以享受的礼的待遇。季子怎么可以用这个东西，不是越轨了吗？所以孔子才会发出这样的感叹“是可忍孰不可忍”。当时他们都是讨论这些具体的问题，没有去分析为什么会产生这种礼仪，为什么要有这些礼仪，没有从理论上去探讨这些问题。荀子可以说是第一个来探讨这些问题的。而他的探讨应该说也有相当的一种深度。荀子是怎么来探讨礼的起源的呢？他说礼是起源于社会、人群对物质追求的需要，对于各色人等的物欲的追求要给他合理的分配，礼就是根据人们对物欲追求的分配的需要而产生的。荀子首先提出来“人生而有欲”，人生下来就有各种各样的欲望的追求。荀子非常肯定人的欲望追求的合理性。有这种追求，如果大家的追求都随它任意地发展，没有一个规定，大家都去争，就会发生争乱。如果发生争乱，社会的物质财富就会发生问题。用他的话来说就会穷了，穷就是困穷，困难了。社会财富就是这么一点，你争我夺，就会发生问题，甚至会发生战争。为了防止社会的争乱，防止社会财富的穷竭，要制定礼仪制度来规定每一个成员所应该得到的，这就是叫做“养人之欲”，使人的这种欲求能够得到适当的满足而又不过分。所以他把礼仪的起源叫做“养人之欲，给人之求”。养人们的欲求，目的是要使得他这些欲求不至于使得社会财富发生困乏，而又让社会财富不完全是随着人们的欲求任意地发展，使得人们的欲求和社会的物质财富能够互相很好地促进、增长。这就是荀子要制定礼的原因。

荀子比孔孟高明的地方就是他已经从人的生理的欲求的角度来探讨礼的起源，而不是纯粹从道德的观念上去探讨礼的起源。荀子认为礼的作用不仅仅是规定了一个社会的人与人之间的等级关系，而且是整个的社会经济发展的一个重要的方法，或者是一种制度。他认为社会经济要发展，就要“开源节流”。怎么样才能开源节流呢？荀子就认为需要靠礼治来维护。礼仪制度的规定实际上在某种程度上是根据社会整体的物质财富以及整个社会人们的需求来作出的,因此这样的规定不会超出社会财富所能够承受的能力。在这样的基础上,我们就可以使得物质财富的使用得到一种控制,这就是节流了。再进一步,我们在发展的基础上再来满足大家更大的欲望,还要开源。所以这两个方面都是跟礼治有很密切的关系。这里边也有很多规定我们现在看来可能是不合理的。比如说再有钱,也得遵守等级地位的规定,你不能享受这些东西,那你再有钱你也享受不了,你也不应该去享受。在我们现在看来这是不合理的。我没有权支配自己的财产?但是如果一个社会都这样的话,就成了一个社会问题了。所以在适当的范围之内,来规定每个人的消费这种情况还是有必要的。当然这个礼治的规定带有某种强制性,至少有社会舆论的监督。

另一方面,还要配合每一个人的自觉。荀子讲到礼治也不是脱离了每个人的自觉来讲礼治的。礼仪制度可以说主要是一种规章制度,和法相对讲还是不一样。法是更强制性的。礼在某种程度还要靠自觉来遵守。但是这种规章制度相对你自己内心的自觉性,又是一种外在的,这就构成中国儒家思想里边的法、礼、仁三者的关系。法相对于礼来讲更是外在的一种强制性的东西,礼相对来讲就要靠社会舆论的监督。道德是要人们自己的觉悟去维系它的,仁相对于礼来讲,更是每个人道德的一种自觉,自觉自愿地去遵守。而礼相对来讲又是一种外在的规定。所以仁、礼、法之中,礼处在中间,对于法来讲,它是内在的东西,对于仁来讲,它又是外在的规定。我们现在有很多东西也是靠自觉来维系。光有法也不行,光有规章制度也不行。我有一个朋友是瑞士的学者,是绿色环保主义者。有一次他到中国来,看到北京变化很大，因为以前他在北大学习过，好多年没有来了，来了一看北京真好。我说你多来几回嘛，有机会就来。他说："不行！不行！我一年只能坐一次飞机。"因为环保，飞机坐多了，环境就污染了。他完全是自觉地来保护环境，一年只坐一趟飞机，不多坐。在国内他尽量不坐汽车，骑自行车。这个你说规章制度怎么能规定得了？实际上这就是礼与仁的关系问题。

乐又是怎么起来的呢？荀子一方面非常注重礼，礼是分别规定这个人是属于什么样的地位，属于什么样的礼节，那个人是属于什么样的地位，什么样的礼节。当然这不是永远不变的，随着环境的变化可能原来是一个贵族也会变成贫民的。但是相对来讲是有这样的一个规定。这主要是区分人群的。乐正好相反，乐主要是用来和人群的，使得人群能够和睦相处。所以乐也是跟人的情感有关系的。荀子讲乐是人的情感里面所发生出来的一种东西。乐是"人情之所必不免也"，是人的情感中间不能没有的东西。人不能无乐，不能没有快乐。有了快乐会发自于声音，就会唱、会叫、会形于动静、会手舞足蹈。乐其实在中国历史上来讲是比较宽泛的，主要是音乐。因为中国人认为音乐入人心是非常之深的，它潜移默化的功能是非常之强大的。我们听到一首悲哀的歌曲心里就很难受，听到一首快乐的歌曲，就会手舞足蹈，听到一首非常庄严的乐曲就会肃然起敬，听到一首非常激昂的乐曲，就会非常有勇气。所以音乐是感人至深，音乐在移风易俗方面所起的作用是非常强大的。我们中国历史上不仅强调礼教，而且强调乐教，礼乐是并重的。礼是使人群中的每个人能够各自得到一个认识自己的恰当地位，而乐又使自己的情感得到一个合理的、正确的发泄。所以中国人非常重视这两个方面，实际都是在引导人们的欲望往正确方面发展。

荀子曾经在他的书里批判那种所谓的"寡欲"。他在书里有一段批判宋子,他说宋子认为人的情欲是很少的,寡欲,有五斗米足够了。他说这是不行的,他说人的欲望不应该仅仅是这样。人的欲望不仅仅是寡欲,人的欲望有种种追求,像他们这些提倡寡欲的人实际上是不懂得如何来引导人们的欲望,也不懂得怎么样来教导人们,怎么样来养自己的欲望。所以荀子提出来几个非常重要的概念,一个叫做"节欲",一个叫做"导欲",一个叫做"养欲",三个非常重要的概念。这三个重要的概念跟礼乐的思想是相配合的,相一致的。人不能放任自己的欲求,放任自己的欲求对于每个人的身心都是有害而无益。所以要认真地来思考对待自己的欲求,怎么样来引导它,"导欲"就是引导。"养欲",欲求是应该养的,适当的时候应该节欲。荀子并不否认人的欲求,他只是反对人纵欲,而是要求人来节欲,导欲,养欲。我想这个思想还是非常合理的。礼和乐配合起来,一个是分别人群,一个是和谐人群,这两个配合起来就有了一个非常好的、有序的、和谐的社会。荀子讲的礼与孔孟讲的礼有相同的地方,也有不同的地方。所谓相同的地方是都强调礼的这些规定是需要人自觉去维系它的,是一种道德的规范。但是不同的地方是,荀子不是单纯的、唯一的来强调礼治,它不完全是像孔子所讲的"导之以德,齐之以礼,有耻且格","导之以政,齐之以刑,民免而无耻",就是把法制这一面可以说基本否定,而只是强调德治。

荀子主张隆礼重法,礼乐和刑法并重。当然这个刑法跟礼乐是互相配合的。因为刑法无非也是用来规范人的种种欲求。我们现在所有的法归根结底可以说是人的欲求的一种体现。无非有的是直接的,有的是间接的。所以荀子认为应该在礼乐的总的原则下面制定刑法。这个思想可以说是中国2000年来的社会中实际执行的思想。在中国2000年来的社会中执行的既不是理想化的德治，也不是极端的法治，而是礼治和法治并用的。在汉代汉宣帝的时候，有些大臣建议汉宣帝说，现在社会已经太平了，安定了，我们应该纯用儒术，不要用那些法治了。汉宣帝说不行，汉家自有制度，霸王道杂治。所谓霸就是法，王道讲的是德。董仲舒在讲的时候也是这样，整个自然界是阴阳并用，少了阴，光有阳是不行的，少了阳，光有阴也是不行的。阴阳是互相依赖的。德就是阳，刑就是阴，这两个是不可或缺的。有的人误解，认为中国一直讲德治，实际上这是理想的东西，在现实中间是不存在的。中国历史上有关法律典章的著作很多，而且有的相当完善。只不过和现代的法有差异，没有分得那么细。所以也有的人讲，中国是有法，但是只有刑法，没有民法。实际上，中国的刑法和民法是混在一起的。如果细细地分析，其实每一条都规定得很清楚，一看就明白哪个是民法，哪个是刑法。我们对中国历史上的法制的内容研究得还很不够，法律条款其实相当丰富，相当多的。这也就涉及德治、法治的关系问题。中国历史上实际上都是德治、法治并用的，没有理想化的德治，没有绝对化的法治。但可能在某个时期偏重于德治，某个时期偏重于法治。因为中国历史上也有这样的话"乱世用重典"，在乱世就要加强刑法，"治世讲儒道"，天下太平的时候要多讲点儒道。轻重是有变化的。这里面还涉及了德治、法治还有人治的问题。荀子也探讨了这几方面的关系问题。他既肯定了礼的重要性，也强调不可缺少法，而同时他又认为人是关键。再好的礼乐制度，再好的法律制度，都需要人去执行的，没有人是不行的。所以他认为一个社会有了好的礼乐制度，有了好的法律制度，这个时候最需要的是懂得礼仪、法律的人，能够去执行礼仪、法度的人。这三者是相互关联的一个问题。

我们探讨了荀子倡导的这样一个理想的社会，这样理想的社会要靠礼乐的制度、法律的完备来维系的。荀子这种理想的社会对于我们现代社会有些什么样的意义呢？首先荀子的学说涉及一个社会基本的稳定和发展的问题。可以说和谐、有序是社会得以发展的必要条件，没有和谐、没有有序，社会就不可能发展。过去我们有一个错误的理解，好像不断地运动、不断地斗争、不断地变革，我们的社会就能发展。其实不是这样。从哲学上来讲，斗争和统一，运动和相对的稳定是一个互动的关系，而整个事物的发展要有一个相对稳定的环境。要是永远在跳的过程中间它可能永远在原地跳。要前进就要有相对稳定。社会的和谐，是社会发展的必要条件，这个就是有序。社会不能够没有序，序主要是指一种伦序，伦常之序。这种伦常，中国古代将它归结为三纲或五常。三纲是君臣、父子、夫妇，五常再加上兄弟、朋友。过去认为三纲五常是封建的那一套，其实我们如果仔细分析一下，应该说它是概括了人类社会的一些最基本的关系。这基本关系中有几种是属于家庭的，比如说父子、夫妇、兄弟，另外一种说法叫长幼，兄弟就只是家庭内部的，长幼就是社会的，朋友当然是社会的，君臣当然也是社会的。所以它实际上是概括了社会各方面的人际关系。这种人际关系是双向的，在历史发展过程中是有单向的，甚至是绝对化的。比如三纲，就只强调君是最主要的，“君要臣死，臣不得不死”，“父要子亡，子不得不亡”，这是绝对的。其实，在荀子这个时候到汉代初期，我们看《礼记》都是讲一个双向的关系，称之为所谓的十义。父慈子才能够孝，君仁臣才能讲义。所以不是单向的一种关系，都是一种双向的关系。所以刚才讲要和敬，上下的关系要互相敬重，才可以和谐。我站在一个居高临下的位置,你只能绝对地服从,这就不是互相敬重了。互相敬重才会有更好的互相配合,这个社会才能够很好的发展。我们现在有的时候失序、失范的现象也是相当严重的。所以我们如果了解了荀子的这样一些思想,对我们现代社会也还是很有意义的。

另外在《礼记》里面,也有很多值得我们今天来借鉴的,来发挥的。因为“礼”里面最重要的,无非是几方面:冠礼、婚礼、丧礼、祭礼、聘礼、乡礼。这些礼我们都可以赋予新的形式和内涵,而且也很必要。所谓冠礼就是成年礼,按照古代来讲,男20,女15,就是成年了。成年男子要他戴上帽子,女的要系一个发辫,叫及笄,标志成年,也就是说你成年了,就应该负起对家庭和社会的责任来。所以冠礼是非常有意义的一件事,过去行冠礼要给他一个字或者号,这是告诉他一个责任。其实我们今天也是很需要这个的。现在很多年轻人已经成年了,还没有对家庭、社会感觉到有一种责任。如果我们用这种冠礼、成年礼来告诉他,你从现在开始对家庭、社会都有责任了,就很有意义。这其实在日本、韩国这些所谓儒家思想的圈子里面一直在进行着。我们近五、六年来也开始在恢复这个冠礼。我们现在常常可以看到上海、北京的有些学校也举行这个冠礼,我觉得还是很有意义的。

婚礼也是这样。从古代来讲,婚礼是合两性之好,是人生的一个大的事件。从中国传统思想来讲,你现在承担起了延续血脉、延续家族、延续人类的这样一件事情了。你开始承担起这样的责任来了。比冠礼来讲你的家庭责任就更重大了,你的社会责任也就更重大了。所以像婚礼,不要光是摆一桌酒席,你要赋予它一些新的意义,我想这非常重要。

丧礼也是这样。古代人非常重视丧礼,溯宗追源嘛!人有生有死,死了以后好好地送走他,让我们对于自己的祖先有这样一种怀念，对活着的人是一个交代。荀子曰“故丧礼者无它焉”，丧礼没有其他的意思，“明死生之义”，丧礼是要你明白死生的道理，死生的含义，所以这是非常重要的。

同样祭礼也是这样的。祭礼，按照《礼记》上或者荀子所讲的，是“致以思慕之情”，就是寄托你对于先人的仰慕之情。所以我们现在祭黄帝陵、祭轩辕陵都是寄托我们对炎黄祖先的怀念之情，起着凝聚中华民族的作用。这些东西并不都是迷信的。

聘礼主要是讲对于人才的聘用，官吏的聘用。我们现在发一个聘书，可能有的连聘书也没有，任命一下，口头传达一下就完了。其实这个聘礼也是非常重要的。从这点我也想到，我们学校里面开学典礼、毕业典礼都是给人留下终身印象的事情。我们现在有的时候草草了事。北大有一次甚至发生这样的事情，我曾经也批判过。现在博士、硕士越来越多了。硕士毕业典礼，博士毕业典礼都要上台，校长要把礼帽上的这个穗子从这边弄到那边，表示授予他学位了。可是人太多了，校长就说：“大家自己把这个东西拿过来。”庄严性就没有了，你一个人干不过来，可以多找几个人吗！现在你让他自家拿过来，这算什么礼？所以这个礼是不可缺的！我们就可以想到礼的重要性。聘也是，聘是非常慎重的，行聘礼，告诉你，你的责任是什么，你的义务是什么，你的权利是什么，这样的话，我们的工作人员也不会随随便便对待自己的工作了。

乡社礼当然主要是乡里之间的关系，现在讲是社区的关系。社区的联谊现在是非常重要的。

所以在有关礼的方面我们可以有很多可以借鉴的东西。这些东西我们如果应用得好，我想我们的社会能够做到和谐、有序。而和谐、有序就是荀子的“群居和一”的理想社会。

好了,谢谢!我今天就讲到这里。

问:楼教授,你好!我想提两个问题。刚才你讲我们在史学方面有几个误解,我觉得挺有启发的。比如说法的问题,好多学术界认为我们中国历史上没有法,也没有法制。实际上我们中华法系是非常丰富的。现在法学界对这个也不重视,光研究大陆法系、英美法系,这是一个误解。还有不断斗争才进步,这也是个误解,我觉得是不是还有一个误解就是关于封建社会的问题。从秦以后我们实际上就不是封建社会了,就连马克思、恩格斯都说这是亚细亚生产方式,都不敢说我们是封建社会。我们自己给自己扣了这么一个帽子,是不是也是一个误解?这是一个问题。还有就是社会理想的问题,我们历史上好多种理想,社会理想的实践是不是有四次?一个是井田制,还有一个是王莽的新政,还有一个是王安石的变法,再有一个就是毛泽东的社会主义。这样讲是不是妥帖?

答:关于第一个问题中国2000年社会从秦以后是不是封建社会的问题,现在是史学界讨论的一个非常重要的问题。我想现在这个观念还不好统一,我也跟很多人交换过意见,有的人还是坚持说是封建社会。有人认为中国这种情况已经根本不是封建社会了,不是封建社会叫它什么?笼统的亚细亚生产方式也说不清楚。这确实是一个比较麻烦的问题,现在有的时候实际上也是延用一个习惯的说法,我并没有肯定一定就是封建社会。其实中国2000年变化也很大,有的时候是门阀士族当权,有的时候是中央集权,有的时候又是相对的地方自治,情况比较复杂。我想还是需要进一步讨论,我也不敢下一个结论。

第二个问题有几次变革,要看怎么样来理解变革?井田制我觉得始终是一个理想,现在也没有考古发掘证明古代有过一个井田制的时代。孟子有这样一个想法,后来宋代张载又有这样一个想法,好像都只是一种理想,没有一种实践。王莽是一个改革者,他是通过改制了再实行的。但是好像也是没有成功。王安石应该说也是一次改革,但是后来也不能说一下子就到了毛泽东了。因为这中间包括康有为的戊戌变法、孙中山的辛亥革命,应该说都还是一种变革,也是追求一种理想。而后面这几个呢,也可以说在某种程度上都是打着大同的思想。康有为就是大同世界,孙中山也是天下为公,大同的理想,天下大同,天下为公。毛泽东其实追求的也是一个大同的世界。所以这个大同思想其实是很悠久,也很深的,影响了中国的历史。但是它相对来讲,是脱离了现实的一个理想,我觉得我们新中国成立后很多问题的发生在某种程度上也跟这种理想主义有关系。如果我们能够像荀子那样正视现实,或者当时来讲,像刘少奇那样看到新民主主义还有一定的历史存在的阶段性的话,我想很多问题就会不是后来发生的那种情况。所以我觉得理想非常重要,但是理想和现实始终是有矛盾的。在现实中间应该怎么样来做?我觉得荀子给我们提供了一个比较好的、从现实出发的理想的模式。

问:楼教授,你好!我有两个比较具体的问题。一个就是荀子在对待学术的思想上好像是比较与时俱进的。因为我们都知道荀子《劝学》里面就讲:“青,取之于蓝而青于蓝;冰,水为之而寒于水。”但是好像荀子在治国、法治方面又比较守旧。他不太提倡斗争,不太提倡改革。他这个思想的冲突和矛盾是不是这样的?这是我的一个疑问。第二个就是荀子在人性上讲的是性恶论。就是“人者性恶,其善者伪也”,所以他是不是在治国,特别是礼和乐,对人的改造上讲得比较多，以道德这个方面来改造人，是不是这样的？

答：我想这两个问题提的也是对的。关于第一个问题我想荀子并不是那么保守的。他应该是非常开放的。比如他也曾经提到礼应该是什么，礼应该是“以顺人心为本”，礼要顺人心，人心变化了，社会变化了，你这个礼也应该变革。另外他提出了很重要的一条，就是不能割断历史，但是要不断地前进。他提出了一个原则，叫做：“循其旧法，择其善者而明用之。”这是《荀子》的《富国篇》还是《强国篇》里提到的，我记不太清楚了。“循其旧法，择其善者而明用之”，这句话是非常重要的，而且我也经常引用这句话，说明我们对待传统的文化的态度。我们不能割断历史，就是要循其旧法，但是我们又应该“择其善者而明用之”。这个“择其善者”有两个方面。一个要择善，还有一个要善择，择哪些东西？择善也不是什么东西拿来都是善的，还要有鉴别，要你能够择善。最重要的是还有一句“明用之”。明就是发明它，发明就是发挥，要做出新的解释。我想我们就应该这样，对待传统既不能割断，又应该“择其善者而明用之”。“择其善者”孔子《论语》中有很多地方讲到这个问题。一处是讲到：“三人行，必有我师焉。择其善者而从之。”另一处也讲到：“择其善者而用之。”可是荀子加了一个“明用之”，我觉得这非常重要。

第二个问题是性恶的问题。我们历史上经常讲的是孟子的性善，《三字经》也讲的是“人之初，性本善，性相近，习相远”。性恶和性善是从两个侧面、两个角度来讲的。荀子主要是从人的自然本性这方面来讲的，称之为“性者本始材朴也”，就是本来的一种状况。孟子侧重从人的道德理念上来讲。但是他也不是直接地说人的性本来就是善的。而是认为人性里面有可以为善的根据，叫做四端，恻隐之心，羞恶之心，恭敬之心，是非之心，就是四种心。这四种心如果给它发展出来就可以成为善性。所以他讲“乃若其情,则可以为善矣”,根据他的本来可以为善也,但是现在大部分人没有为善。所以孟子也强调要教育。《三字经》里也有这样的话“苟不教,性乃迁”,不教育的话,善心也会变的。他们两个是从不同的角度来讲的,所以后来也有很多人讲他们两个是“殊途同归”。一个是从性善出发强调教育,一个是从性恶出发强调教育。因为人性是人的自然本性,饿了就要吃,冷了就要穿衣服,累了就要休息。荀子讲现在有一个长者在这里,他也饿,你也饿,有了东西是你先吃掉还是先给长者吃呢?按照人的本性讲就是自己吃。可是有年长的人在你就得给他吃,这是怎么回事呢?这就是教育的结果。所以叫做“化性而起伪”。孟子讲人的本性是可以为善的,但是就像山上的草木一样人们不断地去砍,最后砍得光秃秃的,可以为善的心就没有了。所以要经过教育,让他把这种丧失的心找回来,所以孟子讲“为学之道无他,求其放心而已”。原来的善心都放掉了,这些给它收回来。所以很好地培育,很好地扩充。孟子强调扩充,要把人的四心扩充,四个心就四个善端,把它扩充起来,这才是善性。他们两个人讲的是从不同的角度,后来人把他们简单地对立起来,我认为是不对的,不应该简单地对立起来,应该看到他们是从不同的角度讲的,都是强调后天的教育对于人的重要性。

问:楼老师,您好!我想跟您请教关于春秋战国方面的一个问题。在那个时期,为什么会出现百家争鸣、士族奔走的状况?而且重要的是,同一时期在西方,希腊文明和罗马文明也出现了知识分子非常踊跃地参政议政、著书立说的繁荣局面。我的一位从法国留学回来的老师说:“西方学者将其称之为文化爆炸论。”不知道您对这个问题有什么见解?

答:这个问题现在讨论的也很多。过去西方学者也都有很多的讲法,称“群星时代”。群星时代,东西方都出现了重要的思想家,人类的一些智慧都在那个时候迸发出来了。这个问题分析起来我觉得是相当困难的,因为有很多事情的发展原因是相当复杂的。如果我讲了这个原因,可能你马上会提出另一个原因来反驳我。我讲了那个原因,你提出这个原因来反驳我。确实是非常复杂的。我们只能够非常笼统的,采取模糊的办法来讲这个问题。而且特别申明我只是从这个意义上来讲这个问题。这个时期为什么会这样,我可以从这样一些角度来分析,但是不一定完备。由于诸侯国的纷争,大家都需要用人,又没有时间严格地来控制思想。所以这个人就产生出来了,行吗?可能这是一个原因,但是不能说绝对就是这个原因。因为我可以马上举出历史上很多的例子来,南北朝时期战乱纷争,过去我们认为战乱纷争对文化、对经济是破坏,实际上恰恰相反。南北朝时期可以说是出了大批的思想家、文学家、艺术家。而且南北朝时期是中国古代文化中间的一个转折点。我们很多文学艺术上的自觉都是从南北朝时期开始转折的。战乱时期,南北互相争斗,谁也控制不了谁,谁也顾及不了谁,听起来似乎很有道理的,但是可能不一定是真正的原因,也可能只是一个表面的原因。比如我们去看大同的云冈石窟,那里的佛像都是非常狰狞的,非常厉害的形象,有的人说这就是因为当时的战乱造成的。到了唐代,生活非常富裕了,非常繁荣了,所以雕塑出来的佛像都是胖乎乎的,非常漂亮。这道理对不对呢?听起来是很有道理的。社会的存在决定了这样一个东西。可是又忘掉了一件事情,就是北魏时期的许多石头雕像当时是刚刚从印度传来的,所以人的面貌很像印度人,它跟唐代拿中国人来做模特是不一样的。这也是一个道理,所以很难讲。我不好正面回答你这个问题,我也分析不清楚。所以历史常常是对已经存在的现实做一个判断。很难完全把它的原因说得很清楚。有的时候可能因为说得很清楚反而对这个现象看不到它的重要的意义。

杨抗美整理

金冲及

振兴中华的伟大先驱——孙中山

1930年生。曾任复旦大学教务部副主任、教学科学部副主任，文物出版社总编辑，中共中央文献研究室常务副主任，第七、八、九届全国政协委员，中国史学会会长，日本京都大学客座教授。现任全国哲学社会科学规划领导小组成员，中共中央文献研究室研究员，北京大学、复旦大学兼职教授（博士生导师），孙中山研究会会长。

主要著作有：《二十世纪中国的崛起》、《五十年变迁》、《辛亥革命的前前后后》、《转折年代——中国的1947年》、《辛亥革命史稿》（四卷本，合著）等。

主编有：《毛泽东传（1893—1949）》、《周恩来传》、《刘少奇传》、《朱德传》、《毛泽东传（1949—1976）》（合编）等。

85年前的今天,孙中山先生在北京逝世。今天大家冒着寒风到这来,我想意义主要还不是听一个讲座,而是我们大家一起来怀念这位世纪伟人。恐怕在中国共产党成立以前,还没有哪一个人像孙中山那样受到我们中国人的普遍尊敬。大家都知道每一年国庆的时候,在天安门广场只有两个人的画像:一个是天安门城楼上面毛泽东的画像;一个是在他的对面竖立着的孙中山画像。在中国共产党的第十五次全国代表大会上,江泽民同志代表中央委员会所做的报告里说了这样一句话:"一个世纪以来,中国人民在前进道路上经历了三次历史性的巨大变化,产生了三位站在时代前列的伟大人物:孙中山、毛泽东、邓小平。"把孙中山和毛泽东、邓小平相提并论。20世纪的中国能够称为世纪伟人的是这三位。而且这个提法得到了大家的普遍认同。今天我想讲四个问题:第一,一种新的社会力量走上了中国的历史舞台;第二,首先喊出来"振兴中华"的口号;第三,孙中山对中国现代化的构想;第四,伟大的中国民主革命的先行者。

一、一种新的社会力量登上了中国的历史舞台

孙中山一生革命活动的开始,不仅仅是一个个人的现象,而且标志着一种新的社会力量已经走上了中国的历史舞台了。孙中山出生在一个从贫苦农民向华侨资产阶级转化的家庭里。12岁(这里是按他的实足年龄来计算的。对孙中

山先生哪一年出国到檀香山有三种讲法:12 岁、13 岁、14 岁。12 岁是他的实足年龄;14 岁是中国过去的算法“虚年龄”,虚年龄和实足年龄通常讲起来只相差一年,但因为他是在 11 月 12 日出生的,所以出生以后只过了一个多月就算增加一岁了,这样实际相差两年)开始在海外受了十来年的西方的近代教育,这是一种新型的知识分子,这样一种知识分子在中国过去社会里还没有。当然少数的人,如大家知道的最早的留学生容闳,以后他又带着一批学生到美国去留学。但是因为那时候整个社会完全在封建社会的环境里,回来的学生绝大部分,除了詹天佑做了著名的铁路工程师以外,其他人后来几乎都变成封建的官僚了。比如袁世凯时的第一任内阁总理唐绍仪是那批留美的学生,后来跟其他封建官僚并没有太大的差别。孙中山确实是一个完全新型的知识分子,所以他可以代表一种新的社会力量。

简单介绍一下孙中山的个人情况。孙中山于 1866 年,也就是太平天国失败两年后的 11 月 12 日出生在广东香山(今中山市)翠亨村。翠亨村这个地方,离香山县的县城和离澳门的距离差不多,都相差 30 公里左右。而且它的附近有一个海港叫金星港,直接通向海外。翠亨村土地很贫瘠,背后就是山,所以很多生活不下去的老百姓,或者到澳门,或者出洋。孙中山的家庭原来很贫苦的,他父亲是个农民,早年到澳门做过鞋匠,做过裁缝。后来回到家里除耕那么一点地以外,还做了更夫。更夫现在大家不熟悉了,过去三更天、四更天、五更天要敲更。孙中山有两个叔叔,这两个叔叔当时因为生活困难到美国去了。当时美国加利福尼亚州发现了金矿,西部大开发,很多人去发掘,金矿需要大批的矿工,当时中国人到美国去做矿工的很多。他两个叔叔都是在那个时候去的。就在孙中山出生的前一年和后一年,两个叔叔都死了。一个根本没有到达加利福尼亚州，在上海附近的海面就死了；另外一个是死在加州。大家知道，加州的圣弗朗西斯科，人们管它叫“旧金山”，到那里的很多人都是去做金矿工人。孙中山的哥哥孙眉比他大12岁，以前是在地里帮人家做长工，我们今天称“雇农”，后来在15岁的时候到了夏威夷群岛，也是做工，在人家农牧场里做工。他的哥哥很有办法，后来慢慢有了点积蓄，就在夏威夷的茂宜岛自己经营农场和牧场，后来用的工人差不多有上千人，所以他的家庭经济就发生了变化。所以说，他是一个从贫苦的农民向华侨资产阶级转化的家庭。

孙中山本人从6岁就参加农业劳动了，10岁开始进私塾念书。他进私塾比较晚，主要是因为家里比较穷。但他开始念书前对于中国的旧学也有一点根底。12岁时，他陪着妈妈到他哥哥那去，到了夏威夷群岛，在那里上了学。他那时上学也不容易，因为他本来一句英语对都不懂的，就那样学。等到他毕业的时候，得到的是第二名。当时夏威夷还没有成为美国的一部分，还有国王，由国王亲自发奖。以后回国在广州、香港都念过书，到20岁的时候就到香港的西医书院（现在香港大学医学院的前身）读书。那时西医书院刚刚开办，孙中山是那里的第一届学生。那个学校要求非常严格，进去的时候招了14个学生，但到毕业考试的时候只有4个人能够参加毕业考试，而通过毕业考试的只有两个人，孙中山得了第一名。他的毕业典礼，香港的总督也出席了。当时学校授予孙中山医学学士学位以及行医执照。也可以说，孙中山是中国第一个经过系统教育培养出来的西医，而且成绩是很优异的。毕业后在澳门行医，以后又到了广州行医。因为他内科、外科，甚至产科都能看，所以在广州是很有名的医生。跟上流社会接触，名声很大。像这样的知识分子还不是一个新型的知识分子吗？而且如果拿他本身的条件来讲，他的生活很优裕，那个时候西医不像今天这样多，就他那么一个拿到了香港的行医执照的医生。但也正因为这样，在他的经历中间，第一，是他长期在海外学习，所以当他回国的时候，本来从小出生在一个穷苦家庭，对社会上很多的不平，对官府的黑暗，一直都非常厌恶，在海外又生活了十来年，有一个对比，感觉就更强烈。觉得中国这个社会按原来那个样子发展下去是不行的，社会需要根本改造。第二，那个时候的中国是处在西方列强的压迫之下，孙中山常常讲他的革命的观念就是在中法战争的时候形成的，那年他刚好又一次从夏威夷回来，准备到香港去。中法战争失败，签订和约的消息传来，对他是一个非常大的刺激，以后他这种思想是越来越强烈，感觉到我们国家今天怎么落到了那么一个地步。所以兴中会成立的时候，他说就像一座大厦快要倾塌了，有志者应该赶快来挽救我们这个国家。他有那么远的眼光，有那么高的境界。人们也许会感到奇怪，像他那么一个有名的医生，社会地位、生活都很好，为什么他要革命呢？原因就在于他本身代表了我们国家里面出现的一种新的社会力量，他对这些问题有着特别敏锐的感受。

但是，最早起来革命的时候，就是 1894 年成立兴中会的时候，当时像他这样的新的社会力量在国内还非常少。大家知道，中国的士大夫历来只读圣贤之书，他们唯一的出路就是参加科举，所谓“学而优则仕”。小说里面也老讲，什么“私订终身后花园，落难公子中状元”，讲的都是这类故事。一个人只要经过科举成功，社会地位就不一样了，过去士大夫走的都是那么一条路。在鸦片战争以后那么多年，已经经历了半个多世纪，但绝大多数知识分子仍认为他们的出路只有那样：整日读圣贤书，应科举。即使了解一点西方的人，一般也认为西方的这些东西让同文馆那些人做做还差不多。同文馆的人无非就是学一点洋文,能够做点翻译,做点技工,在士大夫眼中是被看不起的。所以当时一般的知识分子还是处在这么个状况。所以1895年孙中山领导广州起义的时候,他能够联络的,除了极少数几位同学以外,主要是会党。这个会党严格讲起来是有点像黑社会性质那样的团体,当然这种团体因历史条件不同也有些差别。因为那个时候多数农民老老实实地农民在家里种地,破产的农民流落到城市里来,或者流落到沿江沿海的码头,他们靠什么?中国有句老话,叫"在家靠父母,出门靠朋友"。会党最初就是那些脱离了土地的农民组成的一种互助性组织。但这个会党后来有一部分被流氓无产者、甚至地主恶霸所控制。但除了他们以外,孙中山找不到多少肯听他话来造反的人。而后来,在甲午战争以后,情况发生了变化:在国外的留学生,特别是日本留学生增加的速度非常快。在那么严重的民族危机的刺激下,很多人在想:中国为什么失败了呢?日本为什么能够兴起呢?很多人想从日本学到一点富国强兵的本事,所以很多人到日本留学。这种留学生在甲午战争前一个都没有。第一次1896年有十几个人,到1900年的时候还不到100人,但是以后增加得非常快,到1905年、1906年这两年是高峰,这个数字没有一个准确的统计,说得比较低一点的是8000人,说得高一点的是2万人,可能前一个比较准确,那也是相当大数量的一批留学生群。这些留学生接近于孙中山那样的新式的知识分子,他们和旧式的士大夫比有很明显的不同。

第一,这些人比较有世界的眼光,至少能够有一点世界的知识。中国共产党"一大"的代表,后来做过武汉大学校长的李达就讲,他是1905年进新式学堂读书的,他以前只知道有洋鬼子,进了新式学堂后才知道还有英国、法国、德国、意大利等等那么多国家。梁启超在戊戌变法的时候说，在北京他找到一张世界地图拿出来挂，来看的人非常多，才知道这个世界上原来还有那么多国家。当然并不是说这就是中国最早的世界地图了，国家图书馆就收藏有更早的世界地图，但一般人不知道。所以这些新式的知识分子掌握了更多的世界知识，因此对中国所面对的民族危机感受就更加强烈。

第二，这些人在国外接受了新的教育之后，多少知道了一些近代的西方资产阶级写的哲学、社会科学的理论，在观察世界、观察中国问题的时候就有了一个新的目标，新的尺度，觉得原来那样不行了，是要改变当前的状况。

第三，这些人的数量还不多，所以往往很自负，有很高的历史责任感。那时在很多留学生的文章和日记里面常常讲到，同学之间见面常说，“试看将来铜像巍巍，以尔为吾”，意思是说，立在那里巍巍的铜像是你还是我。

随着日本留学生的增加和国内新式学堂的开办，这种新式知识分子越来越多，成了一个重要的社会阶层。这就使孙中山的革命活动有了比原来强大得多的社会基础。前面说，孙中山革命活动的开始，标志着一种新的社会力量登上了中国的政治舞台，但当时这种社会力量还很小，所以孙中山在最初实际上相当的孤立，被看做异类。一般人听说孙中山要造反，把他看做江洋大盗。大家知道国民党有一个元老叫吴稚晖，他说我第一次听说孙中山时，想他一定是红眉毛、绿眼睛那样的江洋大盗。另外也有些人以为他是洋鬼子。孙中山第一次在欧洲见到几个留学生，帮助他们写参加同盟会的誓词的时候，那些留学生很惊奇，说本来以为你不会写中国字。他跟中国原来那些士大夫的距离确实相当大。所以在1898 年戊戌变法的时候，中国的士大夫，中国的知识分子一般最能接受的，不是孙中山那一套，倒是康有为他们那些忠君爱国的言论，既要爱国，又要忠君。这也说明，这种新的社会力量在中国力量还很小。但到同盟会成立的时候，光日本留学生就到了 8000 人或者 2 万人，这种社会基础迅速扩大，能够支持他、跟着他走的人已经很多了。所以孙中山说，到这个时候，我才觉得革命可以在我这辈子的时候得到成功。从这里面可以看得很清楚，辛亥革命所以能起来，很重要的一条是有了那么一大批受过近代教育的新式知识分子。毛主席讲过，"他们在现阶段的中国革命中常常起着先锋的和桥梁的作用"，这不仅仅指过去的革命，也包括以后，他说"在中国的民主革命运动中，知识分子是首先觉悟的成分，辛亥革命和五四运动都明显地表现了这一点"。所以我们讲，孙中山的革命活动不能只是看作孤立的个人的活动。他实际上反映出在中国近代社会转型过程中一个新的社会群体、一种新的社会力量出现，登上历史舞台了，所以有了以后的那么一系列的举动。

当然，这里面有两个问题也要顺便回答一下：一个是常常有的人提出来，是不是辛亥革命可以说是知识分子领导的，而不应该说是资产阶级的革命？我想这样讲话可能是有一点误解。刚才引了毛主席的话，知识分子往往是首先觉悟的，它是可以起着先锋和桥梁的作用。但是知识分子本身建立一个什么样的社会？是不是要建立一个全知识分子的社会？当然不是这样。社会的发展，从封建社会到资本主义社会到社会主义社会，知识分子往往在这样一个演变的过程中站在前面，所谓辛亥革命是资产阶级民主革命，不是从它的领导成员的成分来讲的，而是指这个革命最后最有利于哪个阶级的利益，最有利于哪一种社会的形成。共产党最早的那批人还不都是知识分子，而且这些知识分子大部分也并不是工人出身的，把他们称为无产阶级先锋队仅仅因为他们的主张最有利于将来能够实现无产阶级的最长远的理想,代表着无产阶级的根本利益。而且,共产党领导的革命,最初阶段还是反帝反封建的资产阶级民主革命,以后再发展到社会主义革命。

顺便说一下,我们跟台湾的学者以往在讲到辛亥革命时常常产生的一个争论。大陆学者说辛亥革命是一场资产阶级民主革命;而台湾的学者说它是全民革命。当然我们说的台湾学者是指国民党方面的学者,至于现在民进党说孙中山是外国人,那是另外一回事。有一次我到台湾去的时候,碰到一位"中央研究院"的院士,台湾近代史方面唯一的一个院士——张玉法教授,他就常常因为这个问题与我发生争论。我就问他,你们讲全民革命,既然是"全民"都起来革命,那它是革谁的命啊?张玉法教授说,我们讲的全民革命的意思不是那个意思,只是指它最后是代表了全民的利益。我说我们讲的资产阶级革命也是那样,并不是说靠资产阶级起来革命,而是指这场革命最后最有利于资产阶级的利益,没有越出资产阶级利益所许可的范围,最有利于资本主义的发展,当然这么做的人自己未必意识到这一点,这样讲在当时来说是符合中国历史发展要求的。我们讲资产阶级革命没有任何贬义。我说:不光对辛亥革命这样说,就是共产党成立以后,我们所进行的革命,仍然是资产阶级民主革命。他说共产党也能那么讲吗?我说你看看共产党"六大"的决议,中国共产党"六大"的决议里就讲:中国目前的革命仍然是资产阶级民主革命,因为它要解决的问题是推翻帝国主义、封建主义,它并不是要消灭资本主义。所以我们老在那些名词上争论没有太大的意义,最近我们常讲"中国近代民族民主革命",我想大家都能接受,他说这样讲我们可以停止争论。

我刚才说,孙中山代表了一种社会力量,这样是不是说孙中山无非是他们中间的一个、有他跟没有他无足轻重？恐怕也不能那么说。随着历史的发展，即使最后没有孙中山，过了多少年还是会出现一个像孙中山那样的人物。但是当时来说，即使马克思主义者也从来没有否认过个人在历史上的作用。因为那个时候，1904 年后，尽管出现了不少主张近代民族民主革命或者资产阶级革命的各种革命团体，但主张都差不多。这里面比较重要的像“兴中会”，基本上是广东人，95%恐怕是广东人；“华兴会”基本上是两湖人，湖北、湖南人；“光复会”基本上是浙江人，特别是绍兴人，蔡元培、章太炎、徐锡麟、秋瑾都是绍兴人；“岳王会”，大家不大讲到它，实际上“岳王会”也是当时一个很重要的革命团体，最早的负责人是陈独秀，那是在安徽、南京这一带。各个团体统一不起来，孙中山后来就说服大家要联合起来，要成立一个“同盟会”。他讲，你看中国历史上的革命，往往推倒旧的政府时间很短，但是要建立一个新的政府的时候常常要经过很长时间的内战。大家只要想一下，秦朝末年推翻秦朝的战争很快，但是刘邦、项羽之间的楚汉相争远比这打得厉害得多。比如隋朝末年推倒隋炀帝、后来把整个隋朝推翻也很快，但是唐朝后来要把王世充、窦建德等一个一个平定下来，时间花得很长。明朝推翻元朝快，但朱元璋把陈友谅、张士诚等这些力量收拾掉花了很长时间。他说，我们中国假定有很多政党、团体这里起来那里起来，起来以后常常不能统一，所以他就主张要有一个“同盟会”，我们把所有的力量都团结起来。但大家都知道，要把各种反对派的力量都团结起来的话，有没有一个让大家都信服的人出来做领袖，成为一面旗帜，十分重要。他往往有着举足轻重的作用，这一点历来都如此。当时日本的留学生有新的知识，但用现在的话讲，也都是相当狂妄的，一个一个都把自己看成了不得的人物，刚才不是说了吗,“试看将来铜像巍巍,以尔为吾”。孙中山正是这时从欧洲到日本的,一下就把大家都震慑住了。为什么呢?原因有以下几条:第一,他是最早起来革命的,1895 年领导了广州起义。很多人想,我们那时还在怎么样的时候,他已经在革命了。后来他到英国,在伦敦蒙难,这件事情更是产生了世界性的影响,说中国有个革命党的领袖叫孙文,被公使馆给抓起来了。当把他释放的时候,很多人都知道有那么一个人。这不能不使许多人服他。第二,不少人认为自己是日本留学生,自己是了不得。但跟孙中山比呢,那些留学生大部分是速成生,速成学校的,速成师范学堂的人最多,出国的时间也不长,没有到过多少地方。而孙中山已经绕着地球走了几圈了。我看过一篇文章,还是有道理的:孙中山以前中国的先进分子是用中国的眼光看世界,而到孙中山以后,他们是以世界的眼光来看中国的。所以他为什么革命那么坚决?他认为民族主义也好,民权主义也好,民生主义也好,这都是世界的潮流。不管你长江黄河有时向北走向南走,最后一定向东的。他对革命的坚定不移的信念跟这有关系。所以那些日本留学生也好,其他留学生也好,在这一点上对他不得不服。第三,孙中山本人的作风。毛主席在《纪念孙中山》里讲,我听过他的演讲,觉得他有一种宏大的气魄。孙中山对人非常谦虚。我这里顺便说个小例子:他在南京做临时大总统的时候,吴稚晖(国民党的元老,年纪比孙中山还大)到总统府里去看孙中山,孙中山和胡汉民俩人住一个房间,也是办公室,也是他的卧室。因为吴稚晖年龄大一点,孙中山就叫他一个人睡在一个房间里。吴说那天我刚迷迷糊糊要睡着了,看到一个人轻轻地走进来,在他床底下放了一个东西。他一看是孙中山给他放了一个便壶。他当时很感动,当时孙中山是临时大总统啊!大家知道,扬州有个盐商去看他,一看到他就跪下来,孙中山把他扶起来,盐商说大总统就是皇帝呀!孙中山说我们大总统是人民的公仆。我们现在老讲人民公仆,从看到的材料可能孙中山是最早讲"人民公众的仆人"的。对老一点的人关照工作人员送一个便壶去,我看就算满关心人的了,他却自己送,而且轻轻地进去。这一点,我最初还感触不深,觉得当了民国的总统,当然不是皇帝了,好像没有什么。但到南京一走进总统府,有一个感觉,原来是两江总督的衙门,后来太平天国洪秀全进去就是天王府,你说洪秀全他不也是个农民吗?他一进天王府,就像做皇帝那样,三宫六妃都有了。比一比,就可以知道:孙中山真是平民总统,这一点他确实是当之无愧。方方面面也能够服众,所以孙中山一到日本,所有的革命势力都认为有了一个共同的能够服众的领袖,都团结在他的旗帜之下,尽管小的矛盾有一些。这对加速中国革命的进行、实现第一次历史巨变,有着很大的促进作用。

二、首先喊出"振兴中华"的口号

中国共产党的"十五大"报告里讲了,孙中山首先喊出"振兴中华"的口号,开创了完全意义上的近代民族民主革命。这就将孙中山的历史地位,以及我们今天所进行的事业同孙中山的关系说得非常清楚。在孙中山生活的那个时代,为什么他要第一个喊出"振兴中华"这个口号?这个口号是1894年他在夏威夷兴中会成立的宣言里面提出来的。我记得改革开放初的70年代后期,我们也讲振兴中华,曾经有朋友来找我问,说"振兴中华"这个口号是谁提出来的?当时还是个问题,因为大家不知道。我给他查了一下,我就说我看"振兴中华"是孙中山提出来的,是在1894年。那么他为什么提出这个口号？这是因为当时对我们中国人来说，我们面对的最主要矛盾是帝国主义的侵略压迫和我们中华民族的矛盾。这是一切矛盾中最主要的矛盾。从1840年鸦片战争算起，中国就一步一步变成一个半殖民地半封建国家。这种状况到了1894年至1895年的中日战争（甲午战争）以后，更加急剧地恶化了，民族危机急剧地深化了。当时签订的《马关条约》，把台湾割给日本，赔款二万万两银子，不光是台湾，还有澎湖列岛、辽东半岛割给日本，允许日本在中国的通商口岸自由地开设工厂。以后把辽东半岛收回来了，但又增加了三千万两银子，就是二万万三千万两银子。当时中国政府每年的财政收入是八千万两银子，我们这么一个大国每年的财政收入是八千万两。当时要赔日本二万万三千万两，等于中国三年财政收入的总数。而日本得到了这笔赔款以后，许多重工业都是用这笔钱建设起来。为什么它在几年后能够打败俄国？它的重工业有了较大发展，这是一笔很重要的起家的本钱。这件事对中国人的刺激太大了。大家知道吴玉章同志，曾任中国人民大学的校长，他也是中国同盟会刚成立时的会员，他说他在四川听到甲午战争失败的消息以后，他跟他的大哥哥两个人都痛哭不已。他在回忆录里讲："真是空前未有的亡国条约，它使全中国都为之震动。从前，我国还只是被西方的大国打败过，现在竟被东方的小国打败了，而且失败得那么惨，条约又订的那么苛刻，这是多么大的耻辱啊。"甲午战争后两年多，德国强占我们的胶州湾，英国强占威海卫和九龙的新界，法国强占了广州湾（今天的湛江）；沙俄强占旅顺大连，作为他们的租借地。而且各国在中国划分势力范围，外国的报纸都讲准备怎么瓜分中国。在这种情况下，逼出了义和团这样的反抗运动。接下来又是八国联军。八国联军也是非同小可，在世界历史上，英国、美国、法国、德国、奥匈帝国、沙俄、日本、意大利，可以说几乎世界上所有的帝国主义大国联合起来向一个弱国来进攻，这在世界历史上没有先例。八国联军签订的条约，是《辛丑条约》，赔款四万万五千万两银子，而且允许外国在中国驻军。这一连串的事件使每一个中国人，每一个有点爱国心的中国人怎么不感到痛心呢！所以孙中山在这个时候喊出要“振兴中华”这个口号，确实是喊出了几万万有爱国心的中国人共同的心声。

孙中山还有一点相当了不起。在半殖民地半封建社会，在不少中国人心中造成的巨大的精神枷锁是什么？是一种民族自卑感。外国人把我们看做是劣等民族，许多中国人自己也认为处处不如人，什么都是外国好。但是孙中山他不是这样。他就在那么一种情况下，自豪地说我们有幸生活在中国这么一个国土上，世界上有多少人想有这么一个舞台展示自己都做不到，外国没有什么了不得，中国一旦能够强盛起来以后，不光对中国人是幸福，而且会给世界带来变化。他一直是这么一种气概。他主张“迎头赶上”。比如说制度方面，他主张民主共和国。我们现在觉得共和国有什么稀奇呀，世界上民主共和国不少，但在他这样主张的时候，西方国家中实行民主共和国的只有法国和美国两个国家。英国到今天还有女王；德国那时是威廉一世、威廉二世在位；意大利是爱麦虞埃；奥地利是哈布斯堡王朝；俄罗斯是沙皇；日本是天皇；甚至芬兰、荷兰、比利时都是国王制度。孙中山在这么一个状况下提出来我们要迎头赶上，我们要学就学最新最好的东西。他说，比如火车，从最原始最老式的一年一年下来，发展到今天，有了新式的火车。我们中国要搞交通怎么办呢，我们是不是也要先从最初的火车学起，一步一步来学？我们当然一下就要把最新的火车拿来用。孙中山这一点真是很了不得的。他主张我们中国不能够跟在人家背后爬行。他说,我们革命已经准备流血牺牲,既然做了流血牺牲的准备,为什么我们不一下子采用最好的办法,不用民主共和制?所以这是孙中山很了不得的地方。

怎么才能振兴中华?光靠热情,光靠决心是不够的,一定要能够对中国的现状做出正确的分析。能够指出一个比较明确的新的方向。当时中国社会面对的问题是千头万绪,在这千头万绪的问题里,最主要的是要解决什么问题?就是民族独立、民主、工业化和社会公平。而孙中山当时提出他的主张,是民族、民权、民生,称为"三民主义"。民族是要民族独立;民权是要民主;民生就是要工业化和社会的公平。这就是说在千头万绪的事情中提纲挈领地把几个最根本的问题给提出来了,而且说这些都要通过革命的手段来实现。孙中山这些思想影响了不止一代的中国人。在一次国际学术讨论会上,也有人讨论这个问题:孙中山算不算一个思想家?当然说作为思想家孙中山也有他的弱点,他不像有些人那样,做到概念的明确性、逻辑推理的严密性,但是他能够提纲挈领地提出这样一个思想,影响了几代中国人,你能说他不是一个思想家吗?辛亥革命和它以前的许多思想家在个别问题上也许比孙中山讲得更深刻,但总体上,像他那么提出问题的还没有人能够代替他,或者超过他。尽管他提出了问题,但他未必找到了解决问题的正确的办法。但他提出了问题,就在人民面前树立了一个目标,一个新的目标。人们感觉到应该沿着这条路走,以后又觉得他还不够,继续往前走,推动了中国社会一步一步进步。历史就是这样前进的。

到孙中山的晚年,国民党"一大"前后,他对三民主义又做了新的解释。他讲,国民党的民族主义是有两方面的意义:一是中国的民族自求解放,在国内,对世界来讲,我们要实现中华民族的民族解放;二是中国境内各民族一律平等。我们现在一直讲既反对大汉族主义,又反对狭隘的民族主义,各民族一律平等。这里我再附带讲两句关于民族主义的问题。对民族主义要采取分析的态度。有多种多样的民族主义。对狭隘民族主义,就是把自己本民族的利益看得高于一切,对其他民族是排他性的,甚至是用牺牲其他民族的利益的办法来满足本民族的利益,这种民族主义是反动的。但是,要争取自身民族的解放,同时对世界其他的民族采取平等的态度,这种民族主义是民族解放运动,是进步的。这个要有分析的态度。中国共产党过去很多文件里面,一直到解放战争初期,我们都用过"民族主义"一词,但现在我们不用了,什么原因呢?变化发生在什么时候?因为1948年前苏联批判了南斯拉夫的民族主义,刘少奇同志当时写了一篇"国际主义与民族主义"的文章。在斯大林看来,民族主义是跟资本主义联系在一起的。刘少奇同志这篇文章当时影响很大。以后我们就不讲了,我们只讲爱国主义,不讲民族主义。但事实上,我们要反对狭隘的民族主义,不要笼统地认为民族主义就是不对的。也许有人不赞成这个看法,我想这恐怕是历史的态度。对民权主义,孙中山说,过去往往是为资产阶级所专有,使它成为压迫平民的工具;我们提倡的民权主义,是为一般平民所共有,不是少数人所能私有的。而他的民生主义,最重要的原则是两条:一条是平均地权,一条是节制资本。对平均地权,他后来又提出"耕者有其田"的主张。所以毛泽东曾经讲过,孙中山对三民主义的新的解释,跟共产党在中国民主革命阶段的政纲基本上是相同的。当然也有不同的地方,《新民主主义论》里也讲了四点不同,大家可以去看。

另外顺便可以讲一下,孙中山还实行了"联俄、联共、扶助农工”的三大政策。联俄就是和苏联联合；联共就是和共产党联合；扶助农工就是把工人农民的运动发动起来。现在台湾有的学者，说孙中山从来没有讲过“联俄、联共、扶助农工”的三大政策。要查孙中山的言论，孙中山确实没有讲过这句话，所以我们如果笼统讲孙中山提出了三大政策，这样讲有毛病。但反过来我们也问他，你承认不承认孙中山实际实行了联俄、联共、扶助农工的政策？台湾的学者也承认，实际上他是那么做的。有的人认为孙中山的联俄、联共、扶助农工是一种权宜之计，一种临时的办法。那我们就要想想孙中山的遗嘱里边说：“余致力国民革命，凡四十年，其目的在求中国之自由平等。积四十年之经验，深知欲达到此目的，必须唤起民众，及联合世界上平等待我之民族共同奋斗。”他说积四十年的经验，知道要实现他的革命的目的，必须靠两条：一条要“唤起民众”。你要唤起民众，当然要扶助农工，那是民众的最大多数。再一个是联共。国民党最缺少的人才，就是做群众工作的人才，他不跟共产党合作不能解决这个问题。“联合世界上以平等待我之民族共同奋斗”，当时孙中山吃了英、美、日本等国不少亏，最后他看到只有列宁的苏俄能够帮助他，所以他联俄也是实际情况。他临终的遗嘱里面讲深知达到此目的最重要是靠两条，也说明他不是权宜之计。所以党的“十五大”报告里说的孙中山首先喊出了“振兴中华”的口号，开创了完全意义上的近代民族民主革命，这就把孙中山在中国近代的历史地位说清楚了。

三、对中国现代化的构想

振兴中华，实现中国的现代化，可以说是孙中山梦寐以求的奋斗目标。孙中山曾经跟胡汉民讲过一句话，“建设是革命的唯一目的，如不存心建设，即不必破坏，更不必言革命”。革命是为了建设，假定你没有想建设，就不必破坏，更不要说革命了。所以他心目中希望实现的是一个现代化的中国。对于中国怎么实现现代化，他有一个比较全盘的设想。尽管里面也有空想的成分，但是确实是有很多合理的因素。我们现在特别可以说的有这么几点：

第一，孙中山把发展生产力放在国家工作里极其重要的地位。可能大家会说，你是不是把马克思的话套到孙中山头上去了？实际上孙中山在1912年就讲过这样的话，他说“能开发其生产力则富，不能开发其生产力则贫”。孙中山把国家的富贫归到能不能开发生产力。在那个时候能看到这一点，把它看作要点提出来是很有眼光的。那么怎么发展生产力？孙中山也有一套的看法。从哪里着手？孙中山非常看重或者他认为关键的是交通，特别是铁路交通。他曾经在1912年，把清政府推翻，把总统让给袁世凯以后，跟袁世凯讲，希望你能够在十年之内，练出十万兵；我在十年之内建筑二十万里铁路。他自己要求担任全国铁路的督办。而且他在《实业计划》中，重点提出建设北方大港、东方大港、南方大港三个港口。以这三个港口作为对外联系的枢纽，然后从这里修建铁路、公路、航路、电信，联成密布全国的一个网络，他认为我们中国要发展，首先要把交通运输建设起来。

另外，他又特别重视农业、能源和原材料。他讲“工、农、矿实为其他种种事业之母也，农、矿一兴，则凡百事业，由之而兴矣”。这和中共“十二大”报告也有很多类似的地方。“十二大”报告不是主要说分两步走吗？第一步首先要解决什么？一个是交通运输，一个是能源。今天我们也是看重基础设施，基础设施不完善，其他的现代化都要落空。孙中山提出发展生产力不是一句空话，有一套具体的主张。

第二，孙中山提出来要对外实行开放主义，或者叫门户开放政策，来促进中国的现代化。那个时候他看到中国要实现现代化，最大的困难是资金、技术和管理方法这三条。他讲了一段话："凡是我们中国应兴事业，我们无资本，即借外国资本，我们无人才，即用外国人才，我们方法不好，即用外国方法。物质上的文明，外国费二三百年工夫，始有今日的结果，我们采来就用，诸君看看，便宜不便宜？"这段话听起来仿佛就像小平同志讲的似的。小平同志也是讲，资金我们要吸引外资，技术要引进西方的先进技术和先进管理方法。比如说外资，怎么利用外资？孙中山也有一套，他提出三个办法，第一个叫"借资兴办"，就是向外国借款、贷款；第二个叫"华洋合股"，就是中外合营；第三个是"定以限期，批与外人承筑"，然后让他收回成本、也得到应有的利润后，"期满无价地收回"。这些办法我们在改革开放初期也用过。他讲了这三条后，特别强调，尽管要对外开放，"止可利用其资本人才，而主权万不可授之于外人"。就是说：对外再开放也有一个前提，主权不能丧失。当然这些在孙中山先生当年，只能是一种空想。因为那个时候中国那么贫弱，你又想跟外国人合作，又不放弃主权，根本谈不上。只要在中国人民取得胜利以后，我们才能做到既维护主权，又对外开放。

第三，孙中山非常重视国家的统一。他说"统一是中国全体国民的希望，能够统一，全国人民便享福，不能统一，便要受害"。他多次讲这个问题，中国这么一个国家，假使统一起来以后，互相之间可以调剂帮助，这确实也是现代化中的一个大问题。

第四，孙中山重视物质建设的同时也重视精神建设。1912年他在济南一次演讲说，"所谓建设者，有精神之建设，有物质之建设"，他又讲"实际则物质文明与心性文明相待"。

他强调发展物质文明的时候，同时又非常注意到要建设精神文明，这跟小平同志讲的“物质文明、精神文明两手抓，两手都要硬”，也很合拍嘛。

第五，孙中山不单重视经济的发展，而且重视社会的进步。他最初讲民族主义、民权主义，还没有讲民生主义。后来到美国到欧洲去考察，感觉到，欧美已经是富裕了，但是老百姓还是很困苦。所以这样的社会革命其将不远。所以他就提出了民生主义。他说，“所询社会主义，乃弟所极思不能须臾忘者”。也就是说：社会主义是他一直在想、一刻也不能忘掉的。经济的发展和社会的进步包括社会的公平，这是今天中国共产党还极其看重的问题。为什么现在要讲和谐社会？这是我们追求的重要目标，而且现在社会有很多不和谐的因素，我们要努力来创造一个和谐社会。大家知道去年出版的《邓小平年谱》中有两段小平同志的话，我想在这里念一下。一段是 1992 年 12 月讲的，一段是 1993 年 9 月讲的，都是在南方谈话以后，所以《邓选》里面没有收，只是在《邓小平年谱》里面收了。一次这样讲：“12 亿人口怎样实现富裕，富裕起来以后财富怎样分配，这都是大问题。题目已经出来了，解决这个问题，比解决发展起来的问题还困难。分配的问题大得很，我们要防止两极分化，实际上两极分化自然出现。要利用各种手段，各种方法，各种方案，来解决这个问题。”另外一次他这样讲：“中国发展到一定程度后，一定要考虑分配问题。这种差距太小不行，太大也不行，如果仅仅是少数人富有，那就会落到资本主义去了。要研究分配这个问题和它的意义，到本世纪末，就应该考虑这个问题了。我们的政策应该是既不能鼓励懒汉，又不能造成打‘内仗’。”老话讲不平则鸣，平不是指平均，而是指公平，要合理。当然孙中山那个时候连发展还远远谈不上，但他已考虑到在经济发展的同时要重视社会的进步。

这几条对现代化的考虑，是关键性的问题。第一个是发展生产力，发展生产力又应该从哪里着手，要重视哪些环节；第二个要对外开放，开放里面主要抓的是资金、人才、管理方法，但一定要维护主权；第三个要统一，既要物质建设又要重视精神建设；既要发展经济又要社会进步。我看他对现代化的这些思考相当了不得。过去有一次会上，我讲到这些问题的时候，有人问，你是不是把我们现在的话套到孙中山头上去了？所以我尽量引他的原话，这不是我说的，我把它归纳的，是他自己就那么说的，连语言有很多都和我们现在用的很相近。我想小平同志讲这几句话的时候，他绝没有找一个秘书去找《孙中山全集》从头到尾去翻，里面发现那么几句话他来讲，他的话是从实际生活里来的。为什么孙中山在100多年前就能讲这些话？我想这里有一个道理：我们常常讲，在这个20世纪里，中国发生了翻天覆地的变化，这句话是事实，并不是夸张，但尽管如此，中国的国情并不是变得跟100多年前完全不同了，那是不可能的。那些真正有眼光的先进分子同样生活在中国这块国土上，他考虑中国应该怎样实现现代化时，从这个实际出发，从中国的实际国情出发，往往会得出几乎和今天一样的结论来，我想这是毫不奇怪的。当然，经过这么多年的实践，后人对这些问题的认识比以前更丰富和深刻多了。

四、中国民主革命的先行者

既然孙中山那么强烈地希望实现中国现代化，为什么他的一生的活动几乎全部是革命而不是建设？是不是孙中山走错了路？是不是言行不一了？当然不是。他的一生给人留下的最深的印象确实是革命。我在这里引一段鲁迅的话，大家知道鲁迅对人的要求是非常高的，而在辛亥革命时期，鲁迅当时在日本，他参加了光复会，并没有参加同盟会，但在孙中山逝世一周年的时候，鲁迅写了一篇纪念文章，他说“中山先生的一生历史具在，站出世间来就是革命，失败了还是革命；中华民国成立之后，也没有满足过，没有安逸过，仍然继续着向近乎完全的革命工作。直到临终之际，他说道，革命尚未成功，同志仍须努力”。“他是一个全体，永远的革命者，无论他所做的哪一件，全都是革命。无论后人如何吹求他，冷落他，他终于全都是革命”。鲁迅对以往的人物这样的评价是不多见的，他感到孙中山的一生，所有一切都真正是革命。

既然要建设现代化，为什么要革命呢？党的“十五大”报告中有一段话，我也可以引来说说。“十五大”报告一开始有这么一段话，“鸦片战争后，中国成为半殖民地半封建国家，中华民族面对着两大历史任务，一个是求得民族独立和人民解放，一个是实现国家繁荣富强和人民共同富裕，前一任务是为后一任务扫清障碍，创造必要的前提”。这段话就把问题说得非常清楚了。我们面对着两大任务，一个民族独立和人民解放，这要经过革命，经过破坏；另外一个是要实现国家繁荣富强和人民共同富裕，这需要长期的建设。前一任务是为后一任务扫清障碍，创造必要的前提，所谓“必要的前提”什么意思？就是绕不开的，不可缺少的，必须先进行这一步，才能进行后一步。当然在革命时期也有建设，在建设时期也有革命。我们现在有许多人发生一个争论，我觉得没有意义，就是说怎么看近代史，有两种史观，一种叫革命史观，一种叫现代化史观。我说这样讲的人，不说理论上混乱，至少对中国历史无知，是把革命和现代化分割开来甚至对立起来了。依据近代中国的历史条件，革命目的是为了实现现代化，而实现现代化需要先经历一场革命，革命是要付出重大代价的，谁没事会去革命？孙中山讲过一句话：革命是万不得已的事情，而且不能一直革下去。这两句话很中肯，这是万不得已的事。没有办法，只能那样。而且革命要达到一定程度就不能一直革下去了。讲得非常清楚。现代化是我们的目标，为了我们的现代化就需要经过一场革命。对于孙中山这个人大家多了解就会知道，孙中山是一个非常热爱和平的人，如果能够用和平的方法来实现他的理想，那他一定是宁可做出和平的选择，而不会拒绝的。只有在和平的方式各条路都走不通的情况下，而中华民族又处在生死存亡的不允许你慢慢来那么一种情况下，他才断然决然地起来革命。这个问题从某种意义讲，也不是他一个人的问题。革命是要准备抛头颅、洒热血的。《红楼梦》中的王熙凤有句名言，叫“舍得一身剐，敢把皇帝拉下马”。平时我们用这句话，是从这个意义上来讲的，鼓励大家要有一种无所畏惧的精神，有了这个精神，皇帝都能拉下马。其实，反过来我们从这句话中也可以想到，在封建时代，在过去的中国，你要想把皇帝拉下马，那你就要准备舍得一身剐才能做到。所谓“一身剐”就是把一个人身上的肉一片一片地割，一千刀才割完，这是最残酷的刑罚，叫“杀千刀”。为什么一个人要下决心，而且如果不是这个人，中国会有那么多人起来不惜抛头颅、洒热血，能够起来革命？这不是哪个人想这样做就会这样做的，而是在那么一种形势下，逼得无路可走才走那么一条路的。所以有些人讲起来好像革命是多余的，说是革命只能造成破坏。我不说这样讲的人缺乏一腔热血，至少他对当时中国的处境太隔膜了。如果这样讲，无数先烈将难以瞑目于地下！没有他们的牺牲能有今天吗？今天我们在进行和平建设，怎么能反过来把以前的革命讲得那么多余，要知道那时候下这个决心真是不容易！上次我在国家图书馆讲，我们新中国成立前的中学课本里常有“黄花岗七十二烈士”之一的林觉民的一封信，不知道在座的同志是不是读过？那是写给他妻子的信。他说，我写这封信的时候我还是世间的一个人，你读到我这封信的时候我已经是阴间的一个鬼了。当我写这封信的时候，我的眼泪和我的笔墨一起下来，我几次要写写不下去了，但是为什么我还强忍着把这封信写完，因为我深怕你不了解我为什么会弃你，我去死？我们自从结婚以来，感情一直非常深的，但是我们看看，现在的中国是遍地腥云，狼犬满地，天灾可以死，盗贼可以死，外国人打进来可以死，贪官污吏虐民也可以死，多少不愿意死不愿意分离的人却死了、分离了！我们总是希望我们自己永远相爱相伴，但正因为我真爱你这种念头，使我能够下这个决心，为了拯救那么多人而去死。林觉民这封信中所说的，是一时的冲动？是多余的吗？我说讲那些话的人完全离开了当时的历史，他根本不懂那个时候中国志士仁人的那颗心，不知道他们为什么那么去做。

从孙中山本身来讲也是如此。在他投身革命的实际行动的前夜，他还想试一试是不是可以走和平的道路。他上书李鸿章，提的主张是四句话：“人能尽其才”，人能够把他的才能充分地发挥出来，这样不仅是发现和培养使用人才，更重要的强调要教育，要用现代的新的知识来教育人。因为人只有充分地受到教育，才能充分发挥他的作用。“地能尽其力”，土地能够充分发挥它的效益。他特别重视农业，在农业方面主张采用各种新的技术。“物能尽其用”，使物质能充分地利用起来，最重要的一条就是开工厂，没有工厂，那个原料它能起多少作用？要搞现代的机器工厂。“货能畅其流”，不仅仅指交通运输的问题，同时也针对清政府那时设的很多关卡，要废除那些苛捐杂税，使得货物贸易能够在市场上充分流通起来。这些主张还是很温和的，不是革命的。孙中山上书李鸿章的时候其实已经有一定的革命思想了，那个时候他和许多朋友在一起，老是高谈革命，人家称他为“四大寇”。可是他谈革命老坐在那里谈，但是那个时候他自称是“革命言论时代”，革命不过“讲讲”而已。但是真正要全面投身革命之前，他觉得李鸿章不是懂得一点洋务的人吗，所以他还想试一试，他希望上书还真能起到一定的作用，那就不要去革命了。结果上书李鸿章，而且带了好几封和李鸿章有密切关系的人写的介绍信，李鸿章连见都没有见他。这才使他感到通过和平的方法是无法实现的，最后只能把这个专制腐败的清政府打倒。他到夏威夷以后，就下决心投身革命。所以革命也是被逼出来的。如果能够有和平地实现现代化的目标，谁不愿意和平？清朝被推翻以后，他一度认为，现在应该可以和平建设了。他的关于中国现代化建设的许多话都是在 1912 年讲的。所以他向袁世凯讲，希望你当了大总统，十年之内可以练十万兵；我在十年之内能够造出二十万里铁路。他真是抱着那么大的希望。1913 年他到日本去的时候，是去考察铁路的。正在考察铁路的时候，国民党代理理事长宋教仁被袁世凯派人暗杀了。这样，他感觉到修铁路这些都完全不可能实现了，原来现代化建设的设想都做不到了，所以他回国后就发动二次革命。二次革命以后，袁世凯要做皇帝，他又组织中华革命军，反对袁世凯称帝。等到袁世凯死了，他就把中华革命军解散。当时有人说，还有北洋军阀，还有哪些哪些人靠不住，不要急着把军队解散。他说当我们还没有证据证明这些人要背叛共和的时候，我们不能保持军队，他就把军队解散了。一直到后来张勋复辟的时候，他又发动护法运动。他只要和平还有希望能够做到的时候，就力求和平。只有在不得已的情况下，才走上革命道路。所以在 1919 年 10 月，五四运动后不久，他在总结以往那么多经历留下的教训时，做了一篇演讲，题目叫“改造中国的第一步”。他说：“第一步的方法是什么？在兄弟的意思，只有革命。革命两字，有许多人听了觉得可怕的。但革命的意思与改造是完全一样的。先有了一种建设的计划，然后去做破坏的事，这就是革命的意义。”“像工程师建设伟大房屋一般，须用新的方法去建筑。新方法的建筑，便是上层越高，打地基须越深，所挖出的陈土须远远抛开。”“八年来的中华民国，政治不良到这个地位，实因单破坏地面，没有掘起地底陈土的缘故。”这番话讲得很有特色。你要建设，要盖房子，怎么办？假如这个地方原来有房子，先要定向爆破，十几层的房子一下都塌了。旧房子塌了以后你要盖，你还要清理地面，然后还要重新深挖地基，挖好了才能盖起高楼。都是这么一个经过。倒没有看到有人嘲笑：你不是要建筑高楼吗，怎么光搞起破坏来呢？你往下挖干什么？但如果你不能先把那些陈土挖掉的话，高楼根本盖不起来。你不把基础打稳，建设几乎做不到。这些都是常识性的问题。孙中山从自己生活里面慢慢悟到这个道理。那些“陈土”是什么？最初他讲的是军人、政客、官僚；跟共产党合作以后，他看到“陈土”是帝国主义、封建军阀。只有把这些打倒了，清理掉了，才能够建设起现代化的高楼大厦。这种认识，是孙中山这位伟大人物以毕生的经验才换得的。

孙中山先生太可惜，他去世的时候，用实足年龄计算的话，只有58岁，按虚年龄说他60岁。当然“革命尚未成功”啊！他一辈子其实都是为了以后的现代化建设做准备。这个问题我现在也可以说一下。干吗这样说呢？因为上个世纪70年代以来，西方史学界出现了一股风，抬高同治中兴，后来又抬高清末的新政，美国有个有名的学者叫马瑞得（音），他的主张把那些说得好得不得了，好像靠他们那样慢慢就能够自己实现中国现代化了,革命的结果反而是破坏,造成了后来的军阀混战,推迟了中国的现代化。这些话,讲客气一点,是关在书斋里想出来的,没有放在当时的历史条件中去理解。我现在发现有一个状况,大概外国风行某一个观点,一二十年以后在中国一定会时髦起来。这个大家不信可以看,我要举例子的话可以举许许多多例子,不过会涉及好多朋友,不去举它了。很多似乎创新的理论,所谓理论创新的某些人,其实都是二十年前西方某些未必是一流的学者,而是二流学者、三流学者那里来的东西,过一阵在中国讲还挺时髦,“新观点”就那么来了。其实,要作出正确的判断,还得扎实地下工夫,从当时的历史条件作具体分析。

当然辛亥革命并没有从根本上解决中国的问题,但是它最大的历史贡献就是推倒了统治中国几千年的君主专制制度。它的结果最重要的是两点:第一,是使得中国的反动统治秩序完全被打乱了。大家知道,中国经过几千年的封建统治编织起来的一个维护旧统治秩序的网络,经过2000年的经营,非常牢固,而这个网络的顶点,中心,就是至高无上的君主。那是天子,是神圣不可侵犯的。辛亥革命起来,推倒了君主政治制度,一下子把那个旧网络的中心摧垮了,整个旧的统治就乱了套了。所以以后袁世凯做皇帝也不行,张勋复辟也不行,北洋军阀乱了一阵,蒋介石也只能统治二十几年,始终再也建立不起一个稳定的旧统治来了。这就为我们中国社会的前进开辟了道路。当然,在这个中间我们也付出了相当的代价。第二,给人们思想上带来了一次大解放。过去皇帝是最神圣不可侵犯的、至高无上的,如今皇帝都可以打倒,那么还有什么陈旧的腐败的东西不能丢掉吗?陈独秀在五四运动时期的《新青年》上写了一篇“偶像破坏论”的文章。他说,你看庙里面的菩萨,在那里威风凛凛,实际还不是人把它供上去的,很多人却向他顶礼膜拜。一旦你把他拉下来丢到厕所里，再把他拣起来供上去，就没有人再崇拜他了。你看俄国的沙皇、中国的清朝皇帝，现在还有谁对他那样崇拜呢？打倒偶像，就是起了这个作用。这个都能破，其他的当然都可以。另外，辛亥革命以后，中华民国的《临时约法》中只有一句话是孙中山主张写上的，叫“中华民国之主权属于国民全体”。在封建时代中国皇帝是天子，所有的老百姓叫“子民”、“蚁民”。辛亥革命以后，建立了中华民国。当然有人说民国只是一块招牌，但有这块招牌和没有这块招牌还是大不一样，关键是国民觉得自己是国家的主人了，国家的事要由人民来操心，来做主。所以辛亥革命以后，刚七年多就发生了五四运动，刚九年多就成立了中国共产党。从这个意义上也可以讲，没有辛亥革命就没有五四运动。而中国共产党很多老一辈的革命者（如董必武、林伯渠、朱征、吴玉章等）都是先参加了辛亥革命，又发现了它的不足，然后再向前进。所以我们说通过一部中国近代历史，就好像一场接力赛跑一样，前面的人跑到那里，把棒交给第二拨人；第二拨人总是以前边跑的人所达到的地方作为起点；但他一跑，就跑到更前面去了。我们的历史既是不断地突破前人，同时也是在前人的基础上一步一步前进的。在我们进行社会主义现代化建设的时候，在我们全面建设小康社会的时候，对我们这位中国民主革命的先行者，也是中国现代化事业或者是振兴中华的先行者孙中山先生所立下的历史功勋，是应该纪念和永远怀着深深的敬意的。

周国平

哲学的精神

周国平，1945 年生于上海。1981 年毕业于中国社会科学院研究生院哲学系，现为中国社会科学院哲学研究所研究员。主要著作有：学术专著：《尼采：在世纪的转折点上》、《尼采与形而上学》；随感集：《人与永恒》；诗集：《忧伤的情欲》；散文集：《守望的距离》、《各自的朝圣路》、《安静》；纪实作品：《妞妞：一个父亲的札记》、《南极无新闻——乔治王岛手记》等。1998 年底以前作品结集为《周国平文集》（1—6 卷）。主要译著有：《尼采美学文选》、《尼采诗集》、《偶像的黄昏》等。

我今天主要讲的是西方的哲学精神。因为我自己学的是西方哲学,我觉得要了解什么是真正的哲学,还是应该从西方哲学入手。今天我就着重讲一下西方哲学在2000多年的发展历史中间,从哲学中生长起来的一种精神传统。因为我自己通过学习西方哲学,觉得西方哲学2000多年所走的路是走不通的,实际上是失败的。

从古希腊开始,西方哲学一直想做件什么事呢?它是想通过人的头脑,也就是人的理性去把握整个世界的本质。世界到底是什么?在我们生活的这个世界上,每一代人活的时间都是很短暂的。那么活在这样一个世界上,我们生活的这个世界到底是怎么回事情?它不断变化。一代一代的人,生出来又死了。而且整个外部的物质世界也在不断地变化。有的星球产生了,有的星球消灭了。它永远在变。在这个变化的背后有没有一个不变的东西呢?我们所看到的都是现象,在这个现象的背后有没有一个本质的东西呢?西方哲学一直是想来解决这个问题的,想来把握这个现象背后的那个本质,变背后的那个不变的东西。寻找这个东西,是西方哲学一直在努力做的一件事情。

哲学又叫做"形而上学"。形而上学 Metaphysic,这个概念是什么意思呢?我们国家以前的哲学里面谈形而上学的时候,往往把这个概念搞错了,把形而上学说成是一个静止的、僵化的、片面地看问题的观点(一般是这样来用的),但实际上 Metaphysic,也就是形而上学,它本来的意思是"物理学之后”，是亚里士多德一本主要著作的名称（当然也是后人给它加上的一个书名）。那么，这个书名是什么意思呢？实际上是讲所谓“物理学之后”。物理学是研究有形世界的，我们看得见的世界。那么物理学背后就是有形的世界、看得见的世界背后，那个看不见的东西、那个本质的东西是什么？哲学就是形而上学，就是研究那个物理的有形世界背后，那个看不见的本质的东西。所以，西方哲学一直在努力做的一件事情，就是要靠人的头脑，靠人的理性思维，去把握我们可见的、变化的这个世界背后，那个不可见的、不变的本质。简单地说，就是靠理性来把握世界的本质，也就是形而上学。

那么，西方哲学做的这件事情做成了吗？实际上是没有成功的。尽管2000年来不同的哲学家对这个世界的本质都下了论断。从最早的古希腊开始，最早的哲学家泰勒斯说，世界的本质是水，所有的东西都是从水变化来的，又回到水。赫拉克利特说世界是从火里诞生的，又回到火。而德谟克里特认为，世界的本质是原子，所有的事物都是原子组成的，原子是基本的东西。当然后来还有很多所谓唯心主义者也对世界的本质作出论断。比如柏拉图说，世界的本质是理念，是观念。黑格尔也是这种观点，是绝对观念。总之，很多哲学家都对世界的本质作了论断。这种对世界的本质作论断的哲学叫做本体论。

到了近代，尤其是从康德开始，对这条思路提出了根本的批判，觉得这条思路是走不通的。其实，康德之前很多哲学家就提出疑问了。像贝克莱、休谟，他们都已经提出疑问了。但是康德令人信服地证明了这一点，那就是世界的本质是不可能把握的，我们不可能靠理性去把握世界的本质。康德的观点是什么呢？简单地说，就是我们去认识这外部世界的时候是个什么过程呢？实际上就是靠我们个人的经验，我们的感官接触外部世界所得到的经验。但是，我们所得到的经验总是有限的，我们不可能去感受整个世界，我们只是感受其中一小部分。另外，我们得到经验之后，我们用我们的理性思维，也就是逻辑范畴去整理这些经验，然后得出一个认识。康德说，这样一个过程，使人根本不能触及世界背后的那个本质的东西。我们的感官不能直接感觉到世界的本质是什么，而我们用理性思维去整理经验的时候，实际上我们认为是本质的东西，那些普遍的一般的东西，范畴整理的结果，如果没有这些范畴的话，还是一团糟，实际上是我们主观思维的产物，是我们理性的产物，不是世界本来的面貌。所以康德就提出来，世界的本质，也就是他说的“自在之物”，自己本来存在的那个东西，我们的认识是不可能把握的。我们永远不能触及那个自在之物，我们把康德说成是不可知论者就是这个原因。他认为世界本质是不可知的，所以想靠理性思维去把握世界本质，这样一条思路就是形而上学。这样一条思路也是走不通的。所以康德说，形而上学永远不可能成为科学。成为科学就是要用思维，要用理性去把握那个背后的本质。但是对世界本质的认识不可能是通过理性去把握的。康德说，这个问题只能交给信仰。你只能去相信，你得有个信仰。比如说，世界的本质是上帝，你可以这样相信，但是这是没有办法用理性去推导的，是不可能证明的。所以，西方哲学到了康德以后，越来越否定了形而上学。康德以后，比如说尼采，就进一步提出来。因为康德还说世界是有一个本质存在那里，只是我们理性思维不能去认识它，我们的感官是接触不到的，但它是存在的。康德说，我们不能证明它，但是我们必须相信它是存在的。但是到了尼采，他说那个本质根本不存在，世界本来就没有本质，只有现象。尼采有一个很著名的论点，叫做透视主义。就是所有认识都是透视，都是站在一定的点上，从一定的视角出发，对对象的一个认识。认识是不可能摆脱透视的，无论你是什么人，你要去认识一个事物，你都不可能说我不需要任何角度，一下子全面把握。这是绝对不可能的。你只要假设有一个认识者在那里，他必然是从他的角度去认识世界，而这样得到的总是现象。所以我们永远只能得到现象。从认识这个角度来讲，你无论站在哪个位置上，你得到的都是现象。

尼采之后，西方还有一个哲学家胡塞尔，他是现象学的创始人，他讲得更彻底。他说，哪怕上帝亲自来认识，也不可能没有一个视角。因为我们原来假设的所谓世界的本质，实际上已经假设了有一个上帝。这个上帝是没有视角的，他能够一下子全面完整地把握这个世界，就能看到世界原来的样子了。但是，胡塞尔认为，哪怕真有这样一个上帝，他要来认识这个世界，也不可能这样做，他还是要有一定的角度的。所以，现代西方哲学越来越强调一点，就是说，世界没有一个本来面貌的，没有一个本质，它永远只能作为现象而存在，它永远是一个现象世界。那么，这就基本上否定了西方哲学的追求，就是靠理性来把握世界的本质，也就是否定了形而上学这条路。所以现在总是讲西方哲学的危机，形而上学的危机，就是指这种情况。

其实我想，西方哲学这种追求本身，已经包含着一种内在矛盾，它必然要失败的。西方哲学实际上是认为，用理性去把握世界的本质。世界的本质应该是超出我们经验范围内的，就是我们的经验永远不能去触及它的，我们永远不可能经验到世界的本质是什么。所以，这个问题用哲学的语言说，是超验的，是超越经验的。世界的本质是不会在我们的经验中出现的。人的头脑的唯一的作用就是把感觉得到的材料进行整理，让它们系统化，用逻辑来把它们进行整理。

那么一个不在我们经验中出现的东西,人的思维怎么能对付它呢?完全不可能对付它!

所以,在这个问题上我非常赞成英国哲学家罗素的一个说法,认为哲学实际上包含两个方面,一个是科学的方面,一个是宗教的方面。哲学有两种品格,既是科学的,又是宗教的。哲学所要追问的问题,比如说"世界的本质",以及和世界的本质相联系的,比如说"人生的终极意义是什么"、"活着到底有什么意义"这样的问题,实际上是宗教的问题,是终极的追问。世界到底是什么?人生到底是什么意义?这种问题实际上是宗教性的问题,是灵魂提出的问题。像这样的问题,宗教怎么来解决的呢?宗教就靠信仰来解决。宗教提出,你不要去想,人的理性是有限的,人的理性是不可能回答这样的问题的。你就相信上帝吧,你就相信神吧,神已经给你回答了。告诉你,世界的本质就是精神性的东西,是上帝,是天国。生命的意义就是为天国作准备,为进入天国作准备。宗教给了你回答,宗教不要你自己去思考。但是哲学偏偏要去思考。所以哲学所问的问题是宗教性的,是灵魂提出的问题,而它来解答这个问题的手段却是科学的。科学的特点就是用理性思维去整理经验来回答经验范围内的问题。它实际上是要用科学的手段去解决宗教性的问题。

在这一点上宗教和科学又不一样。因为科学所问的问题都是科学本身的问题,都是经验范围的问题。科学不问世界的本质是什么,科学不问人生的意义是什么,认为这是假问题。科学不问这样的问题。科学仅仅问人的经验范围的东西,日常生活中接触到的,我们可见的世界里面接触到那些事物的规律是什么。科学是用科学的方法去解答科学的问题。宗教是用宗教的方法去解答宗教的问题,而哲学偏偏是用科学的方法去解答宗教的问题。这就是它的内在矛盾所在。

所以我说,实际上哲学所问的问题是灵魂里的问题,是人的灵魂里所发生的问题。因为灵魂要对这些问题求一个答案。比如说,不知道世界到底是什么,不知道人生到底有什么意义,灵魂就会感到焦虑不安。这是灵魂的问题,而它解决这个问题的手段,是用头脑的思考来解决。它要按照逻辑,要求根据,要有经验根据。它很认真。头脑实际上是个"呆子",而"灵魂"是个疯子。所以,哲学实际上是"疯子"提出问题,"呆子"去回答。它的结果必然是很悲惨的,弄不清楚。但是2000多年来西方哲学就是走在这条路上,就是呆子们想回答疯子的问题。你说它结果怎么会不失败呢?!

虽然西方哲学这种努力是一种失败的努力,但是它就没有意义了吗?我觉得它其实还是很有意义的。是一种有意义的徒劳,是有成果的一种徒劳。虽然它本身的问题没有解决,没有回答,但是就在这种追求当中,产生了很多积极的结果。我觉得西方哲学最伟大的地方就在这里。它实际上是通过头脑去解答灵魂的问题,理性要去把握那个超验的问题。在这样一种过程中,人的理性和灵魂,人的头脑和灵魂之间有一种紧张关系,一种张力,在这个过程中两方面都得到了发展。人的头脑和灵魂都得到了发展,科学性和宗教性都得到了发展。我觉得这一点就是中国哲学和西方哲学特别大的一个区别。中国哲学就不愿意做这种失败的努力,所以从积极成果来说,中国哲学比西方哲学要差得多。

实际上,在西方哲学中,人的理性本来是应该去追问经验范围内的问题,但它偏要超出经验范围去问那些超验的问题,问那些不可解的问题,在这个过程中,理性对任何问题都要追根究底,这样,一种精神便发展起来了。我认为,这就是一种科学精神,就是一定要把自己的理性推到极致,哪怕失败了也不怕，非要问到底。这就是一种科学精神，从里面生长出来的一种科学精神。同时它又始终关注那些终极的问题。这些终极的问题本来靠信仰就解决了，但是它又不愿意，它一定要弄清楚。而正是在这样一种过程中，它对终极问题的关切就越来越深刻，越来越执着。这个过程中，它的宗教精神就得到了发展。所以我就说，在西方哲学内部，宗教和科学这两个品格方面实际上是矛盾的冲突的，但是在冲突紧张的过程中，这两个方面都得到了发展。人的头脑、人的灵魂，都非常认真。宗教精神是灵魂的认真，科学精神就是头脑的认真。而在这个过程中，西方人就深深地感到，人是有头脑的，有灵魂的，是一个精神性的存在，因而人是有尊严的。这正是人文精神的最重要的内容。看重人的精神存在的一面，看重人的尊严，这就是人文精神。

西方哲学这样一种在失败努力过程中生长起来的特别好的精神传统，是由三个方面组成。一个就是科学精神。就是头脑非常认真，一定要去追问真理，追求真理。第二个就是宗教精神。灵魂的认真，对那些终极问题的关切，关切人生的意义是什么。第三个就是人文精神。对于人，一个有头脑和有灵魂的存在，一个精神性的存在。这样一种自豪，一种自尊，一种尊严，这就是人文精神。我着重讲的就是西方哲学在2000年的努力过程中，所生长起来的这三种精神的传统。

一、科学精神

科学精神实际上就是理性，就是头脑，就是理性的精神，就是重视人的理性。

人是有理性能力的。什么是理性呢？理性就是对外部世界的认识能力。人能够用自己的逻辑思维去整理经验得出一种认识,这样一种能力,就叫理性。科学精神强调人的这种认识能力的重要性,一定要运用这种能力。简单地说,你是一个有个头脑的人,你不能把你的头脑放在那里不用,要用你的头脑。

科学精神里面有几个最重要的方面。人的理性是由三个重要的因素组成的。第一个是理性的开端和最基本的因素——好奇心。对世界的那种好奇,是人最伟大的地方。用爱因斯坦的话来说,这是神圣的好奇心。只有人才能这样完全不是为了自己生活而纯粹对世界发生兴趣,发生好奇。在爱因斯坦看来,因为人有了这一点就像神一样了。好奇心使人超越于功利生活。苏格拉底、柏拉图、亚里士多德都说过哲学开始于好奇,哲学开始于惊奇。"对世界感到惊奇",哲学就是从这开始的。当人类不只是像动物一样整天为生存而忙碌,开始解决了生存问题时,就会抬头看周围的世界。啊!这世界这么大!到底是怎么回事啊?晚上看着星空,看到天上那么多的星星,宇宙这么大,那星星外面又是什么东西啊?当人开始想这些问题的时候,哲学就开始了。好奇心也是科学探索的一个源泉。那些大科学家其实都是好奇心永远都不会消退的那种人。我们大部分人的好奇心都是随着年龄的增长越来越弱的。

好奇心有两个大敌人。第一个大敌人就是习惯,习以为常了。你看孩子们都是有好奇心的,但是慢慢长大以后,好些东西他会经常看到,他就会以为自己懂了。其实还没懂,见怪不怪了,其实并没有理解。我们往往以为,自己看多了就明白了。其实看多了你是麻痹了,你没有想明白其中的道理。所以习惯往往能使人的好奇心磨灭。另外一个大敌就是功利心。我认为功利心是最大的敌人。无论对什么事情,都要问有没有用，中国人这一点特别突出。尤其小孩问问题，家长老会觉得你问这个问题没什么用，你别去问，你不要去想这个问题。一定要让孩子从小就走在有用的轨道上，不知道扼杀了多少哲学家和诗人。实际上我相信每一个正常的孩子，从小就有很强烈的好奇心的，他一开始就会提很多问题，而且往往都是哲学问题。有一本书叫做《孩子都是哲学家》，我很同意这个书名表达的观点。

我的女儿现在快6岁了，在她5岁的时候提了很多这样的哲学问题。比如说她在4岁半到5岁的那段时间，老对时间的问题感兴趣，她老是说："时间要老不过去多好啊！"还老说："我不想长大！"因为她知道时间一过去她就要长大，长大后就要变老，所以她不想长大，老说"时间要是不过去多好！"然后老琢磨这时间到底是怎么回事情呢，怎么会过去呢，有一天她就突然说："哦！我想明白了，时间是一阵一阵过去的！比如说我刚才说的话刚才还在，现在就没有了，想找也找不回来了。这就是时间。"当时我很惊讶，这是她明白了时间一去不复返的性质呀！

还有一次她问她妈妈："妈妈，世界的外面是什么？"妈妈一下被问住了，就应付她说："世界的外面还是世界吧。"后来她就琢磨了。她说："哦，我知道了，是世界的下一曲！"因为她听CD音乐有一曲一曲的，过了这一曲还有下一曲。她在琢磨世界到底是怎么回事。

还有一回更神了。有一天她自言自语："另一个地方会不会还有一个我呢？"我在旁边听得汗毛都竖起来了。我想她怎么会说这样的话呢？当时我第一个反应就是打岔。我就说，这个事可能会有的，说不定你还会遇上她呢。她马上非常不耐烦地反驳我："不会的！我不会见到她的！"然后转过脸去跟她妈妈说；"妈妈，你老了，你死后，在另一个地方又会生出一个人,完全不像你,但那就是你!”我无话可说,她实际上是在琢磨生命到底是怎么回事情,实际上也触及了生命的轮回问题。

还有一次她玩电子琴,电子琴上有一排键,代表各种不同的声音,可以是钢琴的声音,也可以是手风琴的声音,或者是吉他和萨克斯管的声音。你按哪个键,电子琴就会发出那种乐器的声音。她边弹边说:“这是钢琴的声音,这是手风琴的声音,电子琴自己的声音在哪里?”我说,这是一个本体问题了,她问本体是什么。钢琴、手风琴的声音是现象,电子琴声音的本体在哪里?是什么?这也是一个哲学问题。也就是说,你们只要注意观察,小孩在3岁到五六岁的时候,会提很多这样的问题,就是哲学性的问题。我的女儿现在6岁了,这样的问题少了,我觉得她的哲学水平下降了。

这种时候我是觉得很惊喜的。我把我女儿从一岁多会说话开始到现在她精彩的言论都给记下来了,可能有厚厚的一本了吧。我觉得这非常宝贵。

那么现在就有这样一个问题,孩子时期的好奇心是非常强烈的,怎么样才能让他保持下来?这是一个非常大的难题。实际上这就是习惯,是不可避免的。你再怎么注意,等他慢慢习惯以后也会变得慢慢麻木的,这是没有办法的。

另外一点就是功利心。这一点我觉得我们现在应该特别注意。我觉得,现在我们在教育孩子时,有一个最大的问题,就是“急功近利”。从小对孩子就是让他们按照大人所希望的那种,在社会上怎么能立足,怎么能成功这样一条路去规划他,去要求他,孩子非常可怜,不但没有幸福的童年,而且智力实际上也遭到了摧残。你扼杀了他的好奇心,你不是鼓励他的好奇心,而是灌输知识,让他去学各种技能,包括所谓的艺术技能,什么画画啊,什么音乐啊。你不是从开发他的那种生命的能量出发,完全是从功利出发的话,对孩子肯定是一种扼杀。

所以,从家庭教育到学校教育,急功近利是一个最大的问题。其实,在西方国家这种问题也存在,但是没有我们那么严重。尽管如此,像爱因斯坦当时他已经感叹了。他说,我们的学校教育没有把好奇心完全扼杀掉,这简直是一个奇迹。而像我们这种教育方式,问题就更加严重了。所以,学生在现在的教育制度下最重要的一点,就是要善于自我保护,保护自己的好奇心。如果你是家长,你要注意保护自己孩子的好奇心。这其实是你最重要的责任。我非常同意美国哲学家杜威的观点。他说,教育是什么?教育就是生长。这种能力本来是潜在存在的,你只要给它一个好的环境,它自己就生长出来了。它自己会生长起来,你根本不需要用一个外在的压力去灌输它,强制它。你越是灌输,就越是扼杀它的成长。所以我就鼓励天赋好的学生,一定要善于向现有的教育制度争自由,不要跟着它走。

我是在北大哲学系上的大学。那时是20世纪60年代,我记得那时候我基本是不听课的。大课逃课,小课逃不了,就在课上看课外书。爱因斯坦上的大学是瑞士苏黎世理工大学,他进了学校以后,马上就发现了一点。他说,我不能成为一个好学生。如果我要做一个好学生的话,我就要做老师规定我做的那些论文,我就要跟着他走。这样我一点自由也没有了。而那些论文可能是毫无意义的。所以他说,我就下了一个决心,就满足于做一个中等程度的学生,能够过得去就行了。然后他争取了大量的时间,在自己的家里向理论物理学的大师们学习。结果,他自己也成了一个大师。

所以我认为,现有的教育制度是错综复杂的,很难一时有大的改观,包括从小学到大学都这样。所以,有才能的学生一定要有善于保护自己的能力。你要记住,在大学里面,你什么样算成功了?就是你养成了一种自主学习的能力和习惯,你能够自己安排你的学习了,你就成功了。爱因斯坦曾经引用他的一个朋友的一句话,他说,什么是教育啊?教育就是把你在课堂上学习的东西全都忘记了,剩下的那个东西就是教育。如果说你把课堂上学习的东西全部忘记了,然后什么也没剩下,那你就是没有受过教育,你就白受了教育。那个剩下的东西是什么?就是一种自己学习的能力。就是从你的好奇心出发,从你的兴趣出发,来安排自己的学习,这样一种能力。这个好奇心讲多了,因为我觉得,这个问题实在太重要了,这是理性或者科学精神的第一个要素。

和好奇心相连的,我把它叫做智性的快乐。所谓智性的快乐,实际上也是从好奇心发展而来的,就是当你研究问题、思考问题的时候,你不是为了求得一个什么样的有用的结果,思考问题、研究问题本身就是快乐的。你探讨这些自然之谜、世界之谜,这个本身,过程就给你一种快乐,就能使你感受到一种快乐。智力的应用本身就给你带来快乐,这是有科学精神的人的一种必然的体会。科学精神最大的特点就是非功利性,它不是功利性的东西。一个充满好奇心的人,一个能够自己保护好奇心的人,他并不是说我为了取得一个什么实际的结果,才去研究一个问题,他往往只是从他的兴趣出发去思考、研究问题。而在这一过程中,他就能得到最大的快乐。思维本身给他带来最大的快乐。这就是一种纯粹的科学研究的兴趣,纯粹的思考的兴趣。所以我认为,我们中国文化和西方文化在这一点上有特别大的差别。西方像这种有纯粹的思考兴趣,纯粹的思想的兴趣,纯粹的学术兴趣,纯粹的理论的兴趣,纯粹的科学研究的兴趣的人就特别多。而且他们受到鼓励,所以人家才有成果。实际上你越是狭隘地为了实用去研究，你越是没有结果。只有在整个国家氛围都是鼓励无目的的、无功利的研究，有一大批这样的人，从这里面肯定能出大师。老有人问，中国为什么出不了大师？我觉得原因就在这里。中国文化太实用了。这是科学精神的第一个要素。

第二个要素就是头脑的认真。实际上就是说，你既然有好奇心，你对事物感兴趣，你就应该去思考到底，研究到底，不应该半途而废。你真能抓住你感兴趣的问题，把它想清楚、想明白，这就是头脑的认真。所谓头脑的认真，就是在知识的根据问题上认真。一种认识是不是真知，一种道理是不是真理，我一定要去追问它的根据。在没有问清楚，没有弄清楚之前，我不相信它，我存疑，我怀疑它。所以，科学精神的另一面实际上是一种怀疑主义，是一种怀疑精神。就是对自己没有去探讨它的根据，没有探明白它的根据的所有道理，我都存疑，我都持怀疑态度，我都准备要把它弄清楚。在没有弄清楚之前，我不完全相信。这种怀疑精神实际上是科学精神必然包含的内容。

所以，这就是在认识的根据上的认真。从哲学上来讲，西方哲学同中国哲学在这个问题上有一个很大的区别。西方哲学在知识论上特别发达。知识论是他们非常重要的一个内容。什么叫知识论？知识论就是对认识的过程进行仔细的审查，里面有没有错，有没有问题，然后才放心。探讨人的知识是怎么形成的，形成过程的各个环节，这样一种理论就是认识论、知识论。西方哲学对这一块是特别重视的，尤其是近代以来，像休谟、康德，从他们以来非常重视这一块。但是中国哲学知识论是非常薄弱的，基本上可以说是一个空缺。大概在宋明理学里面有一部分。宋明理学有一些知识论，但是它基本上讨论的是一些知行关系，知识和行为的关系。其知识基本上是指道德知识，严格上说不是知识论。所以从哲学的这种差异来说，也反映了我们的头脑不够认真，在知识的根据问题上不认真。这是第二个问题，就是头脑的认真。实际上我认为所谓的学术的独立性也是由头脑认真而来的。因为你的理论是通过自己头脑认真思考得出来的，所以你不愿意随便放弃它，你不会随便屈服于外界的压力，你要保持它的独立性。我觉得我们中国比较缺这样的人。而西方的苏格拉底，我说，他是一个为人生真理而牺牲的哲学烈士。他就是为了坚持思考人生的道理，在雅典街头经常同青年们谈论他的一些思考，然后被当时的雅典法庭抓起来，说他教唆青年，要他停止思考。说"只要你不这样做，我们就给你自由"，就无罪释放。苏格拉底当时说了一句话：未经思考的人生不值得一过。既然如此，我就去死吧！非常从容地就去死了。西方还有布鲁诺那样的人，我说他是一个为了宇宙真理而牺牲的科学烈士。他就是为了坚持宇宙学说——日心说，即太阳是中心，地球围绕太阳转，宇宙里面有许多这样的太阳星系。就为了坚持这样的学说不肯放弃，被罗马天主教廷判处了死刑，被烧死在罗马的鲜花广场上。像我们中国就很难有这样的人，为了一个认识，为了一个认识上的真理去牺牲。我们有可以为了革命理想、社会理想，为了某个阶级利益等等去牺牲的烈士，而这种为了一个真正的纯粹的认识意义上的真理去牺牲的却没有。这实际上就是显示出认识根据上的认真的精神。这是科学精神很重要的一个方面，是第二个要素。

第三个要素，是通过理性整体上去把握世界的完整面貌的愿望。就是说科学家们如果对世界有好奇心，同时头脑又很认真，那么当你面对整个世界的时候，你自然而然地就会想要了解整个世界是什么。大科学家实际上都是哲学家，他们都想对世界是什么这个问题作出一个解答。爱因斯坦把对“世界是什么”这样的问题要作出解答这样的热情称为“宇宙宗教感情”。他说，大科学家都是怀着这样的宇宙宗教感情去研究的。他们在实验室里面做那些仔细研究，目的实际上是为了解答一个大问题，要知道我们生活的这个世界到底是怎么回事。这就到了哲学层面了。其实这个问题他们也是无法回答的，但是科学精神到了最后必然会通往这一点。

二、宗教精神

如果说科学精神就是一种非功利性的认识世界的兴趣，对非功利性的一种智力生活的热爱，一种从好奇、纯粹从兴趣出发的对世界的研究，那么宗教精神在我们看来，最根本的一点就是对生命意义的关注。我们不要以为宗教精神一定要人信什么教，信哪个宗教是次要的，那只是它的表现形式，也可以完全不信教。但是一个人，一个民族，可以没有宗教，却不能没有宗教精神。如果说科学精神是用理性这个概念来说的话，那宗教精神就可以用超越性这个概念来说。什么是超越性？超越性就是你不满足这么活一生，而要超越于这样一种生活。超越仅仅是活着的一种生存状态。超越于生存，要为生存去寻找一个比生存更高的意义，比活着更高的目标，这就是超越性。动物是没有超越性的，动物是活着，活一生就死了，就那么回事。但人不甘心如此。其实超越性是人的一种本质的特性。人人都有内在的超越性。每一个人，只要你还没有完全被外部的世界破坏，你都会有这样一种感觉的。你会觉得如此活下去，像动物那样活一生，你会感到非常不甘心的，不情愿的。你希望自己活得有意义，所以追求人生的意义，追求比生存更高的意义，为生存去寻找一个比生存更高的目标，这是人的本来就有的特性，这种特性就是超越性。超越于你外在的世界，外在的生活，为它寻找一个更高的精神性的目标。这就是超越性，就是宗教精神。

按照科学精神讲解的方式，对宗教精神我也提出三个要素。

科学精神的第一个要素是好奇心，那么宗教精神第一个要素是困惑，对人生的困惑。这一点很重要。就像好奇心是科学精神的开端一样，困惑是宗教精神的开端，是人去寻求生活意义的内在动力。人没有困惑是不可能去寻求的。实际上人生是值得我们困惑的，人生是很可疑的。它到底有没有意义是有疑问的问题。你们都想清楚了吗？我觉得很难想清楚。我想了一辈子都没想清楚，但是我还要想。这是没有办法的，欲罢不能。人生是有很多困惑的，我觉得最大的困惑是什么？就是死亡。这个问题实际上困惑了很多哲学家，像苏格拉底、柏拉图都说过，哲学是什么？哲学就是预习死亡。预先练习死亡，就是说你要把死亡这个问题想清楚了。这就是哲学。哲学就是想这个问题的。我不相信谁在死亡面前完全没有困惑。这几乎是不可能的。

我记得我很小就开始想这个问题。我是5岁开始上小学的，记得上低年级时，大概七八岁，那时有一门课叫常识课，课中讲生理卫生常识，老师把人体解剖图挂在墙上。我是第一次看到解剖图，我说，人体里有那么多乱七八糟的东西，难怪人要死。后来我就想，我身体里面肯定没有这些东西，我肯定是一片光明，所以我不会死的。那时这个问题实际上已经在困惑我了，我想否定死亡。但没有多久，我就知道人是必然会死的，包括我在内，我也会死的。知道了这一点对一个人来说是一个很大的震动。

我记得还是小学上历史课的时候，老师讲释迦牟尼，讲得我眼泪汪汪，我哭了。我觉得释迦牟尼想的那些东西我完全能理解，人生太可悲了。因为这是一个明显的问题，如果说活一辈子最后总是要死的，死了以后什么都没有了，完全是虚无的，那你不是白活了吗？从死后看，你活过和没活过有什么区别？所以，德国有一句谚语说，“活一次等于从来没有活过”，就是这个意思，最后都是归于虚无。生活到底是什么意义？如果我们活着时候的一切最后都没有了，那还有什么意义？这个问题我想确实是哲学的一个最大问题，人生的最大问题。哲学家们为了解决这个问题，提出了各种各样的道理，但是都没有说服我。实际上哲学家们总是从理智出发对待死亡问题的，死亡反正是避免不了的，所以你应该顺其自然。

中国的哲学家和西方的斯多葛派哲学家实际上都是这样讲的。我觉得这个问题最后可能由宗教才能解决。只有宗教才能解决这样的问题，比如像佛教那样的。佛教实际上是从困惑到觉悟，你觉悟了，看透人生，人生本来就是不存在的，本来就是虚无的，你何必要执着。佛教给你这样一个答案：你以为你活着，那是假象。你本来就不存在！你这样想就明白了。这是佛教的看法。而基督教是用信仰来解决。从困惑到信仰，它告诉你，你是不会死的，死亡是假象，你的灵魂永远是活的。

这两种答案都不错，都能解决问题，关键是你信不信。哲学本身对这个问题无能为力。它让你思考这个问题，你通过思考以后，会有很多收获，你起码把人生的全景整个考察了一番。知道了它的全貌，知道了它的限度。这样有一个好处，你可以很执着，但同时也保持一种超脱，你知道它是有限的，很多问题你会看开了。也许你对死亡本身没有想清楚，但是你对人生倒是看开了。古罗马有一个皇帝,叫奥勒留,他也是一个哲学家。他说,你应该用一个总有一死的人的眼光去看事物。比如说你和一个人吵架吵得两人都要打起来了,这时候你想一想,100 年后你和他在哪里,你的气就消了。比如说,你为一件事很痛苦,你失恋了,要死要活的。你想一想从前有过同样痛苦的人,他们都上哪去了,你就觉得再痛苦也是不值得的了。当然了,如果说一个人完全用这样的观点看问题的话,那就什么也别干了。但是我说,你可以积极地生活,同时你还是应该为自己保留一种这样的眼光,必要的时候它是用得上的。必要的时候你用这样的眼光去看事情,你就会好过得多。说到底,人生也就不过如此,真的太执着是没有必要的。可是不执着也不对,那会少很多乐趣,但太执着你肯定会痛苦的。我们不要把困惑看成一件坏事,困惑是好事,困惑促使你思考,困惑是觉悟的开端,困惑是信仰的开端。

第二个是灵魂的认真。灵魂的认真这一点特别重要。所谓的灵魂认真,就是在人生的根据问题上认真。头脑的认真是在认识、知识的根据问题上认真。你要去追问这个知识到底有没有根据。是要追问人生到底有没有根据?活着到底有没有意义?你要去想这个问题。当你想这个问题的时候,也许找不到答案,也许觉得迷茫。但是,通过思考这些问题,你就会有一种觉悟,你会对自己的人生负责任。对自己的人生负责任是一种最重要的责任心。

我们经常讲,人活在世界上,有各种各样的责任。单位的领导对单位有责任,对部下有责任,在家庭里对父母、子女有责任,对整个社会也有责任,等等。但是我们往往忽视了一种最重要的责任,就是你对你自己的负责,对自己的人生负责。只要想一想,一个人活在这个世界上总有一天是要死去的，如果你死了，没有任何人能够代替你重新活一遍。你只有这一次机会。如果你这一生虚度了，没有任何人能真正安慰你的。说什么都没有用了。你想到这一点的话，怎么能不对自己的人生产生一种最高度的责任心？在某种意义上，人的其他责任都是可由别人分担或者转让给别人的，包括对家庭、对社会的责任，很多都是别人也可以做的，你不做别人也会做的。但是对你自己人生的责任，是既不可能分担，也不可能转让，只能你自己负起责任。这种责任是最重要的责任心，它实际上是其他责任心的根源。如果一个人对自己的人生不负责任的话，我就不相信他会对其他的事情负责任，不相信他会有真正的责任心。只要一个人能对自己人生负责任了，那么他对待一切事情都会从这个角度去考虑。他对这件事情负责任，实际上同时也是对自己的人生负责任，他肯定会认真去做的。所以我说，对自己的人生负责任是根本的责任心，是其他责任心的根源。对自己的人生负责任，是灵魂认真很重要的一点。

另外一点就是对人生根据问题上的认真。要去追根问底，去问为什么。在这一点上，我觉得中国和西方哲学又有一点重大的差别。经常有人说，梁漱溟也说过：中国的人生哲学是最发达的、最丰富的。确实如此。中国的哲学基本上都是人生哲学，因为它没有多少本体论，也没有多少知识论，大量的都是谈人生的道理。但是，我觉得从深度上来讲，西方哲学要更深刻一点，就是在人生哲学这一点上，中国和西方的人生哲学总的趋势上讲，所问的问题是不一样的。西方哲学问的是人为什么活、人活着有什么意义，它实际上是一种终极的追问，它是面对的是整个宇宙，向自己提出的问题。世界这么大，是无限的，永恒的，可是我只能活一瞬间，我活着到底有什么意义？它是问这样的问题。它一定要去寻求一个东西，比如神，或者是精神，宇宙的精神本质，把自己渺小的个体和世界的本质挂起钩来，联系起来。我是从那儿来的，还回到那儿去，所以我也是永恒的。它非要去寻求这样一条思路。为什么？因为它不能容忍在无限的宇宙世界中只有这么一个短暂的存在，然后就归于虚无。它一定要为人的存在去寻找一个终极的意义。它必然要走上这条思路，走上这条宗教的，所谓唯心主义的思路。不管它的答案对不对，但它所提出的问题，都是一个个人面对无限宇宙向自己提出的问题。所以它本质上是一个灵魂的哲学，是宗教。

但是中国的人生哲学基本上问的不是人为什么而活，而是人怎么活，怎么处理好人际关系，怎么样和其他人相处，怎么样相处社会才能稳定？它问的是这些问题。中国儒家实际上最后就是研究这个问题，就是为保持社会的稳定人与人之间应该是一种什么样的关系，人应该怎么活着，怎样活着社会才能稳定，所以说，它本质上是道德，是伦理哲学，它不是灵魂哲学。它是一个人面对他人的时候向自己提的问题。

实际上这两种哲学在人生问题上提的问题是不一样的。西方哲学对人生的根据是追根究底的，中国哲学基本上不去追问这个问题。这是第二点，就是灵魂的认真。我觉得灵魂的认真还表现在一点，就是对精神生活的重视，对内在生活的重视。我们每个人都是活在外部世界上，但是每个人还应该有他的内心生活。所谓内心生活，就是一个人静下来独处，面对自己或说面对上帝也一样，想一想大问题，那些根本问题，想一想生活的意义这种问题。总之，一个人应该有这种独处过精神生活的时间。但是，我觉得我们这个世界实在是太喧闹了，人们基本上都是活在外部世界上，在外部世界上忙碌，内在的生活越来越少，过于重视外部的那种功利性的生活。其实这一点在我们中国文化里是有传统的，就是太重视外在的东西，不是很重视灵魂生活。你看儒家哲学，它也讲人的道德修养，讲内在的修养。但是它的目标很明确，所谓修身齐家治国平天下。修身的目的，最后为了齐家治国平天下。就是为了这个世界，为了把这个社会治理好，使社会稳定一些。它基本上是这个目的。或者说“内圣外王”，内圣的目的是为了外王。这就表现出外在的功利性是很明显的，不是很重视内心生活。西方有很多重视内心生活的大师，中国很少，中国人很关注社会，包括现在的知识分子，他们要做社会的精英，要对社会起作用。但是很少有人把对社会的关切和自己的灵魂生活结合在一起，统一起来。很少有人这样做。西方的大师们，包括那些社会思想家们，他们往往都是很关注自己的灵魂生活的，基本上他们对社会问题的选择都和自己的灵魂相关。在中国，比如对于“文革”，经历这么大的苦难，中国出了什么大家了？没有！反思的时候，基本上都是从社会的角度去思考这些问题。但是在俄国，出了很多大师。俄国人也是有很多苦难的，包括他们以前的沙皇时期、十二月党人受镇压，或者后来斯大林时期那种镇压，很多苦难。他们确实出了很多大家，像索尔仁尼琴、陀思妥耶夫斯基这样的人。这些人作为作家来说，他们并不是描写苦难，他们实际上是在解剖人性，解剖人类的灵魂。他们是关注灵魂的。而我们中国文化里面则缺少关注灵魂。从整个文化来说缺少这么一块，从个人来说，真正有内心生活、关注内心生活的人也比较少。人们总是把外在的东西看得比内在的东西更重要。

其实，真正要活得有意义，人的内心生活是比外部生活更重要的。人外在生活在很多情况下，是取决于机会、条件、环境，不是自己能支配的，但是内心生活才能决定自己过得到底有没有意义。我自己有这样的体会。我现在好像出了一点名,成了一个作家,很多人都爱读我的书。但是,我的生活意义在不在这里,我觉得不是在这里。我大学毕业以后被分配在广西的一个山沟,待了将近十年,在那里工作。那个山沟里实际上整个生活是没有变化的,像是停止了一样,天天都是重复。我当时特别想读书,可那里书很少,找不到。最后,我在一所中学里面找到了一套《万有文库》,虽然不全,但我一本本地读。读完后没有书了,我就读宣传部的一套马恩全集,一套列宁全集,各 39 卷。我把 78 卷全部读完了。读完后正好"批林批孔",《史记》、《三国志》、《汉书》都出来了,我就买这些书。我把前三史都读完,还写了不少笔记。我想,如果没有粉碎"四人帮",没有后来的改革开放,我可能一辈子都在山沟里边,我绝对不可能有后来的名气,不可能出那么多书。但要是那样的话,我的生活就没有意义了吗?我觉得不是这样的。我觉得还是会有意义的。如果说完全取决于外部环境,我觉得一个人太可怜了。当时起码我知道自己应该怎样去做。那时我在的那个广西的小县城分去了 60 多个大学生,大部分学生最后都被同化了,他们什么追求也没有了。还有一些人想要当官,慢慢当一个小干部。当时我自己也知道面临两个危险,这两个危险都是被环境同化,但是我觉得自己还是坚持住了,还是读了不少书,写了不少东西,在那个过程中,觉得生活还是有意义的。人得自己安排自己的生活,有一个自己的精神目标,这一点还是很重要的。这是宗教精神的第二点,灵魂的认真。

第三点,我想很简单了,就是跟科学精神的第三点重合的,就是追问生命意义,最后就会想这个宇宙应该是有一个精神性的本质的,然后把自己的生命和它的本质建立一种联系。用奥地利一个思想家、社会活动家施怀泽的话来说,就是和世界建立一种精神联系。简单地说就是要有一种信仰。这种信仰可能很具体,一种宗教信仰,比如说基督教的信仰。但是也可能是一种比较笼统的东西。我就是出于这种比较笼统的信仰。我并不相信有一个上帝,但是我相信这个世界上应该有一个精神本质的,它不应该就是其中的一个所谓物质运动不断变化的永恒过程。一些星球产生了,一些星球灭亡了。我们地球就那么一个,慢慢地上面有了生命,然后进化,出现了人类,然后到了一定时候,人类又灭绝了,生命又灭绝了,地球又毁灭了。这样一个过程,我觉得太可悲了。之所以会产生唯心主义,这是一个重要原因。唯心主义一定要为这个宇宙找出一种意义。那么,就只有一条路。我们只能设想,这个宇宙的最本质的最核心的东西是精神性的。因为有一点,我们人这种追求生活、生命的意义,是不甘心于活着,要有超越性,是灵魂的追求。如果宇宙没有一个精神本质的话,我们这种精神追求的来源、目标就没有了着落。人与动物有两点重要的区别,其中一个是理性,有一个理性的头脑。理性就是认识外部世界的能力。大脑的这种能力,是可以用进化论来解释的,我们可以说,进化到一定的时候,大脑产生了。这是恩格斯在《劳动在从猿到人转变过程中的作用》的书里说的大概观点。通过进化可以解释人的理性的产生,但是人的灵魂的超越性是无法用进化来解释的。为什么人会有这种精神追求?这种精神追求说实话对人的生存是不利的。实际上是可以看到,往往是越有这种精神追求的人在实际生活中越悲惨、越狼狈。为什么会这样?这一点很难用自然本身来解释,只能用超越来解释,也许宇宙有一种精神本质,我们的灵魂、精神追求从那儿来的,在那里找到了根据。整个唯心主义、西方宗教实际上是这么一个思路。但是你也无法否定,也不能用经验来否定它。所以既不能证明,也不能证伪。在某种意义上,我们用法国哲学家帕斯卡尔的话来说,这是一种赌博。他说:上帝可能存在,也可能不存在。现在我把赌注押在上帝存在这一边。如果上帝存在,我就赢了。如果上帝不存在,反正也是不存在,我也没有输什么。因为你押在它不存在这一面的话,如果上帝存在你就输了,如果上帝不存在,你和我一样灰心丧气,结果是一样的。你把赌注押在上帝存在,也就是那个精神本质存在这一边,你有什么好处呢? 你就可以给你的生活一种格调。一个假定上帝存在,假定一种最高精神本质存在的人,和一个认为世界上没有神圣这样一个人,他们两个人的生活是不一样的,肯定不一样的。他们处世的方式也是不一样的。尽管上帝可能存在也可能不存在,我们就是相信它存在,然后按照这个去做,你就会有做人的原则,就会有一个目标。这是第二个问题——宗教精神。

三、人文精神

科学精神、宗教精神这两点,一个是强调人是有头脑的,要用头脑去思考问题,头脑要认真;另一个强调,人是有灵魂的,有超越性的,要去追问人生的意义,在人生的问题上要认真。这两种精神实际上是人最重要的本质。人之谓人的根本所在,人的价值所在,就是因为他有头脑、有灵魂。简单地说,就是一种精神性的存在。当然人有两面,人同时也是一个肉体性的存在,有动物的一面。但是他还有另一面。而人的尊严在于人是精神性的存在。这一点,就是人的尊严这一观念是非常重要的。所谓人文精神,用一句话来说,就是人的尊严。人是有尊严的,这就是人文精神。关于这个问题,西方学者讲得最好,最为人接受,也被引用得最多的是德国哲学家康德的说法，他提出了一个命题，叫“人是目的”。怎么说呢？他说，人有两个方面，一个方面人是肉体的，人的肉体属于自然界，属于现象界，它是要服从自然规律的，它是不自由的。该吃时要吃，他受食色和欲望的控制，而且他最后要归于死亡。但人又还有另一面，人是精神性的。作为精神性的存在，人是属于本体界，肉体属于现象界，人的灵魂、人的精神是属于本体界。在本体界，人是自由的。怎么证明呢？人可以为自己的行为立法。所谓立法，就是立道德法则。人能知道该怎么做是对，怎么做是错的，怎么做是善的，怎么做是恶的。人有这样的标准。这一点证明人是自由的。这一标准不是自然界给你的，自然界就让你生存，有利于你生存的都是好的，不利于你生存的都是坏的。但道德法则就不一样了。道德法则不是完全从自己的生存利益来考虑的，它有一种善恶的观念，这种善恶的观念，是超越自己生存意义的。用康德的话说，是绝对命令，一个良心在命令你。这一点证明人是自由的。所以康德说，人的尊严就在于作为精神性的存在，这个自由存在，它是自由的，能够为自己立法。作为精神性的存在，人是目的。所以人的尊严在于人作为精神性的存在，“人是目的”是什么意思？就是人的精神性存在这一面是目的，人的尊严在这里，那么这一点对自己对他人都是这样。对自己要把自己看作是一个精神性的存在，是一个有头脑、有灵魂的存在，要有自尊。如果一辈子浑浑噩噩，或者为一种物质生活的利益做了很坏的事情，违背了自己的良心，那个时候，你就是把自己当作手段了，没把自己当作目的。你忘记了你的精神性的高贵的存在，而为了满足肉体的欲望丢弃了那一面，没有把自己当目的，是把自己当手段了。你对他人也应该这样，互相之间都应该把别人看作是一个精神性的存在，是一个有尊严的人，有灵魂的人，这样去尊重他。如果你利用他人来达到自己的目的,实际上你是把他人当手段了,没有把他人当目的。

我觉得,我们中国缺乏人的尊严这种观念,很多问题都可以从这里面找到答案。我举一个例子,现在大家都说中国是市场经济了,但人和人之间没有诚信,互相之间不信任。这原因是什么呢?有些人归咎于市场经济。我觉得完全不是这样。实际上早在19世纪末洋务运动时,严复就讲过,中国人缺乏诚信的问题。这个问题并不是从现在开始的,中国传统里面就存在。用严复的话说,中国人巧伪。他说,中国人互相打交道时斗心眼儿,互相约定的事情,只要违背了以后自己能得益,就一定会违背,所以就没有规则。他举了一个例子说,书生去赶考,到考场后,大家对考场的环境很不满意,都说明天我们都罢考,不来了,作出决议。回去后有人就想,他们都不去了,我去,那肯定我就考上了。然后每个人都这么想,到了第二天,人人都到了。这说明,所有的规则都不起作用了。只要违背了能对自己有利就会去违背,这个问题最重要的原因就是人与人之间没有尊严的概念。什么是诚信?诚信就是诚实守信用,我诚实守信用,就是我把我真实的想法告诉你,这就是诚实,并且告诉你我会对它负责任的,这就是守信用。当我这么说的时候,我是有一种自尊的,很有尊严的。什么叫信任?信任就是说,我要你把你真实想法告诉我,而且我相信你会对它负责任的。这就是信任。我是把你看作一个有尊严的人,才对你这样说的。诚信实际上是以打交道的双方都共有的人的尊严这样一种意识为基础的。只要一方没有这样的意识,就诚信不了。我有尊严,你没有尊严,你在那乱搞,我们之间就不可能有诚信可言。

我前两年和崔健写了一本书,我们之间的对话,《自由风格》。我们谈话时谈到这个问题,崔健是一个很敏锐的人,是他提出这个问题的。他说，他觉得信任是西方的概念，中国没有的，中国有的是仗义。他提出这个问题，促使我去思考。我觉得他说得对。我想，信任和仗义到底区别在哪里，中国文化传统是讲仗义的。信任是什么？信任就是说打交道的每个人都是有独立人格的，有独立价值观念的，而且有自己独立的利益，这都是可以光明磊落地说出来的，不要求你相同，并不要求两人有一样的价值观念。每一个人都是独立的人，都是有尊严的个人，互相合作时要讲规则，按照规则办事。这就是信任。仗义是什么？哥们儿义气是什么？就是说，一旦我们是哥们儿了，我们就再也不是独立的个人，我们的人格要一样，我们的价值观念要一样，我们的利益也不分，然后做事情时没有规则。要什么规则？我们都是哥们儿。最后怎么样？最后没有不是打得不可开交的。中国的朋友一起办公司，几乎都是不欢而散，就是这个原因。一开始就不讲规则，哥们儿义气，什么都不分，没有独立性，最后只有分手。

人文精神最重要的范畴就是人的尊严，中国文化里面就缺这个，尤其有必要强调人的尊严的观念。总的说来，人文精神实际上就是对人作为一个有头脑、有灵魂的存在这样一种自尊、这样一种尊严，重视人的精神价值。

今天我讲的这三条：科学精神、宗教精神和人文精神，是从西方哲学失败的努力里面成长起来的最伟大的三样东西，是伟大的精神传统。它们实际上是统一的。从这个出发，我自己对中国的文化是抱一种批判反省的态度，中国文化里面缺乏这三种东西，都比较弱。中国的文化是一种比较实用的文化，缺少精神性这样一种品格。我们每一个人应该特别为自己有头脑、有灵魂而感到自豪，而且你真正要活得有意义，就要善于运用自己的头脑，善于关注自己的灵魂，这两个方面都要认真。

我就讲到这里，下面我们开始交流。

问：周老师您好！我想请问您一个问题：您从您的角度谈一下人生的意义是什么，再一个请您解释一下刚才提到的观念："头脑是呆子"，"灵魂是疯子"，您为什么这么说？

答：好，我先简单地谈第二个问题。

这是打个比方。头脑是呆子，因为头脑一认真起来，实际上是在找根据，找经验的根据。这个事情有没有事实做根据？有了事实以后还要检查你的推理是否严格，是否按照逻辑推理，有无逻辑毛病。从这个角度来说，把它比方成呆子，像书呆子一样的，特别顶真。

灵魂是疯子，也是一种比喻。因为它问的问题都是那些大而无当的、无法回答的问题，而实际上这些问题是人的灵魂里面发出的一种问题。而且，确实有好多天才，为了思考这些问题发疯了。有不少这样的人，陷在这些问题里面，最后疯了 。其实不光是天才，我在实际生活中也遇到不少这样的人。曾经有一些读者来找我，其中有一个农民，他就陷在这些问题中出不来，老在思考，最后他认为他自己解决了这些问题，一定要我承认，而且要让我帮他发表。他当时就给我几张纸，那些东西我也无法给他发表。然后他不停地纠缠我。但是我觉得他确实思考得很深，也确实有点疯，有点精神病的感觉。他在温州工地上打工，生活很可怜，但一次次花钱到北京来找大学教授，上北大，又上我们社科院来。他认定两个人能理解他，一个是我，一个是何怀宏。何怀宏没见他，他就找到了我。最后，我没有办法给他发表那篇文章，但是我给他写了一篇文章，把他给我的信、他的文章的精华，都摘录到里面去了，实际上我觉得已经很好地传达了他的想法了，但是最后他还是不满意，他认为我篡改了他的思想。所以我说，你真的想问题想进去了，真的叫人疯狂。所以我说不能陷在这些问题里面，有时候你要做一个现实生活中的人，不要去想这些问题，但有时还要跳出现实生活去想些问题。无论是陷在现实生活中，还是陷在那些大而无当的根本问题中都不好。最好在二者之间，能进能出，这种状态是最好的。

还有关于人生的意义，我觉得一言难尽，其实我觉得今天基本上谈的也是这个问题。简单地说，现在我觉得自己找到了人生的意义，一种朴素的看法。我认为，人活着怎么样算是有意义呢？就是真正找到了你自己喜欢做的事情，你有了自己的园地，自己的一片家园，你把你喜欢做的事情做得尽善尽美，好好地去做这些事情，这就有意义了。我的人生格言有两条，第一条是，有自己真能喜欢做的事，而且把它做好。第二呢，做人要有自己的原则，要坚持。有了这两条，基本上差不多了。

问：周老师您好！我向您请教一个问题。作为当代哲学的热点——语言哲学来讲，您觉得语言哲学是如何去探索事物背后永恒的本质的？而语言哲学又是怎样体现您所说的哲学的三个要素？也就是说，哲学精神、宗教精神，以及人文精神的？谢谢！

答：语言哲学是现代哲学的一个时髦，大概从 20 世纪中期开始就成了西方哲学的一个主流，关注的一个中心。我本人对语言哲学评价不高。语言哲学之所以成为一个中心，这是和所谓的形而上学的危机有关的。大家发现形而上学的这套思路是不通的，靠理性去把握世界的本质是走不通的。那么找找原因，为什么 2000 年来哲学会迷路呢？为什么走上这条错路呢？找了半天发现，问题在于语言，是语言造成了哲学走上了错路。西方有两派哲学都是认为是语言造成的，但是，实际上答案是相反的。一派是英美语言哲学，是分析哲学或叫逻辑经验主义。他们认为世界的本质是个假问题，形而上学是假问题，是语言里面那种违背逻辑的成分造成了哲学去寻求这种假问题。比如说本质这个概念，或者说存在这个概念，德语里面叫 sein，英语里边是 being，这个概念本来是没有经验的对应物的，是个虚构的概念，可大家就去思考这个问题，实际上是违背逻辑的。所以他们就去找这个逻辑毛病。语言违背了逻辑，所以导致哲学走上了形而上学这条路。所以他们现在把哲学规定为，研究科学语言里面有没有违背逻辑的地方，作这种分析的。而且想要使语言尽量符合逻辑，甚至于想要造出一种人造的逻辑语言，用那种语言就觉得不会犯错误了。这是一派的观点。但这派的观点实际上远离了哲学本来要研究的问题，三个要素都不存在。为什么会这样呢？我想他们可能确实有一种难处，就像那个分析哲学最优秀的哲学家维特根斯坦所说的，实际上真正的哲学问题是没有办法说的，是不可能说的。实际上他指的就是形而上学的问题。世界的本质这一类问题是不可说的，所以总的意思是现在哲学所能做的实际上都不是哲学的事情，只能这样。他对这一点看得很清楚。另一派是所谓的大陆哲学，是德国、法国哲学。他们认为，之所以哲学走上形而上学这条迷路，原因在于语言太逻辑了。一派认为语言违背逻辑，而大陆哲学家认为语言太逻辑了，所以要把语言从逻辑化里解放出来，用逻辑性的语言、逻辑性的思维是不能触及世界背后那个本质的东西，而那个东西只能靠什么呢？只能靠神秘的领悟。像海德格尔，他最后就喜欢老子，对道的恍兮忽兮的那种感觉，只有这样去领悟它。所以海德格尔后期比较多的去做一些用里尔克的、贺尔德林的诗句从各个方面去分析、暗示背后的存在是什么等工作。他去做这样的工作，用比较诗意的语言去做这种事。所以两派都认为问题在语言。其实结论是相反的，他们所做的工作也是相反的。一个认为太逻辑化了，一个认为违背了逻辑，但是我认为这两种路都走不通。哲学到底怎么办？我也不知道。但是我相信，西方哲学原来走的尽管是一条迷路，但是，这条路肯定还要走下去。哲学就是研究这个的。最后总是不可能解决的，但你就是要去解决它。这就是哲学。哲学永远走在路上，没有终点。

问：周老师，我问一个问题，就是关于唯物论从某种意义上说是残酷的，辩证法是没有原则的。就像陈水扁一样，我觉得他非常辩证，但是他非常没有原则。另外，我想问一下，人的本性是什么？诚信是否在人的本性上才真正会被大家所接受。

答：这个问题表达了一种观点，唯物论是残酷的，辩证法是没有原则的，这从什么角度来说的？你说唯物论是残酷的，当然是残酷的。关键它残酷之处是不是关注人的精神，对人的精神欲望有所忽略。你说辩证法是没有原则的，那你看陈水扁他那是辩证法吗？我认为他不是辩证法。你要理解辩证法的哲学形态，比如亚里士多德、黑格尔的辩证法，那么你就不能说它是没有原则的。我觉得这可能是对辩证法的一个误解。从哲学的角度来讲，辩证法不是这么回事。你本身已经把没有原则和辩证法作为同一语使用了。但它不是辩证法原来的含义。我们只有一个办法，说它们不是辩证法，就解决问题了。

问：周老师，您好！我感觉中国人和西方人最终追求和探索的目标都是一个更好的精神的生活,物质的生活都丰富,都非常美满。但是中国人为了这个目的,可能源于功利。他们为了克服生活的困顿,就更加功利些。西方人为了追求他们精神和物质的丰富,就纯粹地思索,可是我想问,西方人是用什么方法来克服生活的困惑?难道是用精神来支持吗?

答:我想强调一点,当我对比中西文化传统的时候,我是从总体上来说。实际上你是从个人来说。我觉得人都一样,人性是共同的,每个人都要生活得好,都要有物质生活,要生存得好一点,同时人人都有一种精神追求。但是问题在什么地方呢?问题是西方总的文化对精神追求给予鼓励,但并不是说西方人人都是圣人,很多人也是很庸俗的,但是那些有独立精神追求的人是得到鼓励的。他们构成西方文化的主流,他们存在下来了,而且他们有一种继承性,就是后来的人能够从他先人那里得到传统和支持继续向前走。现代社会都一样,大家都很功利,但是核心的东西是不会被淹没的,它很顽强地存在的,它能够延续下去。但我们中国的文化对于这种精神性的追求是不鼓励的,很多人都是有精神追求的,但是被淘汰了,他们成了失败者,他们没有留下痕迹,这是可悲的地方。改变整个文化能够让这样的人生长,让他们发展,逐渐形成我们的精神传统,这就不怕了,我觉得问题在这里。

问:我想提的第一个问题是:我原来老是认为哲学是很枯燥的,今天您讲得很生动,哲学就是您讲的形式吗?第二个问题是:中国没有哲学大师,那是否可以说,哲学什么时候从政治手中解放出来就有了相对独立性呢?第三个问题是:诗歌是否是离灵魂最近的一种表达形式呢?要不然怎么有那么多诗人要发疯呢?

答:第三个问题你自己回答了,我就不答了。第一个问题,哲学当然不光是这一种,每个人有自己从事哲学的方式。我说哲学可以简单地分为三种形式。第一种是那些哲学大师们,他们所建立的那些体系,每一个体系都是很有创造性的,而且也是一种比较完整的对世界的一种解释,但是他们都有自己的新的创造,而且他们相互之间有一种继承性。这是大师们提出来的。这是一种。当然他们表达方式也不一样,有的人很枯燥,像黑格尔、康德。但有的人就写得有可读性,生动,比如说,像尼采,像叔本华,他们的文章就很好读。表达方式不一样,但都是大师们提出的一种新的系统的哲学观点。第二种就是这些哲学工作者们。现在有很多哲学工作者,他们做的这些工作也是一种哲学。就某些问题搜集资料做学问。因为哲学 2000 多年历史,无论从概念上还是从哲学家来说,都很多了,你可以抓住一个问题进行很详细的研究。这种学术性的研究,也是一种哲学。第三种,我说是我刚才说的这种哲学,是同大家都有关系的一种哲学,每个人独立地对世界的一种思考。我觉得这种哲学是属于大家的,是属于每个人的。

方克立

文化自觉与“和而不同”

方克立，1938年生，湖南省湘潭县人。1962年毕业于中国人民大学哲学系。先后在中国人民大学、南开大学、中国社会科学院研究生院任教，长期从事中国哲学史的教学和研究工作。1988年被授予“国家级有突出贡献中青年专家”称号。曾任中国社会科学院研究生院院长、中国科技大学人文学院院长。现任中国社会科学院学部委员，中国社会科学院研究生院教授、博士生导师，国务院学位委员会哲学评议组召集人，中国哲学史学会会长。著有《中国哲学史上的知行观》、《现代新儒学与中国现代化》、《方克立文集》，主编《中国哲学大辞典》、《中国文化概论》、《现代新儒家学案》、《二十世纪中国哲学》、《中国哲学与辩证唯物主义》等。

在经济全球化的时代，各民族之间的交往日益频繁，我们怎样认识自己的文化，怎样认识本民族文化的历史、现状和未来前景，又以一种什么心态来认识其他民族的文化，怎样处理本民族文化与其他民族文化的关系，这是一个非常重要而现实的问题。要有正确的认识，要处理好这个关系，用费老（费孝通先生）的话来说，就是要有“文化自觉”。文化自觉与当今社会的发展有着非常密切的关系。我今天主要讲自己学习费老文化自觉理论的一些体会。

按照我的理解，费老所说的文化自觉，一个重要的内容，或者说它的要义或精义之一，就是“和而不同”。费老在《民俗研究》2000 年第 3 期有一篇文章，题目就叫做《文化自觉，和而不同》。关于文化自觉与“和而不同”的关系，费老明确地说：“全球化过程中的‘文化自觉’，指的就是世界范围内文化关系的多元一体格局的建立，指的就是在全球范围内实行和确立‘和而不同’的文化关系。”[①]他又说：“文化自觉就是在全球范围内提倡‘和而不同’的文化观的一种具体体现。”[②]“和而不同”作为一个古老的中国哲学命题，它的含义是非常丰富的，费老主要是把它当作一种“文化观”，从不同文化、文明关系的角度来阐述文化自觉理论，从而彰显了这种文化观的重要意义和现实价值。

我们知道，当今世界上有两种最有代表性的文明关系理论，一种是由西方思想家、美国学者塞缪尔·亨廷顿提出的“文明冲突论”，另一种就是东方思想家、我国的费孝通先生所倡导的文化自觉、“和而不同”的理论。在文化自觉论者看来，文明冲突论实际上就是文化不自觉，或者说是一种没有文化自觉的理论。因为它不是引导不同的文明向着相互交流对话、和谐共存、和而不同的方向发展，而是使它们在利益导向下，互相冲突、对抗，甚至为了让一种强势文明能够独霸天下，不惜牺牲人类文明的多样性，使得众多相对弱势的文明边缘化，以至逐渐消失。这是文化不自觉的典型表现。不难看出，和而不同论与文明冲突论，文化自觉与文化不自觉，二者的区别和对立是现实性非常强的一个问题，也可以说是当今世界最重要的文化问题，是关系到人类前途和命运的大问题。文化自觉、“和而不同”的理论是中国学者费孝通先生提出来的，这种理论在中国文化中有着深厚的根基，它是我们今天处理不同国家、民族之间的关系，不同文化、文明之间关系的思想理论基础，是最重要的指导原则。我们中国学者有责任认真研究、充分阐述和大力宣传这种文明关系理论，让它能够对世界和平，对正确处理不同国家、民族和不同文明之间的关系发挥更大的作用。

一、费孝通的“文化自觉”理论及其基本涵义

在世纪之交，费老的多次讲话和多篇文章都讲到文化自觉问题。他是从总结、反思自己的学术思想、学术道路的角度提出这个问题的。所谓学术反思，就是回过头来想想自己过去的学术思想，这些思想是怎么来的，当时为什么这样想，现在看来是不是还有点道理，是不是需要修正甚至改动。他把这种反思称之为个人的“文化自觉”。“学术反思是个人要求了解自己的思想，文化自觉是要了解孕育自己思想的文化”[③]。费老从个人的学术反思进而考虑到整个民族文化的

反思和自觉问题。他是站在时代的高度,从中华文化的前途,从整个人类文明发展的宏阔视野来思考、探讨这个问题的,他讲民族文化的自觉也包括怎样处理与其他民族文化的关系问题,因此他的文化自觉理论很快在学界引起了广泛的共鸣,并形成了相互切磋、深入研讨的良好氛围。在今天,"文化自觉"已不是一个孤立的理念,而是已经形成为一种文化观,一种有深刻内涵的文化理论。我们要深刻理解费老的文化理论,就要弄清楚他讲的"文化自觉"的涵义是什么,据我理解,主要有两个方面:

(一)对自己的文化要有"自知之明"。费老说,文化自觉就是生活在既定文化中的人对自己的文化的自知之明,明白它的来历、形成的过程、所具有的特色和它的发展趋向。自知之明是为了加强对文化转型的自主能力,取得决定适应新环境、新时代文化选择的自主地位,通过自主的文化转型来求得生存。在经济全球化的时代,整个中华民族、中国文化都面临着一个如何生存、发展的问题,费老多年来经常思考文化自觉和文化认同的问题,反复强调文化自觉不是要回归传统,不是要"复古",而是为了加强对文化转型的自主能力。我们要建设中国特色的社会主义新文化,就既要认识到自己文化的优长,有文化自信,又要有忧患意识,并力求通过适应新时代、新环境的文化转型来求得生存和发展。

(二)正确处理自己的文化与其他民族文化之间的关系,最重要的原则就是"和而不同"。费老指出,每个人都是生活在一定的文化之中,在多元文化的世界里,各种文化都有一定的位置。人类社会的健康发展正是取决于多元文化的和平共处、对话沟通、取长补短、共存共荣。费老在他80岁生日时说了四句话:"各美其美,美人之美,美美与共,天下大同。”他用这四句话来高度概括文化自觉的本质内涵，并对它作了非常精辟的解释，他说“各美其美”就是不同文化中的不同人群对自己传统的欣赏，热爱自己的文化；“美人之美”就是要求我们不但欣赏自己的文化，还要了解其他民族文化的优势和美感；“美美与共”就是在“天下大同”的世界里，不同的人群在人文价值上能够取得共识，以促使不同的人文类型能够和平共处。特别是在讲到如何对待“异文化”时，费老强调要以容忍的态度来尊重别人与自己不同的价值观念，不仅要容忍别人，而且要理解别人、欣赏别人，使不同的价值观念在相互理解、容忍中共同存在，而不是互相排斥，进而互相接近、互相补充甚至互相融合。我们看费老的这四句话，的确表现了博大的情怀，他是以一种毫无偏执的理智心态，来拥抱人类创造的各种类型的人文价值，力图克服文化隔阂和文明冲突所可能给人类带来的灾难。

费老提出的“美美”四句，受到了国内外许多学者的赞赏，早已成为关心中华文化和人类文明发展前途的人们的美谈，成为他们为世界和平与发展而共同奋斗的指导原则。在中华炎黄文化研究会召开的一次座谈会上，我曾提出一个小小的建议：如能将“美美”四句中的最后一句“天下大同”改为“和而不同”，那么既不伤费老提出“文化自觉”的本意，而且意义可能更加明确，也更具有现实性。因为不同文化价值观念互相尊重、互相欣赏的“美美与共”，虽然只有在“天下大同”的世界里才能真正完全地实现，但它也是我们在争取实现“天下大同”的过程中，正确处理多元文化关系的唯一现实的选择。而实际上，在今天，在还没有达到“天下大同”的时代，世界上有那么多不同类型的文化，相互之间的关系是非常复杂的，如何正确处理这些关系？我认为唯一现实的选择就是“和而不同”。如能真正贯彻“和而不同”的原则，那就可以说做到了“美美与共”。正确处理多元文化关系是一个非常现实的问题，而不能等到“天下大同”的理想社会才去解决。应该说，“美美与共”是奋斗目标，是结果；同时它也是过程，是手段。而“美美与共”的涵义正好可以用“和而不同”来准确地加以诠释。

我在这里实际上提出了一个“美美”四句的第二种版本，就是“各美其美，美人之美，美美与共，和而不同”。不同于费老主要是概括文化自觉历程的第一种版本（“各美其美，美人之美，美美与共，天下大同”），它是一种正确处理现实的多元文化关系的理论，也是费老所说的“文化自觉”的应有之义。费老一再强调文化自觉是当今世界共同的时代要求，并不是哪一个人的空想。实际上，在一定时空条件下，每个人、每个文化主体都面临着如何认识自己的文化、如何理解和对待所接触到的多元文化的问题。除了对自己的文化要有自知之明，还必须处理好同其他民族文化的关系，而现实的唯一正确选择就是“和而不同”。关于这一点，费老在多次讲话中都讲得很清楚。比如他曾明确指出：“中华文化的包容性和中国古代先哲提倡‘和而不同’的文化观有密切的关系。‘和而不同’就是‘多元互补’。在中华文化的发展过程中，多元的文化形态在相互接触中相互影响、相互吸收、相互融合，形成中华民族‘和而不同’的传统文化。”④也就是说，只有坚持“和而不同”的文化观，才能做到各种文化的“多元互补”、“美美与共”。我理解费老提出文化自觉理论，提出“美美”四句，一个重要意图就是要大力阐扬“和而不同”的文化观，让这种中国的传统智慧能够为人类文明的健康发展作出更大的贡献。

去年 12 月在香港召开的“二十一世纪中华文化世界论坛”第二次会议上，美国威斯康星大学的周策纵教授有一个大会发言,题目是《五四时期中国的文化自觉》。他说费孝通先生在他80岁生日时讲过“各美其美,美人之美,美美与共”几句话,这几句话讲的真好。他没有引最后一句“天下大同”。因为在他看来,世界上有各种不同的文明、文化,不可能要求它们都相同,而只能“求同存异”。就是“求同”也不一定能完全达到目的。“倘使‘求同’能够完成,那就到了世界上只有一个文明、文化。”“我们很难想像,未来的理想世界或天下,只有‘同’而没有‘异’。只有‘同’而没有‘异’的境界,是个死寂的境界,也是个不可能长期存在的境界。”因此他主张将“天下大同”改为“求同异,存同异”。他还说,我们要“好同而不禁异”,“同固欣然,异亦可喜”。周教授先发言,我在他后面发言,后来我们作了沟通,他说“求同异,存同异”也就是“和而不同”的意思,我们的看法可以说是“巧合”。这里的关键是,“各美其美,美人之美,美美与共”三句都是讲的文化问题,是讲人对文化的态度,而“天下大同”之“同”并不是文化上的“同”,是指未来理想社会所有制上的“为公”或“大同”。就是到了“天下大同”的社会,文化上也不可能只有“同”而没有“异”,那时处理不同文化的关系还是要以“和而不同”为基本指导原则。如果把“美美”四句表述为“各美其美,美人之美,美美与共,和而不同”,既适用于现实社会,也适用于未来社会,它作为一种文明关系理论的性质就更清楚了,“和而不同”的主题也更突出了。

二、“和而不同”的传统哲学内涵

大家知道,孔子有一句名言:“君子和而不同,小人同而不和。”(《论语·子路》)意思是说,君子善于听取别人的不同意见,又能够用自己的正确意见去纠正别人的错误意见,与别人搞好团结，而不是盲目认同、随声附和。小人则相反，他只是盲目地附和别人，人云亦云，而不肯将自己的真实想法讲出来，也不能从别人的不同意见中获得教益。这里“和”与“同”是两种不同的处理人际关系的态度，“和”是一种态度，“同”又是一种态度。当然，也表现为两种不同的思想道德境界，“和”是一种更高的思想境界。真正的团结不是没有意见分歧和思想交锋的一团和气，而是通过不同意见的交流、对话、切磋、讨论，达到互相理解，互相容忍，协调统一，和谐互动。这就是我们通常所说的“以斗争求团结则团结存，以退让求团结则团结亡”。采取人云亦云的回避矛盾、取消矛盾的办法，达不到真正团结的目的。

从现有的文献资料来看，“和”与“同”这对中国传统哲学的重要范畴，最早见于《国语·郑语》，是西周末年的史伯最早提出来的。他说天下万物都是“先王以土与金、木、水、火杂”而生成的，自然界和人类社会的一切事物，都是不同的“他”物相互作用、和合演化而来的，所以“和”是事物产生、发展的根本法则。他提出一个命题：“和实生物，同则不继。”这样就把“和”与“同”区别开来了。“和”是指众多不同事物之间的和谐，矛盾诸方面的平衡，也就是事物多样性的统一。“以他平他谓之和”，只有以“他”来平服、和合“他的他”，即两个以上不同性质的事物聚集、组合在一起，才能产生新事物，世界才能发展。“若以同裨同，尽乃弃矣。”“同”是指无差别的同一。如果只是把相同的事物加在一起，简单地重复，只有量的增加而没有质的变化，那么就不能产生新事物，也使世界停止了发展的生机。他还用“声一无听，物(色)一无文，味一无果，物一不讲(斠)”来说明这个道理。就是说，一种声调成不了音乐，单一颜色就没有文采，一种味道势必倒人的胃口，只有一种东西就无从比较好坏。史伯用非常简洁、朴素的语言揭示了两种根本对立的同一观，指出“和”是包含着差异、矛盾和多样性，强调相反相成、对立统一的辩证同一性，而“同”则是形而上学的无差别同一，是没有发展的简单重复、绝对等同。“和实生物，同则不继”是一个朴素的但也是相当深刻的哲学命题，它反映了事物生成发展的根本规律，即宇宙万物都是由相反的事物组成的，不是简单的同一，而是多样性的统一才构成了这个不断发展着的丰富、生动的世界。我国在3000年前就有这样明晰的“和同之辨”，说明中华民族有着悠久、深厚的辩证思维传统。

据《左传·昭公二十年》记载，春秋时期齐国的晏婴继承和发展了史伯关于和同之辨的思想。他以“和羹”、“和声”为例生动地说明了相反相济、相反相成的道理。“和羹”就是做汤。厨师将鱼肉放在盛满水的锅里，加上油、盐、酱、醋等各种调料，加热烹煮，掌握一定的火候，就能做出味美可口的羹汤。“和声”就是音乐。乐师用各种乐器把清浊、疾徐、大小、长短等不同的声音配合起来，才能奏出优美动听的乐章。也就是说，只有多样性的统一，才能达到“和羹”、“和声”的功效。他还说：“若以水济水，谁能食之？若琴瑟之专一，谁能听之？”白开水加白开水，并不能增加人的食欲，谁喜欢喝？老是重复一个音调，听了叫人心烦，谁喜欢听？因此，他说“同之不可也如是”。晏婴还用人际关系的生动例子来说明“和”与“同”的不同涵义。比如君臣关系，他认为君臣之间应该建立起一种相反相济的“和而不同”的关系，也就是要求做到“君所谓可，而有否焉，臣献其否，以成其可；君所谓否，而有可焉，臣献其可，以去其否”，这样才能“政平而不干，民无争心”。这段话的意思是说，君主认为是正确的，其中可能也有错误的成分，做臣子的要指出其错误以成全其正确；君主认为是错误的，其中可能也有正确的成分，做臣子的要肯定其正确而清除其错误。这才是正常的君臣关系，也就是“和而不同”的君臣关系。君主不要害怕听到臣下的不同意见，其实那些敢于发表不同意见的才是真正的忠臣、贤臣。他还举了一个具体事例：齐景公认为梁丘据这个人很忠诚，因为他总是紧跟自己，随声附和，齐景公问晏婴这是不是“和”？晏婴回答说这不是“和”而是“同”，因为“君所谓可，据亦曰可，君所谓否，据亦曰否”，这个人从来不讲自己的真实看法，提不出任何建设性的意见。这个例子从反面说明了什么是正确的君臣观，什么才是君臣之“和”。在此之前，史伯也曾批评周幽王疏远那些敢于发表不同意见的忠臣，而亲近对自己阿谀奉承的小人，采取“去和而取同”的错误态度，他指出这是周王朝走向衰亡的重要原因[5]。

世界上的一切事情，本来就包含着差异和矛盾，本来就是多样性的统一。不同事物、相反方面的存在，以及它们的氤氲激荡、和合演化，才构成了无限丰富多彩、永恒发展着的世界。因此可以说，“和而不同”就是世界的本来面貌和状态。“和而不同”首先是一种反映客观世界多样性统一的辩证宇宙观。中国古代的先哲，不仅重视自然界的和谐，人与自然的和谐，而且尤其重视人与人之间的和谐，认识到“天时不如地利，地利不如人和”（《孟子·公孙丑上》）。“和而不同”的原则在处理各种人际关系时显得尤其重要。“人和”包括家庭和睦、邻里和顺、上下和敬等内容，也包括在不同国家、民族之间，要“协和万邦”、和平共处。人际关系的和谐是国家兴旺、社会进步的决定性因素。孔子正是在总结前人认识的基础上，并结合自己在实际生活中的体会，才把“君子和而不同，小人同而不和”作为一个普遍的原则提了出来。这种“尚和去同”的价值取向，可以说源远流长，对中国文化后来的发展产生了深远的影响。

三、“和而不同”是文化发展的必由之路

在中国古代,“和而不同”也是处理不同学术思想派别、不同文化之间关系的重要原则,是学术文化发展的动力、途径和基本规律。

春秋战国时期,中国出现了儒、墨、道、法、名、阴阳等诸子峰起、百家争鸣的局面。在一些具有宏阔眼光的思想家看来,这是非常好的事情。比如司马迁的父亲司马谈就认为,诸子百家的理论目标是一致的,都是为了治理好国家,只是各家所采取的方法和理论根据不同而已[⑥]。这恰恰说明了“天下同归而殊途,一致而百虑”(《周易·系辞传》)、“道并行而不悖”(《礼记·中庸》)的道理,肯定诸子百家争鸣是学术思想进步繁荣的表现。汉代史学家班固更加明确地指出,各家“其言虽殊,辟犹水火,相灭亦相生也;仁之与义,敬之与和,相反而皆相成也”(《汉书·艺文志·诸子略》)。在他看来,各家的观点虽然有差别和对立,但实际上又是互相启发、互相借鉴、互相促成的。正确的态度应该是以博大的胸怀来兼容百家,取长补短,和而不同,这样才能促进学术文化的发展,收到“通万方之略”即治理好国家的实效。

我国古代的许多学者,都从历史经验和自己的实践中得出了与班固大致相同的认识,肯定“相反相成”、“相灭相生”是学术发展的规律。他们认为,不仅要看到各种不同的文化、学派、理论、观点之间的分歧和殊异,同时也要看到它们之间的联系和一致、共同之处,因此,互相交流、对话、讨论不仅是必要的,而且只有通过不同思想观点的交流和对话,互相诘难、互相启发、互相补充、互相吸收,学术理论才能得到发展。如果将自己封闭起来,自以为是,固执己见,听不得任

何不同的意见，那就只能窒息学术的生命。东汉学者仲长统指出："同于我者何必可爱，异于我者何必可憎。"（《意林》引）在他看来，党同伐异是非常不可取的。北宋的张载也说："乐己之同，恶己之异，便是固、必、意、我。"（《张子语录》）"固"（固执拘守）、"必"（绝对肯定）、"意"（凭空猜测）、"我"（自以为是）是孔子反对的四种为学态度，四种有害的思维方法，好同恶异正是这类弊病的表现。与张载大致同时代的苏轼曾经对王安石提出尖锐批评，认为王安石这个人也不是没有才学，但他最大的毛病就是"好使人同己"，"欲以其学同天下"。苏轼与王安石在政治态度和学术思想上都有严重分歧，我们暂且不论他对王安石的批评是否客观公允，但他认为在学术文化上不能搞"专同"，不能搞思想"一统"的话是讲得很有道理的。他说，在学术上不允许别的思想学派存在，企图以一种学说来统一天下，那就好像在盐碱地上只长着一片荒草，没有别的生物存在一样，学术文化发展的生机也就被扼杀了[7]。应该说，用这种观点来批评历史上的文化专制主义还是很中肯的，秦始皇"焚书坑儒"，汉武帝"罢黜百家、独尊儒术"，都是为了达到"禁私学"、"绝异道"、"持一统"、"定一尊"的目的，也就是"欲以其学同天下"，搞"同而不和"，结果是中断了先秦诸子百家争鸣的繁荣局面，阻碍了中国文化的多元发展。

还有一个比较典型的例子，就是明清之际的学术史家黄宗羲，他在总结中国学术发展的历程时，对"和而不同"的文化发展规律也有深刻的理解，在《明儒学案》中提出了"一本万殊"的学术史观。黄宗羲说，古代的学者治学不畏艰难，都是独辟蹊径，不效仿别人走现成的路，所以学问之途"万殊"。怎奈今天的学者"必欲出于一途"，使本来素质相当好的智慧心灵，也会变得像焦芽绝港一样衰萎枯竭[8]。他深刻地指出：

“学问之道，以各人自用得着者为真，凡倚门傍户、依样葫芦者，非流俗之士，则经生之业也。此编(指《明儒学案》)所列，有一偏之见，有相反之论，学者于其不同处，正宜着眼理会，所谓一本万殊也。以水济水，岂是学问?”[9]在黄宗羲看来，学术思想上的各种观点，包括“一偏之见”和“相反之论”，都有其存在的价值，都可以启发思想，促进认识的发展。学者就是要善于从“不同”处发现“同”，认识到“一本”和“万殊”、真理的绝对性和相对性其实是统一的。如果认识不到这一点，必欲使学问“出于一途”，那么只会阻塞真理发展的道路。“若以水济水，谁能食之”是晏婴的话，黄宗羲直接继承了古人的这种“尚和去同”思想，提出“以水济水，岂是学问”的质问，用来批判“倚门傍户、依样葫芦”的教条主义和经学思维方式，应该说是很到位很有力量的。

上面引用的文献资料，说明从司马谈、班固到黄宗羲，中国古代的许多学者，特别是一些优秀的学术史家，都对“和而不同”的学术文化发展规律有相当深刻的认识，作过不少精辟的论述。在他们看来，“和而不同”就是相反相济、相反相成、相灭相生、一本万殊，在学术思想上要允许不同意见，包括“一偏之见”、“相反之论”存在，通达“以他平他”的交流和交锋，互相启发，取长补短，从而达到“和”的境界，也就是对立面统一或多样性统一的境界。这就是在中国学术史、文化史上占主导地位的“和而不同”的文化观。当然，“乐己之同，恶己之异”，必欲使天下学问“出于一途”的文化专制主义在中国历史上也是屡见不鲜的，这就是为封建统治者所支持的“同而不和”的文化观。“和而不同”的辩证文化观正是在与这种追求绝对同一的形而上学文化观作斗争的过程中产生和发展起来的。几千年文化发展的历史证明，正是由于“和而不同”符合学术文化发展的客观规律，也符合中国古代早已形成的“尚和去同”的价值取向，所以才能为广大群众和知识分子所接受，成为中国文化的优良传统，起到推动学术发展的积极作用。

在中国历史上，“和而不同”不仅是处理不同学术思想派别之间关系的基本原则，而且也是处理国内不同地域文化、不同民族文化之间关系，以及处理中华文化与外来文化之间关系的基本原则。在我国多民族文化交流融汇的过程中，相互之间虽然也有摩擦、碰撞和冲突，但主导的方面是和平相处，互相学习，取长补短，共同发展，从而形成了“多元一体”、“和而不同”的中华民族文化。也可以说，“和而不同”是我国多民族文化融合，形成“多元一体”的中华文化的基本原则、基本规律、基本道路和基本经验。对待外来文化，中华文化也是以开放的胸襟，善于吸收、消化外来文化的精华，使自己获得新的发展生机。比如汉唐时期佛教的传入及其中国化，16 世纪以来中西文化的大交汇，都是异质文化交流融合、双向互动的典型事例。在这个过程中，中国文化都从外来异质文化中吸取了营养来丰富、更新、发展自己。因此可以说，“和而不同”也是中华民族处理与世界上其他民族文化关系的基本原则和基本指导思想。中华文化之所以能在国内多民族文化融合与中外文化交流中不断丰富发展，“历久常新”，“有容乃大”，这是与“和而不同”文化观早已在中国深入人心分不开的。

四、“和而不同”是化解文明冲突的良方

“和而不同”的文化观使中华文化具有开放的性格，对“异文化”有一种宽容的胸襟，所以它在与其他民族文化相处的过程中，自然就容易走向交融、合作与共同发展。正如费

孝通先生所指出的，中国人从本民族文化的历史发展中深切地体会到，文化形态是多种多样的，丰富多彩的，不同的文化之间是可以互相沟通、互相交融的。推而广之，世界各国的文化也应该互相尊重、互相沟通，这对各个不同文化的进一步发展都是有利的[10]。在经济全球化的时代，世界各民族文化之间的相互联系越来越密切，文化全球化与文化多元化的关系问题，不同文明、不同民族文化之间的关系问题，日益紧迫地摆在全人类的面前，因此，“文化自觉”比过去任何一个时代都显得更加迫切，更加重要。信息时代科技文明和社会生产力得到了长足的发展，这对人类是祸还是福？未来的世界文明格局从总体上来说是趋向于对抗、冲突，还是趋向于交融合作、多元共存？各国学者有许多不同的看法。我个人认为，在以和平与发展为时代主题的当今世界，文明冲突论显然不符合时代精神，中国传统智慧中的“和而不同”的思想资源在今天有着特别重要的现实意义，它应该成为处理世界上不同文明、不同民族文化之间关系的基本准则。也可以说，在今天，“和而不同”是化解文明冲突的一个良方，一剂对症的良药，它可以为世界和平做出重要的贡献。

上个世纪90年代，美国学者亨廷顿提出了文明冲突理论。他认为冷战后世界冲突的主要根源已不再是经济问题，也不是意识形态问题，而是在文明之间的差别和所谓“断层线”上。今天世界上有西方、儒家（中国）、日本、伊斯兰、印度、东正教（斯拉夫）、拉美、非洲等七八种主要的文明，他断言在可以预见的将来，冲突将发生在西方文明与伊斯兰、儒家文明之间，也就是说，实质上是西方世界与非西方世界的对立和冲突。亨廷顿还站在维护西方文化霸权的立场上，为美国设计了一个国家文化战略，内容包括：促进西方文化内部的团结与合作；将文化与之接近的东欧和拉丁美洲融入西方；加强与日本以及俄罗斯的合作关系；抑制伊斯兰和儒家国家的军事扩张；制造儒家与伊斯兰国家之间的差异和冲突，如此等等。总之，这一切都是以符合西方国家的利益为准绳⑪。亨廷顿是一个资深的国际战略问题专家，他意识到冷战后的世界已不是西方的一统天下，指望西方的价值观成为世界唯一的意识形态是不可能的，“在可见的将来，不会有普世的文明，有的只是一个包含不同文明的世界”。应该说，这些认识是清醒的，是符合实际的。但是，他显然不甘心于西方文明强势地位的失落，所以在为西方建立新的世界秩序出谋划策时，不是把基点放在不同文明之间的平等对话与交流合作上，而是放在所谓“文明冲突”的预设上，企图通过打击、扼制异类文明来达到维持西方文化霸权的目的，这就不但在理论上站不住脚，而且在实践上违背了和平与发展的当今世界潮流，自然要受到各方面的批评和反对。

我们知道，对于不同文明之间的关系，不能只看到对抗和冲突的一面，而看不到相互接触、交流、融合、共生的一面。实际上，从世界文明的总体发展趋势来看，不同文明之间的交流互动、彼此借鉴融合始终是主流，文明冲突只不过是暂时的、局部的现象。不同文明是在既冲突又融合、既对立又统一的关系中共同发展的。亨廷顿显然夸大了对抗与冲突在文明发展中的地位和作用，而对文化交流融合这一面视而不见，更不理解“和而不同”的文化发展规律，因此得出了文明冲突不可避免的错误结论。这可能是与西方人的那种重分不重合、只见对立不见统一的思维方式分不开的。从表面现象看，文明冲突论者是只见对立不见统一，其实他也不是不要统一，不重视同一性。他所追求的统一恰恰是“同而不和”的那个“同”，也就是要用西方文化的价值观念来统一天下，而且这种统一又只能通过一方吃掉另一方的尖锐对抗、斗争的方式来实现。这就暴露了现代文化霸权主义的实质。由此可见,“和而不同”与“同而不和”两种对立的文化观,不仅在中国古代存在,在现今世界也存在,而且现代文化霸权主义凭着它的经济、科技和信息资源优势,比古代的文化专制主义更霸道、更专制,危害性更大。

文明冲突论给人类文明所展示的前景是可怕的、灾难性的,也是违背全世界人民的意愿、违背文化发展规律的,难免造成历史的悲剧。前年发生的“9·11”事件、阿富汗事件和至今还在延续的巴以冲突,就是有着深刻利益背景的“文明冲突”所造成的现实灾难,全世界人民都感到痛心疾首,谁都不希望它成为今后普遍的国际秩序和状态。在今天,人类完全可以按照另一种思路来处理不同文明之间的关系问题,那就是提倡各个国家都以宽阔的胸怀和宽容的心态来善待不同文明的成果,以交流代替歧视,以兼容代替排斥,以对话代替对抗,以共处代替冲突,增进各种文明之间的相互了解和沟通,那就会给人类文明展示一种完全不同的前景。前年在联合国第56届大会上通过的关于“不同文明对话年”的决议,由中国等75个国家共同提出,以协商一致的方式通过,就说明它是符合世界上绝大多数国家和人民意愿的,实际上是对文明冲突论的一个有力的回应。开展不同文明之间的对话活动,就是尊重不同民族、不同宗教、不同文化的多样性,推动各种文明的相互交流、相互借鉴,以求共同发展、共同进步。这正是全世界人民所期望的“美美与共,和而不同”的文明格局。所以我认为,在今天,大力宣传“和而不同”的文化观,促进不同文明的交流对话,还有消解文明冲突、维护世界和平的重要意义。第56届联大决议表明,对于当今世界上两种最具代表性和最有影响的文明关系理论——“文明冲突”论与“和而不同”论,全世界人民实际上已经做出了明确的价值选择，现在关键是要落实到具体行动中去，用对话代替冲突，取“和”而去“同”，争取人类文明朝着符合全世界人民的意愿、符合文化发展规律的方向发展。

五、所有民族文化都要自觉，都要有自知之明，创建一个“美美与共、和而不同”的文明和谐世界

前面已经提到，费老关于文化自觉的理论，是适应时代的需要而提出来的，是一种具有普遍意义的文化理论。在全球化时代，中国和世界都在发生着急剧的变化，文化的兴衰、存亡和转型对于每一个民族来说都是非常现实的必须面对的问题。费老最初是在对鄂伦春等少数民族的考察中，注意到生存环境的变化，比如森林破坏直接威胁到他们的狩猎文化，使其面临着“保存文化还是保存人”的严峻选择，指出他们只有通过文化转型来求新的生存之路。他因此由小见大，联想到经济全球化的时代，整个中华民族、中国文化都面临着一个如何生存、发展的问题，面对国门开放后西方文化的全方位强烈冲击，中华文化如何通过自主的转型来实现浴火重生，既保持对于根源性的认同，又能适应现代化的时代潮流，这是我们不得不考虑和面对的问题。而且不仅是中国，在今天，包括世界各国、各民族都面临着一个文化转型和文化认同的问题，因此费老把“文化自觉”作为一个普遍性的问题提出来，提请人们认真思考和对待，无疑是具有重要现实意义的。

一般来说，那些处于弱势地位的民族文化，第三世界国家的文化，往往都有比较强的忧患意识，因为西方文化霸权把他们的民族文化从中心挤到了边缘，有的甚至处于濒临灭绝的危险境地，这些国家民族如果没有文化自觉和文化自信，没有文化自主转型的能力，那么其文化前景是非常堪忧

的。我们现在要问:处于弱势地位的民族文化需要文化自觉,处于强势地位的民族文化难道就不需要文化自觉了吗?回答是否定的。我们认为,所有民族都需要文化自觉,都要有自知之明,都要尊重“和而不同”的文化发展规律,才有可能创建一个“美美与共”的文明和谐世界。人类文明史中的大量事实说明,文化是不断发展进步的,世界上没有哪一种文化永远是强势文化、先进文化,强与弱、先进与落后的地位是可以转化的。如果某种文化以绝对的先进文化、强势文化自居,不善于向其他民族的文化学习,固闭自守,不思进取,甚至企图将自己的文化强加于其他民族,称霸天下,那么其结果没有不失败的,而且有一天它也可能会失去其强势地位,转化为弱势文化。这种转化正是没有自知之明、没有文化自觉所造成的严重后果。18 世纪 20 年代以后,清王朝以“天朝上国”自居,闭关锁国,拒绝学习外国的先进文化,结果使曾经是世界上先进国家的中国落伍到了后发展中国家的行列,这就提供了一个文化上由强变弱的惨痛的历史教训。在世界文明史上,善于学习、吸收其他民族的先进文化,使自己由弱变强的情况也是有的,日本在明治维新后的崛起就是一个显著的例子。可以说,世界文明史是一本最好的文化自觉教科书。所有民族都应该认真总结、吸取本民族文化发展中的历史经验教训,同时也要善于从其他民族文化的发展史中获得借鉴和教益。处于弱势地位的民族文化需要学习,处于强势地位的民族文化同样需要学习。对于自己的文化是从哪里来的,它要把人类带到哪里去,应该怎样处理与其他民族文化的关系,各民族文化都要有自知之明,树立正确的文化心态,这对于强势文化来说可能更重要一些,因为它对人类文明未来的健康发展承担着更大的历史责任。

在今天的世界上,西方文化的强势地位是不容置疑的,在经济全球化的推动下，大有要把西方文化变成一种全球文化的趋势。但是这种文化的全球化并不能消解、否定和取代民族文化的多样性。许多学者都已指出，全球化与本土化、一体化与多元化是两种并存的趋势。连亨廷顿也承认，尽管西方国家强力推销自己的文化，但是并没有使非西方社会完全西方化，许多非西方文明正在重新肯定自己的文化价值。在阿拉伯世界，物质生活和民主形式的西方化甚至强化了反西方的政治力量。要想用西方强势文明来同化、取消多种形态的非西方文明是根本不可能的，特别是像中国文明、印度文明、伊斯兰文明这样有着几千年的历史积淀、至今仍被10亿以上人口认同的伟大文明，是绝不可能被任何强势文明轻易地“同化”掉的。因此，对于处在强势地位的文化来说，最现实的问题就是要学会与其他民族的文化和谐相处、相依共存，如果没有弱势文化，那么你的强势地位也就不存在了。而且事实上，即使是处于弱势地位的文化，也有许多值得强势文化学习、借鉴的东西，关键是看你愿不愿意学习，是否善于学习。强势文化能以平等的心态来对待弱势文化，不以强凌弱，不搞自我中心主义，需要更加高度的文化自觉。历史和现实都证明，不同文明之间之所以会发生冲突，主要是有人要搞文化霸权主义，要以强凌弱、强加于人，所以必然引起反抗，引起文明冲突。文化霸权主义是文化不自觉的典型表现，也是文明冲突的主要根源。

在世纪之交，费孝通先生提出文化自觉理论，大力阐扬“和而不同”的文化观，有重要的现实意义，是对人类文明的一大贡献。我们的看法是，在今天，各国各民族都有一个文化自觉的问题，处在强势地位的国家和民族更应该“自觉”，承担起引导、促进不同民族文化交流对话、良性互动、和谐共进的责任。建设一个文明和谐的世界，强势文化、先进文化承担着更大的责任。文化自觉理论符合全世界人民的愿望，符合人类文明健康发展的要求，它一定能够得到广泛的认同并成为实践的指南。我们相信，在全世界人民的共同努力下，“各美其美，美人之美，美美与共，和而不同”的理想文明格局一定会实现。

注释：

① 费孝通：《新世纪　新问题　新挑战》，《费孝通文集》第 15 卷，第 287—288 页。

② 费孝通：《经济全球化和中国“三级两跳”中对文化的思考》，同上书，第 329 页。

③ 费孝通：《从反思到文化自觉和交流》，《费孝通文集》第 14 卷，第 371 页。

④ 费孝通：《中华文化在新世纪面临的挑战》，同上书，第 407—408 页。

⑤《国语·郑语》。

⑥ 司马谈说：“此务为治者也，直所从言之异路，有省不省耳。”（《史记·太史公自序》）

⑦ 苏轼说：“王氏之文，未必不善也，而患在于好使人同己。自孔子不能使人同，颜渊之仁，子路之勇，不能以相移，而王氏欲以其学同天下。地之美者，同于生物，不同于所生。惟荒瘠斥卤之地，弥望皆黄茅白苇，此则王氏之同也。”（《苏轼集·答张文潜书》）

⑧ 黄宗羲说：“古之君子，宁凿五丁之间道，不假邯郸之野马，故其途亦不得不殊。奈何今之君子，必欲出于一途，使美厥灵根者，化为焦芽绝港。”（《明儒学案·自序》）

⑨ 黄宗羲：《明儒学案·凡例》。

⑩ 参见《费孝通文集》第 14 卷，第 408 页。

⑪ [美] 亨廷顿：《文明的冲突》，美国《外交事务》(Foreign Affairs) 1993 年夏季号。